허찬녕 변호사의
관세무역
판례 해설
trade of customs

변호사 **허 찬 녕**

PREFACE

　변호사로서 재판에 필요한 판례를 리서치 하면서, 사실관계가 복잡할 경우 도표를 그려 정리하여 두었고, 핵심적인 법리는 따로 정리하여 나중에 다시 보기 편하도록 모아두었다. 비슷한 유형의 사건을 반복적으로 진행하다보니, 이러한 메모와 정리가 추후 다른 사건에 판례를 인용할 때에 상당히 도움이 되었다.

　판례를 리서치 하다보면, 복잡한 사안의 경우 사실관계를 파악하는 데에도 시간이 오래 걸린다. 그 이유는 핵심적인 내용과 그렇지 않은 내용을 구별하는 데에 시간이 상당히 소요되며, 판결문 자체가 친절한 문장으로 이해하기 쉽도록 기술되지는 않는 편이기 때문이다.

　또한 중요한 판례들의 경우 다른 사건에서도 반복해서 인용되는 경우가 많기 때문에, 중요 판례들의 사실관계, 핵심적인 법리, 유사한 판례와 법리, 상대방이 반박할 수 있는 내용의 다른 판례 등을 항상 숙지하고 있어야 재판을 원활하게 진행할 수 있다.

　이러한 점에 착안하여 본 판례집은 중요한 판례들의 사실관계를 보기 쉽게 도표로 정리하였고, 관련법령과 간단한 해설을 덧붙여 이해에 도움이 되도록 하였다.

2020.1.13.
변호사 허찬녕

CONTENTS

관 세 법

상용물품을 간이수입신고하여 면세통관을 완료한 경우
무신고수입죄에 해당하는지 여부 ·· 9

'콩나물콩'을 수입하면서, HS코드가 같은 '청콩·카오피콩'으로 수입신고한 경우
관세법상 밀수입죄에 해당하는지 ·· 17

관세법 제척기간의 연장사유인 '부정한 방법'에 이행보조자의 행위도 포함되는지 ···· 26

운임을 실제와 다르게 신고한 경우, 관세법상 허위신고죄에 해당하는지 ·················· 35

"직구" 또는 "구매대행"의 경우 관세의 납세의무자는? ·· 44

상대국이 회신기간을 넘겨 회신을 한 경우 FTA 협정세율을 적용하지 않은 처분이
정당한 것인지 ·· 50

과세관청의 비과세관행이 성립하기 위한 요건 ·· 62

수입물품을 원료로 사용하여 만든 제품의 판매수익금액 중 판매자에게 귀속되는
금액이 사후귀속이익에 포함되는지 여부 ································· 75

수정수입세금계산서 발급거부처분 취소 및 가산세부과처분 취소 ·················· 87

불이익을 피하기 위해 불가피하게 관세납부신고 및 납부를 한 경우 신고행위가
무효인지 여부 ·· 99

제2차 납세의무자 지정처분 취소 ·· 119

회신기한을 지나 원산지검증결과가 도착한 경우 관세 및 가산세 부과처분의 적법성 ···· 137

부품의 90%가 중국산인데, 국산으로 표시한 것이 '원산지 허위표시'에 해당하는지 ··· 154

개별포장박스에만 원산지표시를 한 것이 대외무역법상 '원산지미표시'에 해당하는지 ··· 164

외국환거래법 상 몰수·추징의 대상이 되는 '취득한 외국환'의 의미 ·················· 173

무 역

선하증권과 상환 없이 화물을 인도한 경우, 운송주선인의 책임 ······ 181
신용장의 문면과 조건 심사에 대한 엄격 일치의 원칙과 그 예외 ······ 189
신용장 관련서류와 신용장 조건과의 일치 여부를 심사하는 기준시점 ······ 197
화물무단반출 시 선박대리점 및 창고업자의 책임 ······ 207
상용물품을 간이수입신고하여 면세통관을 완료한 경우 무신고수입죄에
해당하는지 여부 ······ 219
선하증권 이면약관상 전속관할합의의 유효성 및 창고업자에 대한
운송인의 사용자책임 ······ 226
선하증권 소지인이 입은 손해액의 기준시점 및 신용장 개설은행의 운송인에 대한
손해배상채권과 개설의뢰인에 대한 채권의 관계 ······ 235
화물도착이 지연된 경우 운송주선인의 책임 ······ 245
하역업자가 서렌더 선하증권 이면의 히말라야 약관을 원용할 수 있는지 여부 ······ 260
선상도 약정 시 운송인의 인도의무 이행 시점 ······ 273
선박대리점의 선박우선특권 ······ 282
수하인에게 화물이 인도된 후 발행한 선하증권의 효력 ······ 292
FOB, C&F 조건과 운송계약의 당사자 ······ 303
해상운송인이 법인인 경우 책임제한에서 운송인 자신의 범위 ······ 316

관세무역 판례 해설

관 세 법

1심	2심	대법원
서울중앙지방법원 2004. 9. 9. 선고 2004고단4500 판결	서울중앙지방법원 2004. 11. 26. 선고 2004노3407 판결	2005. 3. 25 선고 2004도8786 판결

상용물품을 간이수입신고하여 면세통관을 완료한 경우 무신고수입죄에 해당하는지 여부

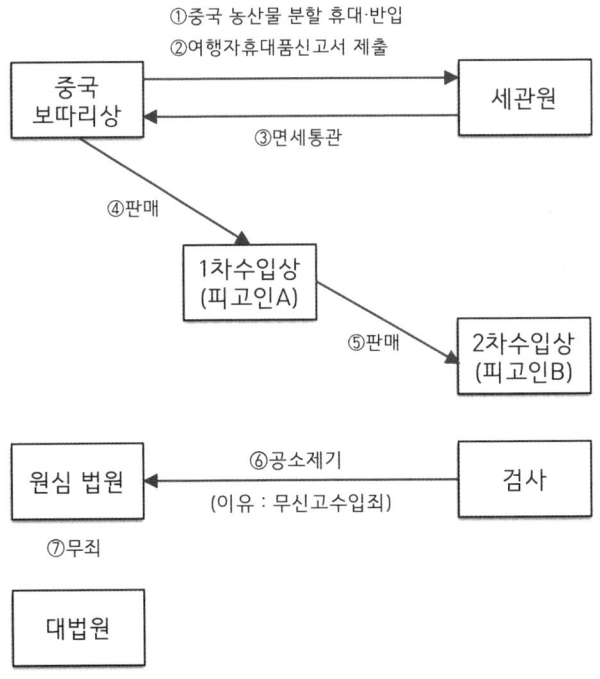

사실관계

① 중국보따리상들이 평택항을 통해 깨 84kg 과 마늘 144kg 등을 반입함
② 보따리상들은 세관에 여행자휴대품신고서를 제출하여 통관절차를 완료함
③ 피고인1 (1차 수입상) 은 보따리상들로부터 위 농산물들을 매입함
④ 피고인2 (2차 수입상) 은 피고인1로부터 농산물들을 매입함
⑤ 검사는 피고인들을 관세법상 무신고수입죄에 해당한다는 이유로 기소함
⑥ 원심법원에서는 피고인을 무죄로 판단하였으나, 대법원은 검사의 상고를 인용하여 원심판결을 파기 · 환송함

관련 법령

관세법
[시행 2017.7.26.] [법률 제14839호, 2017.7.26., 타법개정]

제269조(밀수출입죄)
② 다음 각 호의 어느 하나에 해당하는 자는 5년 이하의 징역 또는 관세액의 10배와 물품원가 중 높은 금액 이하에 상당하는 벌금에 처한다.
1. 제241조제1항·제2항 또는 제244조제1항에 따른 신고를 하지 아니하고 물품을 수입한 자. 다만, 제253조제1항에 따른 반출신고를 한 자는 제외한다.

제274조(밀수품의 취득죄 등)
① 다음 각 호의 어느 하나에 해당되는 물품을 취득·양도·운반·보관 또는 알선하거나 감정한 자는 3년 이하의 징역 또는 물품원가 이하에 상당하는 벌금에 처한다.
1. 제269조에 해당되는 물품

원심의 판단

1. 관세법상 '여행자휴대품'의 기준은 물품의 중량, 해외취득가격 등을 기준으로 한다.

관세법시행령 제246조 제3항 은 관세법 제96조 제1호 의 규정에 의한 여행자휴대품의 경우 관세법 제241조 제1항 에 의한 수입신고를 생략하도록 하고 있고, 관세법시행규칙 제48조 제1항 제4호 는 물품의 성질·수량·가격·용도 등으로 보아 통상적으로 여행자의 휴대품 또는 별송품인 것으로 인정되는 물품을 관세가 면제되는 물품에 해당하는 것으로 규정하고 있으며, … 여행자 및 승무원 휴대품 통관에 관한 고시 제1-2조는 '여행자'를 '우리나라와 외국간을 왕래하는 여객기 또는 여객선을 이용하여 우리나라에 일시적으로 출입국하는 자'를 말하고, '휴대품'은 '일시적으로 출입국하는 여행자가 출입국시에 휴대하여 반출입하는 물품을 말한다'고 규정하고 있다.

한편, 제3-7조는 여행자 및 승무원의 휴대품으로서 참깨, 꿀 등 농림축산물의 경우 품목별 면세통관범위를 정해 1인당 총량 50kg 이내, 전체 해외취득가격 10만원 이내의 범위 내에서는 면세통관하도록 규정하고 있는바, 관세청장은 위 여행자 및 승무원 휴대품 통관에 관한 고시에 의하여 여행자휴대품을 품목별 중량, 전체 중량, 전체 해외취득가격을 기준으로 하여 면세통관범위를 정하고 있는 것으로 보인다.

2. 판매를 목적으로 여행자휴대품으로 통관하였다고 하더라도, 이를 취득한 피고인들의 행위는 무신고수입물품을 취득한 것이라고 볼 수 없다

이 사건 농산물들을 반입한 보따리상들의 경우 세관에 여행자휴대품신고서를 제출하여 … 세관원들이 농산물이 품목별로 면세범위 내에 해당하는지 여부를 판별한 후 최종적으로 면세범 위 내에 속하는 농산물에 대해서만 통관을 허용함에 따라 통관되었고, 피고인 B, C 등 이른바 1차 수집상들이 평택시 소재 국제여객터미널주차장에서 위 보따리상들로부터 중국산 농산물을 매입한 다음 2차 수집상에 해당하는 피고인 A에게 다시 판매하였음을 인정할 수 있을 뿐인바, … 관련규정에 따라 면세통관범위 내에서 1인당 50kg 이하의 농산물을 휴대하고 여행자휴대품신고서를 제출하여 통관절차를 마치고 국내로 반입한 이상 피고인 B, C 등이 사전에 위 보따리상들과 공모하여 중국에서 구입한 농산물을 분할휴대하여 반입하도록 하고 이를 국내에서 다시 취합하여 피고인 B, C를 실질적인 수입자로 볼 수 있는 경우 등의 특별한 사정을 찾아볼 수 없는 이 사건에 있어서는 위 보따리상 들이 판매 목적으로 위 농산물들을 반입하였다 하더라도 관세법 제241조 제1항 소정의 수입신고를 신고를 마치지 아니한 것이 위법한 것이라 할 수 없고, 따라서 피고인 A가 이를 취득하였다고 하더라도 신고 없이 수입된 물품을 취득하였다 할 수 없다 할 것이다.

대법원의 판단

1. 관세법상 휴대품 및 여행자의 휴대품은 간이수입신고의 대상이 된다.

관세법 제241조 제2항은 "휴대품 … 에 대하여는 대통령령이 정하는 바에 의하여 제1항의 규정에 의한 신고를 생략하게 하거나 관세청장이 정하는 간이한 방법으로 신고하게 할 수 있다."고 규정하고 있으며, 같은 법 제96조 제1호 는 "여행자의 휴대품으로서 여행자의 입국사유·체재기간·직업 기타의 사정을 고려하여 재정경제부령이 정하는 기준에 따라 세관장이 타당하다고 인정하는 물품이 수입되는 때에는 관세를 면제할 수 있다."고 규정하고 있으므로, '휴대품' 및 관세법 제96조 제1호 소정의 '여행자의 휴대품'은 간이수입신고의 대상이 되는 물품에 해당한다.

2. 여행자가 반입하는 물품 중 고시에서 정한 '여행자 휴대품'에 해당해야만 면세통관할 수 있다

한편 … '여행자 및 승무원 휴대품 통관에 관한 고시'에 의하면, '휴대품'이란 일시적으로 출입국 하는 여행자가 출입국시에 휴대하여 반출입하는 물품을 말하고(제1-2조 제3호), 모든 입국여행자와 승무원은 고시 제2-1조 내지 제2-2조의 규정에 따라 인적사항 및 휴대반입물품의 명세를 사실대로 여행자휴대품신고서에 성실히 기재하여 세관공무원에게 제출하여야 하며(제1-2조 제4호), 이와 같은 '휴대품' 중 대외무역법 시행령 제27조 제1호 , 대외무역관리규정 제3-3-1조 [별표 3-2] 제1호 (

가)목의 기준에 따라 여행자의 여행(입국)목적·여행(체류)기간·직업·연령과 반입물품의 성질·수량·가격·용도·반입사유 등을 고려하여 여행자가 통상적으로 휴대하는 것이 타당하다고 세관장이 인정하는 물품만을 '여행자 휴대품'으로 하여 위 고시의 통관절차를 적용하여(제1-4조 제1항), 일정한 범위 내에서 면세통관을 허용하고(제3-5조 내지 제3-8조), 세관장은 고시 제1-4조에서 정한 '여행자 휴대품'으로 인정되지 아니하는 물품에 대해서는 반송조치 등 통관규제조치를 하도록 되어 있으므로(제3-3조 제2항), 여행자가 반입하는 물품 중 위 고시에서 정한 '여행자 휴대품'에 대해서만 여행자휴대품신고서를 제출하는 방법의 간이수입신고를 통하여 면세통관할 수 있다 할 것이다.

3. 판매를 목적으로 반입하는 상용물품은 간이수입신고 대상이 아니다

그런데 '여행자 휴대품 검사에 관한 시행세칙'은 위 고시 제2-2조에서 정한 물품을 소지한 여행자에 대하여는 면세통로를 이용하지 못하고 세관검사통로를 이용하도록 규정하고 있는데(제3-9조), 위 고시 제2-2조에서 정한 물품 중에는 '판매를 목적으로 반입하는 상용물품'(이하 '상용물품'이라 한다)이 포함되어 있는 점(고시 제2-2조 제1항 제3호) 등 관련 규정을 종합하여 보면, 상용물품은 위 고시 소정의 '여행자 휴대품'에 해당하지 않는다 할 것이므로, 상용물품을 반입하는 경우에는 여행자휴대품신고서를 제출하는 방법의 간이수입신고를 통하여 면세통관할 수 없다.

4. 상용물품이 면세통관되었다고 하더라도, 그 사정을 알면서 물품을 취득하는 것은 밀수품 취득죄에 해당한다

설령 상용물품이 여행자휴대품신고서를 제출하는 방법의 간이수입신고를 통하여 면세통관 되었다고 하더라도 이는 적법하게 통관된 것으로 볼 수 없어 그 수입행위는 관세법 제269조 제2항 제1호 소정의 무신고수입죄를 구성한다 할 것이고, 그러한 사정을 알면서 그 물품을 취득하는 행위는 관세법 제274조 제1항 제1호 소정의 밀수품취득죄를 구성한다 할 것이다.

원심은, 보따리상들이 위 고시의 관련 규정에 따라 면세통관범위 내에서 1인당 50㎏ 이하의 농산물을 휴대하고 여행자휴대품신고서를 제출하여 통관절차를 마치고 국내로 반입한 이상, 공소외 1, 2 등이 사전에 위 보따리상들과 공모하여 중국에서 구입한 농산물을 분할 휴대하여 반입하도록 하고 이를 국내에서 다시 취합하여 공소외 1, 2를 실질적인 수입자로 볼 수 있는 경우 등의 특별한 사정을 찾아 볼 수 없는 이 사건에 있어서는 위 보따리상들이 판매 목적으로 위 농산물을 반입하였다고 하더라도 관세법 제241조 제1항 소정의 수입신고를 마치지 아니한 것이 위법한 것이라고 할 수 없으므로 피고인이 이를 취득하였다고 하더라도 신고 없이 수입된 물품을 취득하였다고 할 수 없다고 판단하고 말았으니, 이러한 원심판결에는 수입신고에 관한 법령을 위반한 나머지 판결결과에 영향을 미친 위법이 있다 할 것이다.

해설

1. 상용물품은 '여행자휴대품'에 해당하지 않는다

'여행자휴대품'이 간이수입신고의 대상이 되도록 규정한 관세법의 취지는, 판매목적이 아닌 자가 사용 물품에 관하여 합리적인 금액의 범위 내에서 예외적으로 면세혜택을 주기 위한 것이다. 그런데 원심에서는 '여행자휴대품'의 기준이 물품의 중량, 해외취득가격 등을 기준으로 한다는 '여행자 및 승무원휴대품통관에 관한 고시'를 문리적으로만 해석하여, 상용물품인 본 사건의 중국산 농산물을 간이수입신고의 대상이 된다고 판시하였다. 이는 '여행자휴대품'에 면세혜택을 주고 있는 제도의 취지를 간과하였다고 할 수 있다.

2. 상용물품이 면세통관 된 것을 알면서도 이를 취득한 경우, 밀수품 취득죄에 해당한다.

관세법 제274조에서는 밀수출입된 물품을 취득·양도·운반·보관 또는 알선하거나 감정한 자를 처벌하고 있다. 즉 밀수출입을 행한 당사자 뿐만 아니라, 그 물건을 취득, 양도, 운반 한 사람도 처벌되는 것이다.

원심에서는 여행자휴대품으로 면세통관이 된 이상 밀수출입 된 물건이 아니라는 전제하에, 이를 취득한 피고인의 행위가 밀수품취득죄가 아니라고 하였다. 그러나 대법원에서는 피고인들이 면세통관의 대상이 아닌 상용물품이 부적법하게 면세통관 되었다는 사실을 알면서 이를 취득하였으므로, 피고인들의 행위는 밀수품취득죄에 해당한다고 판시하였다.

1심	2심	대법원
수원지방법원평택지원 2008. 8. 13. 선고 2006고단624 판결	수원지방법원 2009. 10. 13. 선고 2008노3786 판결	2011. 11. 10. 선고 2009도12443 판결

'콩나물콩'을 수입하면서, HS코드가 같은 '청콩·카오피콩'으로 수입신고한 경우 관세법상 밀수입죄에 해당하는지

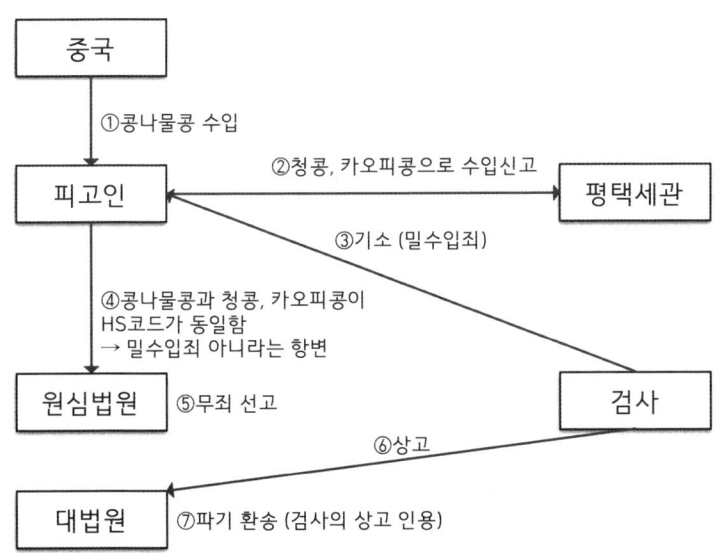

사실관계

① 피고인은 6회에 걸쳐 '콩나물콩'을 수입하면서 '청콩'으로 수입신고하고, 7회에 걸쳐 '콩나물콩'을 수입하면서 '카오피콩'으로 수입신고함
③ 이에 검사는 관세법상 밀수입죄로 피고인을 기소함
④ 피고인은 콩나물콩과 청콩, 카오피콩의 HS코드가 동일하므로, 밀수입죄의 구성요건에 해당하지 않는다고 항변함
⑤ 원심에서는 피고인의 주장이 받아들여져 무죄를 선고함
⑥ 이에 검사가 상고하였고, 대법원에서는 검사의 상고를 인용하여 원심판결을 파기환송함

관련 법령

관세법
[시행 2010.7.26.] [법률 제9968호, 2010.1.25., 타법개정]

제269조(밀수출입죄)
① 제234조 각 호의 물품을 수출하거나 수입한 자는 10년 이하의 징역 또는 2천만원 이하의 벌금에 처한다.

② 다음 각 호의 1에 해당하는 자는 5년 이하의 징역 또는 관세액의 10배와 물품원가 중 높은 금액 이하에 상당하는 벌금에 처한다.

1. 제241조세1항 및 제2항 또는 제244조제1항의 규정에 의한 신고를 하지 아니하고 물품을 수입한 자. 다만, 제253조제1항의 규정에 의한 반출신고를 한 자를 제외한다.

2. 제241조제1항 및 제2항 또는 제244조제1항의 규정에 의한 <u>신고를 하였으나 당해 수입물품과 다른 물품으로 신고하여 수입한 자</u>

관세법
[시행 2009.10.2.] [법률 제9617호, 2009.4.1., 타법개정]

제248조 (신고의 수리)
② 세관장은 관세를 납부하여야 하는 물품에 대하여는 제241조 또는 제244조의 규정에 의한 신고를 수리하는 때에 대통령령이 정하는 기준에 의하여 관세에 상당하는 담보를 제공하도록 하여야 한다. 다만, 다음 각 호의 1에 해당하는 경우에는 그러하지 아니하다.

1. 이 법 기타 법률·조약·협정 등에 의하여 관세의 감면, 징수기간의 연장이나 분할납부의 승인을 하는 때에 담보를 제공받지 아니하는 경우

2. 관세청장이 정하는 바에 의하여 여행자의 휴대품을 납세고지와 동시에 검사현장에서의 반출을 승인한 경우

3. 담보를 제공하지 아니하여도 관세의 납부에 지장이 없다고 인정하여 대통령령으로 담보제공생략대상으로 정한 경우

※제248조의 담보제공의 경우, 원칙적으로는 담보제공이 필요하지 않은 것으로 개정되었다.

원심의 판단

원심은, 피고인들이 수입신고서에 신고한 물품인 카오피콩, 청콩과 실제로 통관하여 수입한 물품인 콩나물콩은 모두 <u>관세·통계통합품목분류표상 10단위 품목번호가 동일하고, 관세율 및 세액이 동일</u>하며, 다만 당시 콩나물콩만 사전세액심사대상으로 담보기준가격이 정해져 있긴 하

나, 콩나물콩에 해당하는지 여부는 수입업자의 사용용도에 따라 분류되고, 세관마다 콩나물콩을 달리 판정하여 관세법 위반죄로 처벌하는 것은 죄형법정주의에 반하며, 실제로 피고인들이 콩나물콩을 수입했는지도 불분명하여, 콩나물콩을 청콩이나 카오피콩으로 신고하여 수입하였다고 하더라도 사전세액심사 절차를 위반하였다고 할 수 없으므로, 카오피콩, 청콩으로 한 수입신고의 효력은 콩나물콩에도 미친다는 이유로, 이 사건 공소사실 중 관세법 위반죄에 관하여 무죄를 선고한 제1심판결을 유지하였다.

대법원의 판단

1. 담보제공이 필요한 물품과 그렇지 않은 물품은 수입신고수리 요건이 다른 것이므로, 양자를 동일성이 인정되는 물품이라고 할 수 없다.

이 사건 수입 당시의 관세법령에 의하면, 물품을 수입하려는 자는 수입신고를 할 때 세관장에게 당해 물품의 가격에 대한 신고를 하고 납세신고를 하여야 하는데, 세관장은 관세를 납부하여야 하는 물품에 대하여는 원칙적으로 수입신고의 수리를 하는 때에 관세를 납부하거나 관세에 상당하는 담보를 제공하도록 하여야 한다.

이에 따르면, 위 구 관세법상 관세의 납부나 관세에 상당하는 담보의 제공은 수입신고수리의 요건이므로, 수입신고서에 신고한 물품과 실제로 수입한 물품의 관세율이나 과세표준이 달라 양자의 관세액에 차이가 나는 경우에는 수입신고수리의 요건이 달라져 양자를 동일성이 인정되는 물품이라고 할 수 없다.

이러한 관세법령의 규정에 의하면, 관세청장이 기준가격을 정해 심사시스템에 사전세액심사 대상물품으로 등록한 물품, 즉 사전세액심사 대상물품에 해당하는 경우에는 수입신고 수리 이전에 반드시 세액심사를 거쳐야 하고 그 세액심사 이전에 물품을 반출하기 위해서는 담보를 제공하고 세관장의 승인을 얻어야 하므로, 사전세액심사 대상물품으로 지정된 물품과 그렇지 않은 물품 사이에는 수입신고수리의 요건이 달라 양자를 동일성이 인정되는 물품이라고 할 수 없다.

2. 사전세액심사 대상에 해당하는 콩나물콩을 수입하면서, 대상에 해당하지 않는 청콩 등으로 수입한 것은 관세법상 밀수입죄에 해당한다.

그런데 제1심이 적법하게 채택·조사한 증거들에 의하면, 위와 같은 관세법령에 근거하여 관세청장은 2005. 9. 27. 경 부터 콩 중에서 특별히 '콩나물콩'만을 사전세액심사 대상품목으로 지정하고 그 담보금액 기준가격을 정해 심사시스템에 등록하였고, 2005. 10. 14.'사전세액심사 대상 농수산물 22개 품목에 대한 표준품명 및 규격 기재요령' 에서 콩나물콩을 다른 콩과 구별하여 수입신고서의 품명 란에 영문품명 'soybean for sprouting'으로 구분하여 기재하도록 규정하였으며, 그 후 매달 콩나물콩에 대한 담보금액 기준가격을 변경해 온 사실, 이러한 사정을 잘 알고 있던 피고인 1은 사전세액심사 절차를 회피하기 위하여 실제로는 사전세액심사 대상물품인 콩나물콩을 수입하면서도 (원심은 피고인 1이 콩나물콩을 수입한 것인지도 불분명하다고 하고 있으나, 피고인 1의 진술과 공소외 1, 공소외 2의 수사기관에서의 진술 등을 종합하면, 원심판결서 별지 [범죄일람표] 8 내지 20에 기재된 콩의 경우 피고인 1이 콩나물콩의 용도로 수입한 것으로 보인다), 수입신고서의 품명 란에 콩(soybean)으로만 기재하고 거래품명 란에 평택세관에서 콩나물콩으로 취급하지 않고 있던 청콩이나 카오피콩으로 기재하여 사전세액심사 대상이 아닌 물품인 것처럼 신고한 사실을 알 수 있다.

이러한 사실관계를 앞서 본 법리에 비추어 살펴보면, 피고인의 위와 같은 행위는 구 관세법 제269조 제2항 제2호 에 정한 밀수입죄에 해당한다고 보아야 하고, 콩나물콩인지 여부가 수입업자의 사용용도나 의사에 따라 분류된다거나 세관에 따라 검은 빈대콩, 카오피콩, 청콩이 콩나물콩에 해당하는지 여부를 달리 판정하였다거나 관세청장이 이 사건 수입 이후인 2006. 3. 1. 콩나물콩의 개념을 없애고 사전세액심사 대상물품을 다른 기준에 의해 정하였다는 등의 사정만으로 달리 볼 것은 아니다.

3. 물품검사 절차를 거쳤다고 하더라도 밀수입죄의 성립에는 영향이 없다.

한편 … 구 관세법 제269조 제2항 제2호에 정한 밀수입죄는 '신고한 물품과 동일성이 없는 다른 물품을 수입한 경우'에 성립하는 것으로서 <u>신</u>

고한 물품과 실제 수입한 물품 사이에 동일성이 없다면 물품검사를 제대로 받았다고 하더라도 밀수입죄가 성립하고, 만약 양자 사이에 동일성이 있다면 물품검사를 받지 않았다고 하더라도 밀수입죄는 성립하지 않으므로, 피고인 1이 실제 수입한 물품이 아닌 다른 물품으로 바꿔치기하여 물품검사를 받은 것인지 여부는 피고인 1, 피고인 5 주식회사의 밀수입죄 성립에 영향이 없다. 그렇지만 실제 수입한 물품이 아닌 다른 물품으로 바꿔치기하여 물품검사를 받게 해 줌으로써 동일성이 없는 물품을 밀수입하는 수입자의 범행에 가담한 자는 수입자와 함께 밀수입죄의 공동정범이 될 수 있다.

제1심이 적법하게 채택·조사한 증거들에 의하면, 이 사건에서 피고인 2, 피고인 3, 피고인 4의 경우 피고인 1의 위 밀수입의 범행 중 원심판결서 별지 [범죄일람표] 8, 10, 17 내지 20번에 관한 6회의 범행에 실제 수입한 물품이 아닌 다른 물품으로 바꿔치기하여 물품검사를 받아 주는 방법으로 가담하였음을 알 수 있다.

그럼에도 불구하고, 원심은 그 판시와 같은 이유를 들어 이 사건 공소사실 중 피고인 1, 피고인 5 주식회사에 대한 콩나물콩을 밀수입한 관세법 위반의 점과 그 중 피고인 2, 피고인 3, 피고인 4, 피고인 6 주식회사에 대한 원심판결서 별지 [범죄일람표] 8, 10, 17 내지 20번과 관련한 관세법 위반의 점에 관하여도 무죄로 판단하였으니, 원심판결에는 구 관세법 제241조 제1항의 밀수입죄의 성립에 관한 법리를 오해하여 판결에 영향을 미친 위법이 있다. 관세법 위반의 점에 대한 검사의 상고이유는 이 부분에 한하여 이유 있고, 그 나머지 부분은 이유 없다.

해설

1. 관세법상 밀수입죄의 두 가지 유형 - 무신고수입죄, 위장신고수입죄

관세법 제269조 제2항에서는 밀수입죄에 관하여 두 가지 유형으로 규정하고 있다. 제1호에서는 수입신고를 전혀 하지 않는 유형인 무신고수입죄를 규정하고 있고, 제2호에서는 수입신고를 하였으나, 실제 수입한 물품과 다른 물품으로 신고하여 수입하는 유형인 위장신고수입을 규정하고 있다. 본 사안에서는 제2호의 유형인 위장수입신고가 문제되었다. 실제 수입한 물품과 신고 된 물품이 HS코드 10단위까지 같을 경우, '실제 수입한 물품과 다른 물품'을 신고한 것인지가 문제된다. 사안에서 수입신고 당시 콩나물콩과 청콩 및 카오피콩은 HS코드가 1201.00.9000 으로 10단위까지 완벽히 동일하기 때문에, 위장신고수입죄가 성립하는지 여부가 관건이었다.

2. 물품의 동일성이 인정되기 위해서는 수입신고수리의 요건까지 동일해야 한다

원심에서는 피고인들의 주장이 받아들여져, HS코드가 같을 경우 동일한 물품이기 때문에 '실제 수입한 물품과 다른 물품으로 신고한 것'이 아니어서, 밀수입죄에 해당하지 않는다는 이유로 무죄를 선고하였다.

그러나 대법원에서는 관세법 제269조에서 의미하는 '당해 수입물품과 다른 물품'이란 '수입신고한 물품 또는 그와 동일성이 인정되는 물품을 제외한 모든 물품'을 의미하고, 여기서 '동일성이 인정되는 물품'이란 ①동종의 물품으로서 ②수입신고수리의 요건이 동일한 물품을 의미한다고 판시하였다.

즉 판례는 HS코드 10단위가 같은 물건인 경우 '동종의 물품'에는 해당한다는 전제 하에, 사전세액심사대상물품으로 지정된 물품과 그렇지 않은 물품은 '수입신고수리의 요건'이 동일하지 않기 때문에, 신고한 물품과 수입한 물품 사이에 동일성이 인정되지 않아 밀수입죄가 성립한다고 판시하였다. 만약 피고인들의 행위가 범죄가 성립하지 않는다면 수입요건을 부당하게 회피하는 경우가 발생할 수 있기 때문에, 대법원에서는 이러한 정황을 고려하여 수입신고수리 요건의 동일성을 물품의 동일성 판단의 기준으로 삼은 것으로 보여진다.

또한 세관에서 현품검사를 받아 검사를 통과하였다고 하더라도, 밀수입죄의 성립에는 영향이 없다는 것을 유념해야 할 것이다.

A를 수입하면서 B로 신고한 경우	
①동종의 물품 + ②수입신고수리의 요건이 동일	밀수입죄 해당 X (동일성이 인정되는 물품이므로)
본 사안에서의 판단	
HS코드가 같은 물품	동종의 물품에 해당 O
A는 사전세액심사대상이고, B는 아닌경우	수입신고수리의 요건이 동일 X

1심	2심	대법원
울산지방법원 2009. 1. 7. 선고 2008구합1782	부산고등법원 2009. 7. 24. 선고 2009누942	2011. 9. 29. 선고 2009두15104

관세법 제척기간의 연장사유인 '부정한 방법'에 이행보조자의 행위도 포함되는지

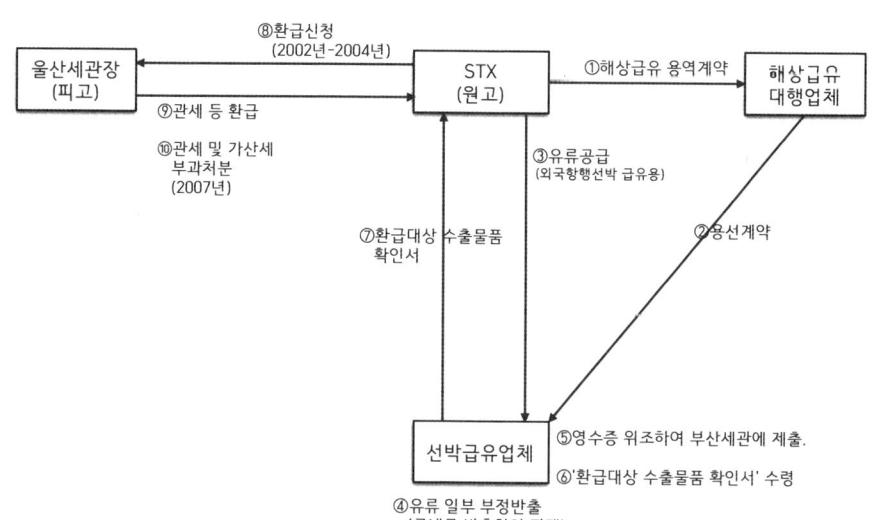

사실관계

① 원고는 해상급유대행업체와 해상급유 용역계약을 맺고, 해상급유대행업체는 선박급유업체와 용선계약을 체결함
② 원고는 선박급유업체에 '외국항행 선박에 급유할 용도'로 유류를 공급함
③ 선박급유업체는 원고로부터 받은 유류 중 일부를 국내로 부정반출하여 판매함
④ 선박급유업체는 유류가 전부 외국항에 선박에 급유된 것처럼 영수증을 위조하여 부산세관에 제출하였고, '환급대상 수출물품 확인서'를 수령하여 원고에게 제출함
⑤ 원고는 2002년부터 2004년까지 위 확인서를 피고 울산세관장에게 제출하여 관세 등 약 23억원을 환급받음
⑥ 피고는 2007년 위 관세가 부정하게 환급되었음을 이유로 원고에게 가산금을 포함한 관세 등 약 38억원을 부과함
⑦ 이에 원고는 피고의 관세 등 부과처분이 관세부과의 제척기간인 2년을 초과한 것이라는 이유로 조세심판원에 심판청구를 하였으나 기각되었고, 이 사건 소를 제기함

관련 법령

관세법
[시행 2010.7.26.] [법률 제9968호, 2010.1.25., 타법개정]

제21조(관세부과의 제척기간)
① 관세는 당해 관세를 부과할 수 있는 날부터 2년이 지난 후에는 부과할 수 없다. 다만, 다음 각 호의 1에 해당하는 경우에는 관세를 부과할 수 있는 날부터 5년이 지난 후에는 이를 부과할 수 없다.

1. 부정한 방법으로 관세를 포탈하였거나 환급받은 경우

※현재는 개정되어 제척기간이 5년, 10년으로 각 개정됨

> **수출용원재료에대한관세등환급에관한특례법**
> [시행 2004.6.23.] [법률 제7210호, 2004.3.22., 타법개정]
>
> **제21조 (과다환급금의 징수등)**
> ① 세관장은 제16조의 규정에 의하여 지급한 환급금이 다음 각호의 1에 해당하는 경우에는 당해 환급금액 또는 과다환급금액(이하 "과다환급금등"이라 한다)을 관세법 제47조제1항의 규정에 따라 **관세등을 환급받은 자**(기초원재료납세증명서를 발급받은 자를 포함한다. 이하 이 조에서 같다) **로부터 이를 징수한다.** <개정 2000.12.29.>
>
> 3. **선적 또는 기적을 하지 아니하고 관세등을 환급받은 경우.** 다만, 당해 금액을 징수하기 전에 선적 또는 기적된 경우에는 그러하지 아니하다.

원심의 판단

원심은 이 사건 유류에 관한 관세 등의 부과제척기간은 5년으로 연장되는 것이 아니라, 원래의 2년이라고 할 것이라고 판시하였다.

그 근거로서 ①원고는 선박급유업체가 이 사건 유류를 국내로 부정반출하고 이 사건 유류의 영수증과 반입확인서를 위조하였다는 사정을 알지 못하였고 ②그와 같은 부정행위에 관여하지도 아니하였다는 점을 들었다.

따라서 원고가 이 사건 유류에 관하여 관세법 제21조 제1항 단서 제1호 소정의 '부정한 방법으로 관세 등을 환급받은 것'으로 볼 수 없기 때문에, 관세의 부과제척기간은 2년이 되고, 이 사건 각 처분은 그 부과제척기간 2년이 도과한 후의 것으로서 위법하다고 판단하였다.

대법원의 판단

판시사항

[1] 구 관세법 제21조 제1항 본문과 단서 제1호의 입법 취지 및 구 관세법 제21조 제1항 단서 제1호 에서 정한 '부정한 방법'에 납세의무자의 대리인이나 이행 보조자 등이 행한 부정한 방법도 포함되는지 여부(원칙적 적극)

[2] 甲주식회사가 외국항행선박 유류 공급을 위해 乙주식회사와 해상급유용역계약을 체결하고, 乙회사는 甲회사가 공급하는 유류를 급유하기 위해 丙주식회사와 용선계약을 체결하였는데, 이후 丙회사의 대표자 丁이 공급받은 유류 중 일부를 국내로 부정반출하고도 정상적으로 급유하였다는 내용의 영수증을 위조하여 甲회사가 이를 근거로 유류를 수입할 때 납부했던 관세 등을 환급받자, 관할 세관장이 甲회사에 구 '수출용 원재료에 대한 관세 등 환급에 관한 특례법' 제21조 제1항 제3호 에 따라 관세 등 부과처분을 한 사안에서, 위 관세 등의 부과제척기간은 구 관세법 제21조 제1항 단서 제1호 에 따라 5년이라고 한 사례

판결요지

[1] 구 관세법 (2010.12.30.법률 제10424호로 개정되기 전의 것) 제21조 제1항 본문과 단서 제1호의 내용 및 그 입법 취지는 관세에 관한 법률관계를 조기에 확정하기 위하여 부과제척기간을 2년으로 단축하면서도 과세요건사실의 발견을 곤란하게 하거나 허위의 환급요건사실을 작출하는 등의 부정한 행위가 있는 경우에 과세관청으로서는 탈루신고임을 발견하기가 쉽지 아니하여 부과권의 조기 행사를 기대하기가 어려우므로 당해 관세에 대한 부과제척기간을 5년으로 연장하는 데 있다. 그렇다면 여기서 말하는 '부정한 방법'에는 납세의무자 본인이 행한 부정한 방법뿐만 아니라, 납세의무자가 스스로 관련 업무의 처리를 위탁함으로써 그 행위영역 확장의 이익을 얻게 되는 납세의무자의 대리인이나 이행보조자 등이 행한 부정한 방법도 다른 특별한 사정이 없는 한 포함된다고 할 것이다.

[2] 석유제품 판매 등을 영위하는 甲주식회사가 외국항행선박 유류 공급을 위해 乙주식회사와 해상급유용역계약을 체결하고, 乙회사는 甲회사가 공급하는 선박용 유류를 외국항행선박에 급유하기 위해 丙주식회사와 용선계약을 체결하였는데, 이후 丙회사의 대표자 丁이 甲회사에게서 공급받은 유류 중 일부를 국내로 부정반출하고도 정상적으로 급유하였다는 내용의 영수증을 위조하여 환급대상수출물품 반입확인서를 발급받아 甲회사에 교부하였고, 甲회사가 이를 근거로 유류를 수입할 때 납부했던 관세 등을 환급받자, 관할 세

관장이 이를 환수하기 위하여 구 '수출용 원재료에 대한 관세 등 환급에 관한 특례법'(2007.1.11.법률 제8233호로 개정되기 전의 것) 제21조 제1항 제3호 에 따라 甲회사에 관세 등 부과처분을 한 사안에서, 丙회사는 甲회사의 '이행보조자'로 볼 여지가 있으므로, 甲회사가 丙회사가 행한 부정한 행위를 알지 못하였다거나 직접 관여하지 아니하였다 하더라도 이에 의하여 관세 등을 환급받은 이상 이를 환수하기 위한 관세 등의 부과제척기간은 특별한 사정이 없는 한 2년이 아닌 구 관세법 (2010.12.30.법률 제10424호로 개정되기 전의 것) 제21조 제1항 단서 제1호 에 따라 5년이라 한 사례.

판결이유

1. 관세부과 제척기간의 입법 취지는, 과세관청의 과세 부과권의 정당한 행사를 위한 것이다.

관세법 제21조 제1항 본문과 단서 제1호의 내용 및 그 입법취지는 관세에 관한 법률관계를 조기에 확정하기 위하여 그 부과제척기간을 2년으로 단축하면서도 과세요건사실의 발견을 곤란하게 하거나 허위의 환급요건사실을 작출하는 등의 부정한 행위가 있는 경우에 과세관청으로서는 탈루신고임을 발견하기가 쉽지 아니하여 부과권의 조기 행사를 기대하기가 어려우므로 당해 관세에 대한 부과제척기간을 5년으로 연장하는 데 있다.

2. '부정한 방법'에는 대리인이나 이행보조자가 행한 부정한 방법도 포함된다.

여기서 말하는 '부정한 방법'에는 납세의무자 본인이 행한 부정한 방법뿐만 아니라, 납세의무자가 스스로 관련 업무의 처리를 위탁함으로써 그 행위영역 확장의 이익을 얻게 되는 납세의무자의 대리인이나 이행보조자 등이 행한 부정한 방법도 다른 특별한 사정이 없는 한 포함된다고 할 것이다.

3. 이행보조자의 부정한 행위를 알지 못하였고 직접 관여하지 않았다고 하더라도, 관세부과제척기간은 연장된다.

원심판결 이유 및 기록에 의하면, 원고가 외국항행선박에 유류를 공급하기 위하여 해상급유대행업체에게 외국항행선박에 대한 급유용역을 의뢰하고, 그에 따라 해상급유대행업체가 다시 선박급유업체에 위 급유용역을 의뢰하였으므로, 선박급유업체는 원고의 이행보조자로 볼 여지가 있다.

그렇다면 선박급유업체가 외국항행선박에 이 사건 유류를 공급하여 그에 관한 영수증과 반입확인시를 교부받는 과정에서, 선박급유업체가 행한 원심판시의 부정한 행위를 원고가 알지 못하였다거나 직접 관여하지 아니하였다 하더라도, 그와 같은 부정한 행위에 의하여 원고가 이 사건 유류에 대한 관세 등을 환급받은 이상, 이를 환수하기 위한 관세 등의 부과제척기간은 다른 특별한 사정이 없는 한 관세법 제21조 제1항 단서 제1호 에 의하여 5년이 된다고 할 것이다.

그럼에도 이와 달리 원심은 선박급유업체가 원고의 이행보조자인지 여부 등에 대한 심리·판단을 하지 아니한 채 그 판시와 같은 이유만으로 이 사건 각 처분에 관한 부과제척기간이 2년이라고 단정하였으니, 이러한 원심판단에는 관세법 제21조 제1항 단서 제1호 에 관한 법리를 오해하여 필요한 심리를 다하지 아니함으로써 판결에 영향을 미친 위법이 있다.

해설

본 사안에서는 관세부과의 제척기간이 연장되는 사유인 '부정한 방법' 관하여, 타인의 과책으로 인한 경우에 본인에게 제척기간을 연장할 수 있는지의 여부가 쟁점이 되었다. 외부 용역업체가 부정한 방법으로 관세 환급에 관련한 서류를 발급받았는데, 이에 관하여 전혀 알지 못한 원고에게 책임을 지우는 것이 과연 적법한 것인지의 여부이다.

이에 관하여 대법원은 용역업체가 '이행보조자'이기 때문에, 본인인 원고에게 제척기간이 연장되는 것을 전제로 하여 관세부과처분을 한 것은 적법하다고 판시하였다. '이행보조자'의 개념은 민법 제391조에서 규정하는데, 이에 의하면 이행보조자의 고의나 과실에 대하여는 본인이 책임을 지도록 되어 있다.

이행보조자는 '채무자의 의사에 의하여 채무자를 위하여 행동하게 된 자'이면 족하고, 그러한 사실을 제3자가 알고 있을 필요는 없다. 그리고 채무자와 이행보조자 사이에 채권관계가 있을 필요도 없고, 이행보조자가 채무자에 대하여 사회적 종속관계에 있어야 하는 것도 아니다. 따라서 사안에서와 같이 독립한 회사인 선박급유업체도 이행보조자가 될 수 있다(대법원 2002. 7. 12. 선고 2001다44338 판결).

본 사안에서 판례는 민법상 이행보조자의 개념을 관세부과제척기간의 연장에도 적용시켜, 과세관청의 과세권 행사를 보다 보장하는 방향으로 결론을 지었다고 평가할 수 있다.

1심	2심	대법원
전주지방법원 군산지원 2012. 10. 9. 선고 2011고정872판결	전주지방법원 2013.6.28. 선고 2012노1109 판결	2016. 7. 14. 선고 2013도8382 판결

운임을 실제와 다르게 신고한 경우, 관세법상 허위신고죄에 해당하는지

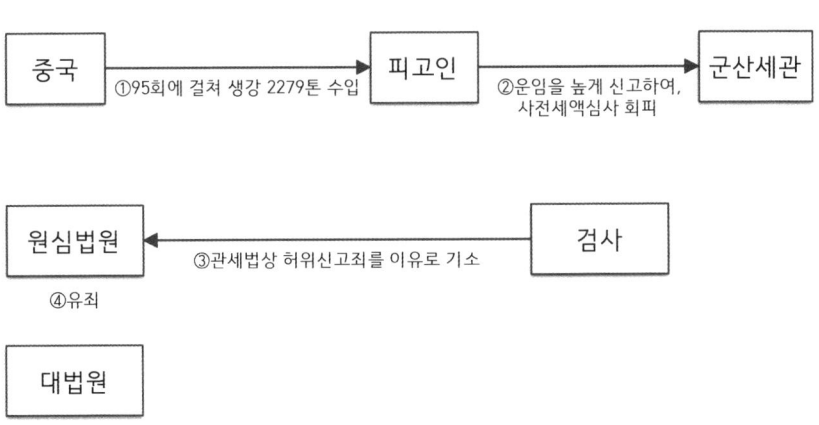

사실관계

① 피고인들은 중국산 생강을 수입하면서 사전세액심사를 회피하기 위하여 운임을 실제보다 높게 기재하여 수입신고함
② 수사기관에서는 운임을 높게 기재한 위 행위에 대하여 구 관세법 제276조 제1항 제4호를 적용하여 기소함
③ 원심에서는 피고인들의 행위를 유죄로 판단하였고, 피고인들은 이에 불복하여 상고함

관련 법령

구 관세법
(2010.12.30.법률 제10424호로 개정되기 전의 것)

제276조 (허위신고죄 등)
① 다음 각 호의 1에 해당하는 자는 물품원가 또는 2천만원 중 높은 금액 이하의 벌금에 처한다.
    4. 제241조 또는 제244조의 규정에 의한 신고를 함에 있어서 제241조제1항에 규정된 사항을 신고하지 아니하거나 허위신고를 한 자*

법원의 판단

판시사항

[1] 구 관세법 제241조 제1항에서 신고사항 중 하나로 규정한 물품의 '가격'의 의미 (=구입가격) 및 과세가격을 결정할 때 가산·조정하

---

* 현재는 제276조 제1항은 삭제되었고, 부당이득을 목적으로 하는 가격조작죄를 처벌하는 규정이 신설되었다 (관세법 제270조의 2).

는 운임, 보험료 등이 이에 포함되는지 여부 (소극)

[2] 수입신고를 하면서 수입물품의 구입가격을 사실대로 신고하였으나 과세가격결정에 가산·조정하는 요소인 운임 등에 관하여 사실과 달리 신고한 부분이 있는 경우, 구 관세법 제276조 제1항 제4호에 따라 허위신고죄로 처벌할 수 있는지 여부 (소극)

판결요지

[1] 구 관세법(2010.12.30.법률 제10424호로 개정되기 전의 것,이하 '법'이라고 한다)에 의하면, 물품을 수출·수입 또는 반송하고자 하는 때에는 당해 물품의 품명·규격·수량 및 가격 등을 세관장에게 신고하여야 한다(법 제241조 제1항). 이 신고는 규정의 체계상 수출신고·수입신고 및 반송신고의 경우에 모두 동일하게 적용되어야 하는데 수출신고나 반송신고는 관세의 부과와 상관이 없다는 점 등을 감안하면, 법 제1조가 규정한 관세법의 두 가지 목적, 즉 '관세의 부과·징수'를 통한 '관세수입의 확보'와 '수출입물품의 통관을 적정하게'하는 것 중 통관의 적정을 위한 것이다. 따라서 위 신고사항 중 하나로 규정된 물품의 '가격'은 수출신고나 반송신고뿐 아니라 수입신고의 경우에도 이를 '과세가격'으로 볼 것이 아니라 과세가격(법 제30조)을 결정하는 기초가 되는 실지거래가격, 즉 '구매자가 실제로 지급하였거나 지급하여야 할 가격'(구입가격)을 의미하고, 과세가격을 결정할 때 가산·조정하는 운임, 보험료 등은 거기에 포

함되지 않는다.

[2] 물품을 수입하고자 하는 사람은 구 관세법 (2010.12.30.법률 제10424호로 개정되기 전의 것, 이하 '법'이라고 한다) 제241조 제1항의 수입신고 외에 납세신고 (법 제38조) 를 하여야 하는데, 납세신고는 수입신고서에 관세의 납부에 관한 사항을 기재하여 함께 제출하도록 되어 있어서 (관세법 시행령 제32조), 납세신고와 수입신고는 하나의 서면으로 한꺼번에 이루어지게 되지만, 납세신고는 관세수입의 확보를 위한 것이므로 수입신고와는 목적이 다르다. 더구나 수입신고를 허위로 한 때에는 허위신고죄로서 '물품원가 또는 2천만 원 중 높은 금액 이하의 벌금'에 처하도록 규정되어 있는 반면(법 제276조 제1항 제4호), 세액결정에 영향을 미치기 위하여 납세신고를 위한 과세가격을 허위로 신고한 때에는 '3년 이하의 징역 또는 포탈한 관세액의 5배와 물품원가 중 높은 금액 이하에 해당하는 벌금'에 처하도록 규정되어 있어서(법 제270조 제1항 제1호)법정형에 현저한 차이가 있다. 따라서 수입신고서에 기재된 사항이 수입신고 사항인지 납세신고 사항인지는 분명하게 가려서 판단히어야 하므로, <u>수입신고를 하면서 수입물품의 구입가격</u> [과세가격(법 제30조)을 결정하는 기초가 되는 실지거래가격, 즉 '구매자가 실제로 지급하였거나 지급하여야 할 가격'] <u>을 사실대로 신고하였다면</u>, 과세가격의 결정에 가산·조정하는 요소인 <u>운임</u> 등에 관하여 사실과 달리 신고한 부분이 있더라도 이를 법 제276조 제1

<u>항 제4호에 따라 허위신고죄로 처벌할 수는 없다.</u>

판결이유

1. 구 관세법에 의하면, 물품을 수출·수입 또는 반송하고자 하는 때에는 당해 물품의 품명·규격·수량 및 가격 등을 세관장에게 신고하여야 한다 (법 제241조 제1항). 이 신고는 그 규정의 체계상 수출신고·수입신고 및 반송신고의 경우에 모두 동일하게 적용되어야 할 것인데 수출신고나 반송신고는 관세의 부과와 상관이 없다는 점 등을 감안하면, 법 제1조가 규정한 관세법의 두 가지 목적, 즉 '관세의 부과·징수'를 통한 '관세수입의 확보'와 '수출입물품의 통관을 적정하게'하는 것 중 통관의 적정을 위한 것이라고 보아야 한다. 따라서 위 신고사항 중 하나로 규정된 물품의 '가격'은 수출신고나 반송신고뿐 아니라 수입신고의 경우에도 이를 '과세가격'으로 볼 것이 아니라 과세가격 (법 제30조) 을 결정하는 기초가 되는 실지거래가격, 즉 '구매자가 실제로 지급하였거나 지급하여야 할 가격'(이하 '구입가격'이라고 한다) 을 의미하고, 과세가격을 결정할 때 가산·조정하는 운임, 보험료 등은 거기에 포함되지 않는다고 할 것이다. 한편 물품을 수입하고자 하는 사람은 위 수입신고 외에 납세신고 (법 제38조) 를 하여야 하는데 납세신고는 수입신고서에 관세의 납부에 관한 사항을 기재하여 함께 제출하도록 되어 있어서 (관세법 시행령 제32조), 납세신고와 수입신고는 하나의 서면으로 한꺼번에 이루어지게 되지만, 납세신고는 관세수입의 확보를 위한 것이므로 수입신고와는 그 목적이 다르다. 더구나 수입신고를 허위로 한 때에는 허위신고죄로서 '물품원

가 또는 2천만 원 중 높은 금액 이하의 벌금'에 처하도록 규정되어 있는 반면 (법 제276조 제1항 제4호), 세액결정에 영향을 미치기 위하여 납세신고를 위한 과세가격을 허위로 신고한 때에는 '3년 이하의 징역 또는 포탈한 관세액의 5배와 물품원가 중 높은 금액 이하에 해당하는 벌금'에 처하도록 규정되어 있어서(법 제270조 제1항 제1호) 그 법정형에 현저한 차이가 있다. 따라서 <u>수입신고서에 기재된 사항이 수입신고 사항인지 납세신고 사항인지는 분명하게 가려서 판단하여야 하므로, 수입신고를 하면서 수입물품의 구입가격을 사실대로 신고하였다면, 그 과세가격의 결정에 가산·조정하는 요소인 운임 등에 관하여 사실과 달리 신고한 부분이 있다고 하더라도 이를 법 제276조 제1항 제4호에 따라 허위신고죄로 처벌할 수는 없다고 할 것이다.</u>

2. 원심판결 중 피고인들에 대한 유죄 부분에 관한 공소사실의 요지는 다음과 같다. 물품을 수입하려면 해당 물품의 품명·규격·수량 및 가격 등을 정확하게 신고하여야 함에도 불구하고, 농·수·축산물 수출입업을 목적으로 하는 회사인 원심 공동피고인 4주식회사의 이사로서 실제 운영자인 피고인 1, 원심공동피고인 4회사의 대표이사인 피고인 2, 원심 공동피고인 4회사가 수입한 중국산 생강의 수입통관을 대행한 피고인 4법인에 근무하던 사람인 피고인 3은 원심 공동피고인 4회사가 중국 '공소 외 1유한공사'로부터 중국산 생강을 수입함에 있어, 중국산 생강은 관세율이 377.3%의 고 세율로 저가신고를 방지하기 위한 사전세액심사대상 물품으로 지정되어 있어 과세가격 정밀심사 및 수리 전 반출 시

의 담보제공절차 등으로 통관에 시간이 걸리는 등 어려움이 있을 것으로 예상되자, 그 수입물품의 운송선사인 공소 외 2주식회사로부터 실제와 다른 운임송장(INVOICE)을 추가로 발급받아 피고인 3이 세관에 운임을 실제보다 높게 신고하여 수입신고가격을 허위로 신고하는 방법으로 사전세액심사를 회피하기로 상호 공모하였다. 이에 따라 피고인들은 2009. 4. 1. 군산시에 있는 군산세관에서 중국 석도항에서 군산항으로 반입한 생강 24t에 관하여 군산세관장에게 수입신고를 하면서 원심판시 별지 범죄일람표 순번 2기재와 같이 운임을 실제 운임보다 높게 신고하는 방법으로 수입신고가격을 허위로 신고한 것을 비롯하여 그때부터 같은 해 8월 14일까지 원심판시 별지 범죄일람표 순번 2내지 96기재와 같이 총 95회에 걸쳐 같은 방법으로 중국산 생강 총 2,279t시가 약 64만 불 상당을 수입하면서 수입신고가격을 허위로 신고함으로써 공모하여 중국산 생강의 수입신고가격을 허위로 신고하였고, 피고인 4법인은 그 사용인인 피고인 3이 위 일시, 장소에서 피고인의 수입신고 업무에 관하여 위와 같이 수입신고가격을 허위로 신고하였다.

3. 이에 대하여 원심은, 구 관세법의 목적과 수입신고 관련 규정 및 실무의 태도를 종합하여 보면, 구 관세법 제241조 제1항에 의하여 수입신고의무를 부담하는 자가 신고하여야하는 수입신고가격은 '구입가격'을 의미하는 것이 아니라 여기에 운임과 보험료 등이 포함된 '과세가격'을 의미하는 것으로 해석함이 타당하다고 보아, 피고인들이 수입신고를 함에 있어서 운임을 실제 운임보다 높게 신고함으로써 수입신고가격을 허

위로 신고하였다고 판단하여 위 공소사실을 유죄로 인정하였다. 그러나 이러한 원심판단은 수입신고의 대상인 물품의 '가격'의 의미에 관한 앞서 본 법리를 오해하여 판결 결과에 영향을 미친 것으로서 위법하다. 이를 지적하는 취지의 상고이유 주장은 이유 있다.

4. 그러므로 원심판결 중 피고인들에 대한 유죄 부분은 피고인들의 나머지 상고이유에 대하여 더 나아가 살필 필요 없이 그대로 유지될 수 없으므로 이를 파기하고, 이 부분 사건을 다시 심리·판단하게 하기 위하여 원심법원에 환송하기로 하여, 관여 대법관의 일치된 의견으로 주문과 같이 판결한다.

해설

(1) 본 사건에서 적용된 구 관세법 제276조 제1항은 삭제되었고, 현재는 구성요건에 부당이득 목적이 추가된 가격조작죄 (관세법 제270조의 2) 가 신설되었다. 따라서 대법원의 판시내용은 신설된 가격조작죄에 그대로 적용될 수 있다.

(2) 수입신고를 할 때에는 물품의 구입가격과 운임을 신고하는데, 과세가격결정은 실제로 지급한 금액에 운임과 보험료 등을 포함한 금액을 기준으로 한다 (관세법 제30조). 본 사건에서 피고인들은

수입물품의 구입가격은 사실대로 기재하여 신고하였으나, 사전세액심사를 회피하기 위하여 운임을 실제 가격보다 높게 신고하였는 바, 이러한 행위가 구 관세법상 허위신고죄에 해당하는지가 문제되었다.

(3) 본 사건에서 대법원은 수입신고서에 기재하는 사항을 수입신고 사항과 납세신고 사항으로 분명하게 구별하여야 한다고 하면서, 수입물품의 구입가격은 수입신고 사항으로서 이를 허위로 기재한 경우에는 허위신고죄에 해당하지만, 운임은 납세신고 사항이기 때문에 이를 허위로 기재한 경우에도 허위신고죄로 의율할 수는 없다고 판시하였다.

1심	2심	대법원
서울행정법원 2012. 8. 17. 선고 2011구합27186 판결	서울고등법원 2013. 12. 27. 선고 2012누28348 판결	2015. 11. 27. 선고 2014두2270 판결

"직구" 또는 "구매대행"의 경우 관세의 납세의무자는?

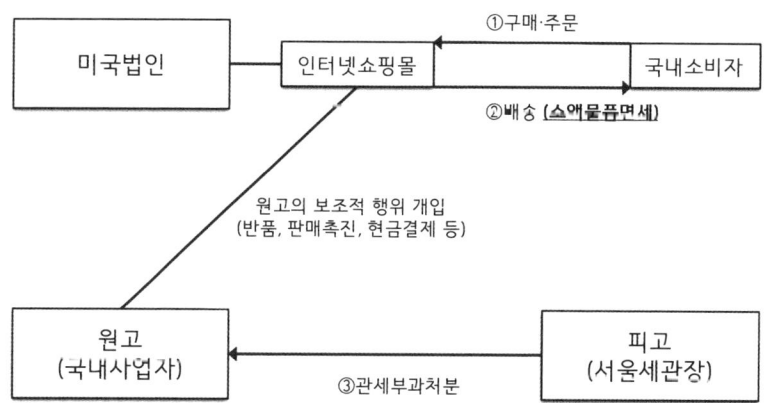

사실관계

① 미국법인이 운영하는 온라인쇼핑몰에서 국내 소비자가 직접 구매를 하는 형태의 사업 운영
② 국내소비자는 소액물품면세의 적용을 받아, 관세 등을 면제받음
③ 원고는 국내사업자로서, 미국법인이 운영하는 온라인 쇼핑몰의 반품, 환불, 현금결제 등의 보조적 행위를 함
④ 서울세관장은 온라인쇼핑몰의 실제 운영자는 원고이고, 관세법에 따라 원고가 실제 수입화주라고 보아 원고에게 관세 부가가치세 과세처분을 함
⑤ 원고는 이에 불복하여 행정소송을 제기함

관련 법령

관세법
[시행 2010.7.26.] [법률 제9968호, 2010.1.25., 타법개정]

제19조(납세의무자)
① 다음 각호의 1에 해당되는 자는 관세의 납세의무자가 된다.

1. 수입신고를 한 물품에 대하여는 <u>그 물품을 수입한 화주</u> (화주가 불분명한 때에는 다음 각목의 1에 해당하는 자를 말한다. 이하 이 조에서 같다). 다만, 수입신고가 수리된 물품 또는 제252조의 규정에 의한 수입신고수리전 반출승인을 얻어 반출된 물품에 대하여 납부하였거나 납부하여야 할 관세액에 부족이 있는 경우 당해 물품을 수입한 화주의 주소 및 거소가 불명하거나 수입신고인이 화주를 명백히 하지 못하는 때에는 그 신고인은 당해 물품을 수입한 화주와 연대하여 당해 관세를 납부하여야 한다.

가. 수입을 위탁받아 수입업체가 대행수입한 물품인 때에는 그 물품의 수입을 위탁한 자
나. 수입을 위탁받아 수입업체가 대행수입한 물품이 아닌 때에는 대통령령이 정하는 상업서류에 기재된 수하인
다. 수입물품을 수입신고전에 양도한 때에는 그 양수인

원심의 판단

원심은 ①국내 소비자가 이 사건 인터넷쇼핑몰을 통해 해외 판매자인 미국 현지법인으로부터 건강기능식품 등을 직접 구매하고 소액면세 물품으로 배송받아 관세 등을 면제받은 사실, ②피고는 국내 판매자인 원고가 이 사건 인터넷쇼핑몰을 실질적으로 운영하면서 건강기능식품을 수입하여 국내 소비자에게 판매하였음에도 동생 소외인이 설립한 미국현지법인을 이용하여 마치 국내 소비자가 해외 판매자로부터 직접 수입한 거래인 것처럼 가장하여 관세 등을 회피하였다고 보아, 2009.11.25. 원고에게 관세 등을 부과하는 이 사건 처분을 한 사실 등을 인정하였다.

나아가 원심은, 이 사건 인터넷쇼핑몰이 국내 소비자만을 대상으로 개설되어 판매물품의 현금결제, 반품 및 환불이 국내에서 이루어진 점, 반품된 물품이 원고에 의하여 국내에서 전량 재판매되거나 폐기처분된 점, 원고가 판매대금 중 상당 부분을 자신의 부동산 구입자금 등으로 사용한 점 등에 비추어, 이 사건 인터넷쇼핑몰의 운영자 및 수입화주로서 관세 및 부가가치세의 납세의무를 부담하는 자를 원고로 보아야 한다는 이유로, 이 사건 처분은 적법하다고 판단하였다.

대법원의 판단

1. 소비자가 직접 해외판매자로부터 주문을 하고, 소비자 명의로 통관을 하였다면, 수입화주는 소비자이다.

국내 소비자가 해외 판매자로부터 물품을 직접 주문하여 국내 소비자 명의로 배송이 이루어지고 그 명의로 수입 통관절차를 거친 경우에는 국내 소비자의 편의나 해외 판매자의 판매촉진·반품 등과 관련하여 일부 보조적 행위를 한 국내사업자가 따로 있다고 하더라도 특별한 사정이 없는 한 물품을 수입한 실제 소유자는 국내사업자가 아니라 국내 소비자라고 봄이 타당하다.

2. '2단계 거래'가 존재할 경우에는 소비자가 아닌, 국내사업자가 수입화주에 해당할 수 있다.

다만 국내 소비자가 해외 판매자로부터 직접 수입하는 것과 같은 거래의 외관을 취하였다고 하더라도 그 실질에서는 국내사업자가 해외 판매자로부터 직접 수입하여 다시 국내 소비자에게 판매하는 거래에 해당하는 경우라면 그 물품을 수입한 실제 소유자를 국내사업자로 볼 수 있겠지만, 이러한 경우에 해당하기 위해서는 해외 판매자와 국내사업자, 그리고 국내사업자와 국내 소비자 간의 2단계 거래가 실질적으로 존재하는 사정 등이 증명되어야 하고, 설령 국내사업자가 해외판매자를 실질적으로 지배·관리하면서 그 소득이나 수익을 지배·관리하였다고 하더라도 이는 국내사업자를 실질적인 해외 판매자로 보아 그와 국내 소비자

간에 수입 거래가 있었다고 할 수는 있을지언정 국내사업자와 국내 소비자 간에 별도의 국내 거래가 있었다고 단정할 수는 없으므로, 이러한 사정이 충분히 증명되지 아니한 경우에는 물품을 수입한 실제소유자를 여전히 국내 소비자로 보아야 한다.

3. 본 사안에서는 '2단계 거래'가 인정되지 않기 때문에, 국내소비자가 수입화주이다.

이 사건에서 국내 소비자는 자신이 화주가 되어 해외로부터 직접 건강기능식품 등을 수입하는 거래를 하였다고 보아야 하고, 원심이 들고 있는 사정만으로 국내 소비자가 국내 거래를 통하여 원고가 수입을 마친 건강기능식품 등을 다시 구입하는 거래에 해당한다고 단정할 수는 없다.

해설

관세법상 관세의 납세의무자는 물품을 수입한 화주이다. 대법원은 국내 소비자가 직접 해외에서 물건을 주문하여, 국내 소비자 명의로 통관절차를 걸친 경우 일부 보조적 행위를 한 국내사업자가 따로 있다고 하더라도 관세법 상 '물품을 수입한 화주'는 국내 소비자라고 판시하였다.

만약 국내사업자를 '물품을 수입한 화주'로 보기 위해서는 '2단계 거래'가 인정되어야 한다고. 여기서 '2단계 거래' 란, ①국내사업자가 해외 판매자에게서 물품을 수입하고 ②국내사업자가 다시 국내소비자에게 판매하는 것을 의미한다. 그리고 '2단계 거래'의 존재에 관한 증명책임은, 원칙적으로 과세관청에게 있다. 과세처분 취소소송에서 과세처분의 적법성 및 과세요건사실의 존재에 대한 증명책임은 과세관청에게 있기 때문이다. 따라서 본 사안에서 원고는 관세법상 납세의무자인 '화주'로 인정될 수 없기 때문에, 과세관청의 원고에 대한 관세 및 부가가치세 부과처분은 부적법한 것이다.

이른바 '해외직구' 또는 '구매대행'의 경우 화주가 누구로 인정되느냐에 따라서 납세의무자가 바뀌게 된다. 만약 구매대행 업체가 해외사업자로부터 수입을 하고, 다시 국내소비자에게 판매하는 형태가 될 경우, 화주는 국내사업자가 된다. 이 경우 화주가 사업자이기 때문에 소액물품 면세제도는 인정될 수 없다, 업체 입장에서는 예상치 못한 과세처분을 예방하는 차원에서 자신의 사업형태가 어떠한 유형에 해당하는지를 정확하게 파악할 필요가 있다.

유형	납세의무자인 '화주'
국내 소비자가 해외에서 직접 주문, 소비자 명의로 통관하여 배송받은 경우	소비자
위 거래에서 국내 사업자가 일부 보조적 행위를 한 경우	소비자
실질적으로 국내사업자가가 해외사업자와 거래하고, 다시 국내사업자가 국내소비자에게 판매한 경우 (일명 '2단계 거래)	국내사업자

1심	2심	대법원
대구지방법원 2013. 5. 10. 선고 2011구합1025 판결	대구고등법원 2014. 1. 24. 선고 2013누933 판결	2016. 8. 24. 선고 2014두5644 판결

상대국이 회신기간을 넘겨 회신을 한 경우 FTA 협정세율을 적용하지 않은 처분이 정당한 것인지

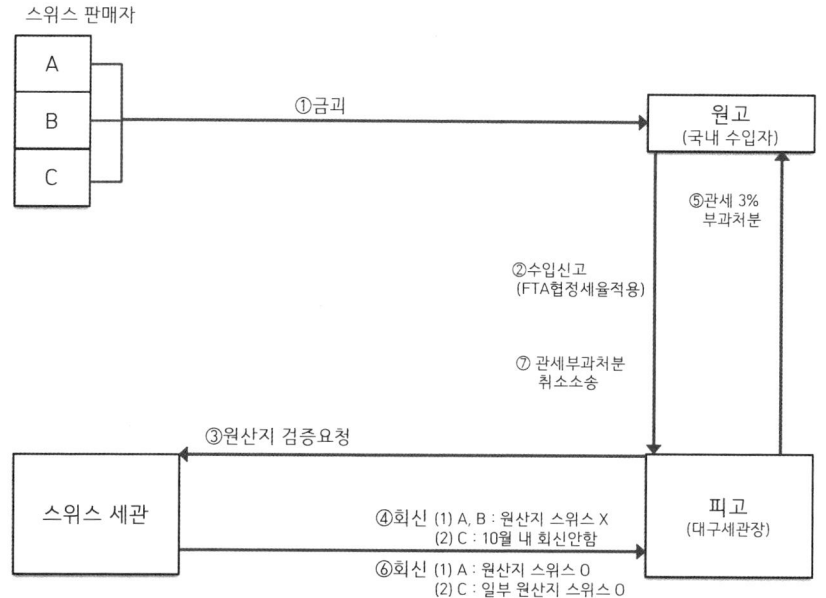

사실관계

① 원고는 스위스의 판매자 A, B, C로부터 금괴를 수입함
② 원고는 위 금괴를 수입하면서 FTA 협정세율을 적용하여 수입신고함
③ 피고 (대구세관장) 는 위 금괴에 관하여 스위스 관세당국에 원산지검증을 요청함
④ 스위스 관세당국은 A, B 금괴에 대하여는 원산지가 스위스가 아니라고 하였고, C 금괴에 대하여는 회신기간인 10개월 내에 회신하지 않음
⑤ 피고 (대구세관장) 는 원고의 수입신고에 대하여 FTA 협정세율을 배제하고 3%의 세율을 부과하는 처분을 함
⑥ 스위스 관세당국은 이후 A 금괴에 대하여는 원산지가 스위스가 맞고, C 금괴의 일부 에 대하여 원산지가 스위스라고 회신함
⑦ 원고는 피고의 관세부과처분의 취소를 구하는 행정소송을 제기함

관련 법령

한-EU 자유무역협정

I. 제27조 원산지증명의 검증
7. 합리적 의심이 있는 경우 검증 요청일로부터 10개월 이내에 회신이 없거나, 그 회신이 해당 서류의 진정성 또는 제품의 진정한 원산지를 결정하기 위한 충분한 정보를 포함하지 아니하는 경우, 요청하는 관세당국은 예외적인 경우를 제외하고 특혜 자격 부여를 거부한다.

자유무역협정의 이행을 위한 관세법의 특례에 관한 법률

제17조(원산지에 관한 조사)
① 관세청장 또는 세관장은 수출입물품의 원산지 또는 협정관세 적용의 적정 여부 등에 대한 확인이 필요하다고 인정하는 경우에는 협정에서 정하는 범위에서 대통령령으로 정하는 바에 따라 다음 각 호의 어느 하나에 해당하는 자를 대상으로 필요한 서면조사 또는 현지조사를 할 수 있다.

1. 수입자
2. 수출자 또는 생산자(체약상대국에 거주하는 수출자 및 생산자를 포함한다)
3. 원산지증빙서류 발급기관
4. 제16조제1항제3호의 자

제35조(협정관세의 적용제한)
① 협정에서 다르게 규정한 경우를 제외하고 세관장은 다음 각 호의 어느 하나에 해당하는 경우에는 해당 수입물품에 대하여 협정관세를 적용하지 아니할 수 있다. 이 경우 세관장은 「관세법」 제38조의3제4항 및 제39조제2항에 따라 납부하여야 할 세액 또는 납부하여야 할 세액과 납부한 세액의 차액을 부과·징수하여야 한다.

5. 제19조제1항에 따라 관세청장 또는 세관장이 체약상대국의 관세당국에 원산지의 확인을 요청한 사항에 대하여 체약상대국의 관세당국이 기획재정부령으로 정하는 기간 이내에 그 결과를 회신하지 아니한 경우 또는 세관장에게 신고한 원산지가 실제 원산지와 다른 것으로 확인되거나 회신 내용에 제7조에 따른 원산지의 정확성을 확인하는 데 필요한 정보가 포함되지 아니한 경우

대법원의 판단

판시사항

[1] 구 자유무역협정의 이행을 위한 관세법의 특례에 관한 법률 및 대한민국과 유럽자유무역연합 회원국 간의 자유무역협정에서 간접검증방식에 의한 원산지 증명 검증 제도를 둔 취지 / 수입 당사국 관세당국의 원산지 검증요청에 대하여 수출 당사국 관세당국이 회신기간 내에 회신을 하지 아니한 것이 대한민국과 유럽자유무역연

합 회원국 간의 자유무역협정 부속서 I제24조 제7항에서 정한 '예외적인 경우'에 해당하는지 판단하는 기준

[2] 국내 법인인 甲 주식회사가 스위스 업체인 乙, 丙이 생산한 제1금괴 및 丁이 생산한 제2금괴를 수입하면서 대한민국과 유럽자유무역연합 회원국 간의 자유무역협정에서 정한 협정관세율 0%를 적용하여 수입신고를 하였고, 관할 세관장이 원산지 검증요청을 하자 스위스 관세당국이 제1금괴에 대하여는 원산지가 스위스가 아니라고 회신하고 제2금괴에 대하여는 회신기간인 10개월 내에 회신하지 아니하였는데, 관할 세관장이 각 금괴에 대하여 협정세율의 적용을 제한하고 기본세율 3%를 적용하여 관세 및 부가가치세 등을 부과하는 처분을 하였고, 회신기간이 경과한 뒤 스위스 관세당국이 丙이 생산한 금괴는 원산지가 스위스가 아니지만 乙이 생산한 금괴는 원산지가 스위스이고 丁이 생산한 금괴는 일부의 원산지가 스위스라는 내용으로 최종회신을 한 사안에서, 스위스 관세당국이 각 금괴에 관한 원산지 검증요청에 대하여 회신기간을 준수하지 아니하거나 원산지를 판정할 수 있는 충분한 정보를 제공하지 아니한 데에 위 자유무역협정에서 정한 '예외적인 경우'에 해당하는 사정이 있었다고 볼 수 없다고 한 사례

판결요지

[1] 구 자유무역협정의 이행을 위한 관세법의 특례에 관한 법률

(2010.1.1.법률 제9918호로 개정되기 전의 것, 이하 '자유무역협정 관세법'이라고 한다) 과 대한민국과 유럽자유무역연합 회원국 간의 자유무역협정 (이하 '자유무역협정'이라고 한다) 은 협정 당사국들 사이에서 자유무역지대를 창설하여 유대를 강화하는 동시에 당사국들 간 무역장벽을 제거하여 무역과 투자 흐름을 확대함으로써 새로운 고용기회를 창출하고 생활수준의 향상 및 실질소득의 지속적인 증가를 보장하기 위한 것이다. 이를 위하여 자유무역협정 관세법과 자유무역협정은 당사국을 원산지로 하는 상품의 수입과 수출에 대하여 관세를 철폐하거나 점진적으로 인하하는 협정관세를 적용하도록 하는 한편, 적용요건이 되는 원산지의 검증을 위하여 당사국 사이에 상호 신뢰를 바탕으로 하여 역할을 분담하도록 규정하고 있다. 즉 당사국의 수출자나 생산자가 작성하는 원산지신고서에 대하여 수입 당사국의 관세당국이 검증을 요청하면 수출 당사국의 관세당국이 검증을 수행하는 간섭섬증방식을 채택하여, 수입 당사국의 관세당국은 원칙적으로 수출당사국의 관세당국이 수행하여 회신한 검증결과를 존중하되, <u>10개월 내에 회신이 없거나 서류의 진정성 또는 상품의 원산지를 판정할 수 있는 충분한 정보를 포함하지 아니하는 회신인 경우에 수입 당사국의 관세당국은 '예외적인 경우'를 제외하고는 협정관세의 적용을 제한할 수 있도록 하고 있다. 여기서 체약상대국 관세당국이 회신기간 내에 회신을 하지 아니한 데에 '예외적인 경우'에 해당하는지는</u> 간접검증방식에 의한 원산지의 검증은 수출 당사국의 발급자가 발급한 원산지 증

명서에 기초하여 이루어지며 검증을 위하여 상당한 기간을 부여하고 있는 사정과 아울러 자유무역협정 관세법과 자유무역협정에서 간접검증방식에 의한 원산지 증명 검증 제도를 둔 취지를 종합하여 <u>회신 지연을 정당화할 수 있는 객관적인 사유가 있는지에 의하여 판단한다.</u>

[2] 국내 법인인 甲 주식회사가 스위스 업체인 乙, 丙이 생산한 제1금괴 및 丁이 생산한 제2금괴를 수입하면서 대한민국과 유럽자유무역연합 회원국 간의 자유무역협정 (이하 '자유무역협정'이라고 한다) 에서 정한 협정관세율 0%를 적용하여 수입신고를 하였고, 관할 세관장이 원산지 검증요청을 하자 <u>스위스 관세당국이 제1금괴에 대하여는 원산지가 스위스가 아니라고 회신하고 제2금괴에 대하여는 회신기간인 10개월 내에 회신하지 아니하였는데,</u> 관할 세관장이 각 금괴에 대하여 협정세율의 적용을 제한하고 기본세율 3%를 적용하여 관세 및 부가가치세 등을 부과하는 처분을 하였고, 회신기간이 경과한 뒤 스위스 관세당국이 丙이 생산한 금괴는 원산지가 스위스가 아니지만 乙이 생산한 금괴는 원산지가 스위스이고 丁이 생산한 금괴는 일부의 원산지가 스위스라는 내용으로 최종회신을 한 사안에서, 당초 회신 이후 대한민국 관세청이 스위스 관세당국의 丁에 대한 검증 과정에 참관하였을 때 당초 회신 내용과 달리 볼 만한 특별한 정황이 없었을 뿐만 아니라, 제네바 관세청은 각 금괴의 원재료와 완제품이 동일한 HS 세번에 해당하여

원산지 요건을 충족하지 못한 것으로 보인다는 잠정적인 의견까지 제시하였으므로, 관할 세관장이 회신기간을 넘겨 스위스 관세당국의 추가 회신을 기다리기를 기대할 수 없는 상황이었던 점 등을 종합하여 보면, 스위스 관세당국이 각 금괴에 관한 원산지 검증 요청에 대하여 회신기간을 준수하지 아니하거나 원산지를 판정할 수 있는 충분한 정보를 제공하지 아니한 데에 자유무역협정에서 정한 '예외적인 경우'에 해당하는 사정이 있었다고 볼 수 없다고 한 원심판단을 수긍한 사례.

판결이유

1. 자유무역협정에서 간접검증방식에 의한 원산지 증명 검증제도를 둔 취지

… 이 사건 자유무역협정 부속서 I 제24조 는 원산지 신고서의 검증에 관하여 제6항에서 '검증을 요청하는 관세당국은 소사결과와 사실관계를 포함한 검증결과 및 가능한 한 수출자의 모든 증빙서류를 제공받는다.'라고 규정하는 한편, 제7항에서 검증 요청일부터 10개월 이내에 회신이 없는 경우나 해당 서류의 진정성 또는 상품의 원산지를 판정할 수 있는 충분한 정보를 포함하지 아니한 경우, 검증요청 관세당국은 '예외적인 경우'를 제외하고 특혜관세대우를 배제할 권한을 가진다고 규정하고 있다.

자유무역협정 관세법과 이 사건 자유무역협정은 협정 당사국들 사이

에서 자유무역지대를 창설하여 유대를 강화하는 동시에 당사국들 간 무역 장벽을 제거하여 무역과 투자 흐름을 확대함으로써 새로운 고용기회를 창출하고 생활수준의 향상 및 실질소득의 지속적인 증가를 보장하기 위한 것이다.

이를 위하여 자유무역협정 관세법과 이 사건 자유무역협정은 당사국을 원산지로 하는 상품의 수입과 수출에 대하여 관세를 철폐하거나 점진적으로 인하하는 협정관세를 적용하도록 하는 한편, 그 적용 요건이 되는 원산지의 검증을 위하여 당사국 사이에 상호 신뢰를 바탕으로 하여 역할을 분담하도록 규정하고 있다.

즉 당사국의 수출자나 생산자가 작성하는 원산지신고서에 대하여 수입 당사국의 관세당국이 검증을 요청하면 수출 당사국의 관세당국이 검증을 수행하는 간접검증방식을 채택하여, 수입 당사국의 관세당국은 원칙적으로 수출 당사국의 관세당국이 수행하여 회신한 검증결과를 존중하되, 10개월 내에 회신이 없거나 해당 서류의 진정성 또는 상품의 원산지를 판정할 수 있는 충분한 정보를 포함하지 아니하는 회신인 경우에 수입 당사국의 관세당국은 '예외적인 경우'를 제외하고는 협정관세의 적용을 제한할 수 있도록 하고 있다.

2. 한-EU 자유무역협정 부속서 I. 제24조 제7항에서 정한 '예외적인 경우'에 해당하는지 판단하는 기준

여기서 체약상대국 관세당국이 회신기간 내에 회신을 하지 아니한 데에 '예외적인 경우'에 해당하는지 여부는 이와 같이 간접검증방식에 의한 원산지의 검증은 수출 당사국의 발급자가 발급한 원산지 증명서에 기초하여 이루어지며 그 검증을 위하여 상당한 기간을 부여하고 있는 사정과 아울러 자유무역협정 관세법과 이 사건 자유무역협정에서 간접검증방식에 의한 원산지 증명 검증 제도를 둔 취지를 종합하여 그 회신 지연을 정당화할 수 있는 객관적인 사유가 있는지 여부에 의하여 판단한다.

3. 본 사안에서 스위스 관세당국이 회신기간을 넘겨 회신한 것이 '예외적인 경우'에 해당하는지 여부

원심은, ① 당초 회신 이후 대한민국 관세청이 스위스 관세당국의 A에 대한 검증 과정에 참관하였을 때 당초 회신 내용과 달리 볼 만한 특별한 정황이 없었을 뿐만 아니라, 제네바 관세청은 이 사건 각 금괴의 원재료와 완제품이 동일한 HS세번에 해당하여 원산지 요건을 충족하지 못한 것으로 보인다는 잠정적인 의견까지 제시하였으므로, 피고가 회신기간을 넘겨 스위스 관세당국의 추가 회신을 기다리기를 기대할 수는 없는 상황이었다고 보이는 점,

② A와 C가 스위스 관세당국을 상대로 스위스 연방행정법원에 당초 원산지 불충족 결정의 취소를 구하는 소송을 제기한 사실은 있지만, 스위스 관세당국은 그 소송에서 승소하고도 상소심 계속 중에 뒤늦게 자체 검증을 실시한 후 A가 생산한 금괴는 특정 공정으로 인하여 원산지

요건을 충족하였다고 보아 당초 결정을 취소하고 이 사건 최종회신을 하였으므로, 스위스 관세당국이 회신을 지연·번복한 데에 소송의 제기 등 외부적 요인이 실질적인 영향을 미쳤다고 볼 수 없는 점,

③ 이러한 상황이라면 스위스 관세당국으로서는 이 사건 최종회신 내용을 지지할 수 있는 상세 설명과 증빙자료의 제시가 더욱 필요하였는데도 주장 내용을 담은 회신 외에는 어떠한 객관적 자료도 송부하지 아니하였는바, 이 사건 자유무역협정 제26조가 원산지 검증과 관련한 비밀에 대하여 당사국의 비밀유지의무를 규정하고 있음을 고려하면 단지 기업비밀이라는 이유만으로 원산지 판정에 관한 증빙자료를 제공하지 아니한 것을 정당화할 수 없는 점 등을 종합하여 보면, 스위스 관세당국이 이 사건 각 금괴에 관한 원산지 검증요청에 대하여 회신기간을 준수하지 아니하거나 그 원산지를 판정할 수 있는 충분한 정보를 제공하지 아니한 데에 이 사건 자유무역협정에서 정한 '예외적인 경우'에 해당하는 사정이 있었다고 볼 수 없다고 판단하였다.

앞서 본 규정과 법리 및 기록에 비추어 살펴보면, 원심의 일부 이유 설시에 미흡한 부분이 있지만, 이 사건 검증결과 회신에 관하여 위 '예외적인 경우'에 해당하는 사정이 볼 수 없다는 원심의 위와 같은 판단에 상고이유의 주장과 같이 이 사건 자유무역협정 부속서Ⅰ 제24조 제7항에서 정한 '예외적인 경우'의 해석 및 충분한 정보의 개념 등에 관한 법리를 오해한 위법이 없다.

해설

　FTA 협정세율과 관련하여 '간접검증방식'이란 수입당사국이 직접 검증하는 방식이 아니라, 수출당사국의 관세당국이 원산지를 검증하여 통보하는 방식을 말한다. 수입당사국이 수출당사국의 관세당국에 원산지 검증을 요청하였을 경우, 한-EU FTA 에서는 10개월 내에 검증결과를 회신하도록 되어 있는데, 실무에서는 위 기간을 경과하여 회신이 오는 경우가 종종 발생한다.

　본 사안의 경우에서는 스위스 관세당국이 일부 물품에 관하여는 10개월을 경과하여 회신을 하였고, 일부 물품은 처음에는 스위스 원산지가 아니라고 통보하였다가 이후에 정정하여 스위스 원산지가 인정된다고 통보하였다.

　한-EU 자유무역협정 I. 제27조 제7항에서는 이러한 경우에도 '예외적인 경우'에는 협정관세율을 적용할 수 있다고 규정한다. 대법원은 위 규정에서 정한 '예외적인 경우'의 의미에 관하여, 간접검증방식에 의한 검증기간을 10개월 이라는 상당한 기간을 부여하고 있는 점에 비추어 '회신 지연을 정당화할 수 있는 객관적인 사유가 있는지'가 중요한 판단기준이 된다고 설시하였다.

　본 사안에서는 대한민국 관세청이 스위스 관세당국의 검증과정에 참관하였을 때 당초의 회신내용과 달리 볼만한 특별한 정황이 없었고, 스위스 관세당국이 잠정적인 의견까지 제시한 상황에서, 피고인 대구세관장이 회신기간을 넘겨 스위스 관세당국의 추가 회신을 기다리는 것을 기대할 수 없는 상황이라는 점에 근거하여 위 규정에서 정한 '예외적인 경우'에 해당하는 사정이 없다고 판단하였다.

1심	2심	대법원
인천지방법원 2008. 1. 31. 선고 2007구합1020 판결	서울고등법원 2008. 9. 26. 선고 2008누7726 판결	2011. 5. 13. 선고 2008두18250 판결

과세관청의 비과세관행이 성립하기 위한 요건

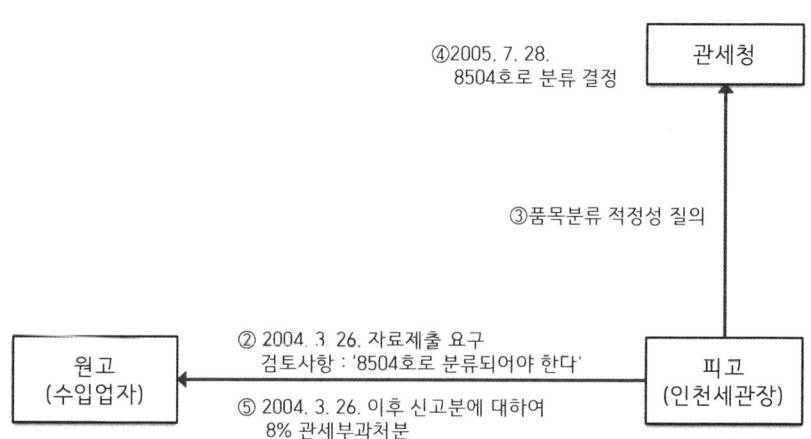

④ 2005. 7. 28. 8504호로 분류 결정

관세청

③ 품목분류 적정성 질의

② 2004. 3. 26. 자료제출 요구
검토사항 : '8504호로 분류되어야 한다'

원고
(수입업자)

피고
(인천세관장)

⑤ 2004. 3. 26. 이후 신고분에 대하여 8% 관세부과처분

① 1998년 부터 트렌지스터 수입
HS Code : 8541, 8542
양허관세율 0%적용

사실관계

① 원고는 1998년부터 해외에서 트렌지스터를 수입하면서 관세율표상 품목번호 8541 또는 8542호로 수입신고를 함
② 위 수입신고 시 양허관세율이 적용되어 관세율은 0% 였음
③ 피고는 원고들에게 2004. 3. 26. 서면으로 수입제품들에 대한 자료제출을 요구하면서, 검토사항으로 품목번호가 8504호 (관세율 8%) 로 분류되어야 한다고 제시함
④ 이후 피고는 관세청 관세품목분류위원회에 품목분류의 적정성을 질의하였고, 위원회는 2005. 7. 28. 쟁점물품을 8504호로 분류한다는 결정을 함
⑤ 피고는 원고에게 2004. 3. 26. 이후 신고분에 대하여 8%의 관세를 부과하는 처분을 함

관련 법령

관세법

제5조(법 해석의 기준과 소급과세의 금지)
② 이 법의 해석이나 관세행정의 관행이 일반적으로 납세자에게 받아들여진 후에는 그 해석이나 관행에 따른 행위 또는 계산은 정당한 것으로 보며, 새로운 해석이나 관행에 따라 소급하여 과세되지 아니한다.

제87조(특정물품에 적용되는 품목분류의 변경 및 적용)
① 관세청장은 제86조에 따라 사전심사 또는 재심사한 품목분류를 변경하여야 할 필요가 있거나 그 밖에 관세청장이 직권으로 한 품목분류를 변경하여야 할 부득이한 사유가 생겼을 때에는 해당 물품에 적용할 품목분류를 변경할 수 있다.

② 관세청장은 제1항에 따라 품목분류를 변경하였을 때에는 그 내용을 고시하고, 제86조제2항 및 제3항에 따라 통지한 신청인에게는 그 내용을 통지하여야 한다. 다만, 신청인의 영업 비밀을 포함하는 등 해당 물품에 적용될 품목분류를 고시하는 것이 적당하지 아니하다고 인정되는 물품에 대해서는 고시하지 아니할 수 있다.

③ 제2항에 따라 통지를 받은 자는 통지받은 날부터 30일 이내에 대통령령으로 정하는 서류를 갖추어 관세청장에게 재심사를 신청할 수 있다. 이 경우 재심사의 기간, 재심사 결과의 통지 및 고시·공표, 수수료 및 재심사의 절차·방법 등에 관하여는 제86조제3항, 제4항, 제6항 및 제8항을 준용한다.

④ 제1항 및 제3항에 따라 품목분류가 변경된 경우 품목분류의 적용에 관하여는 제86조제5항을 준용한다. 다만, 관계법령의 개정이나 제84조에 따라 품목분류를 변경한 경우에는 제86조제5항제2호나목을 준용하지 아니한다.

⑤ 제86조에 따라 사전심사 또는 재심사한 품목분류가 제1항에 따라 변경되거나 제3항에 따른 재심사 결과 품목분류가 변경된 경우 품목분류의 유효기간은 해당 통지를 받은 날부터 3년으로 한다.

국세기본법

제18조(세법 해석의 기준 및 소급과세의 금지)
③ 세법의 해석이나 국세행정의 관행이 일반적으로 납세자에게 받아들여진 후에는 그 해석이나 관행에 의한 행위 또는 계산은 정당한 것으로 보며, 새로운 해석이나 관행에 의하여 소급하여 과세되지 아니한다.

원고의 주장

1. 비과세관행의 존재

이 사건 쟁점물품이 8504호에 해당한다 할지라도, 원고들은 장기간에 걸쳐 이 사건 쟁점물품의 대부분인 90% 이상을 8542호로 수입신고하였고 피고들을 포함한 전국의 세관들 또한 아무런 이의 없이 이를 수리하여 위와 같은 비과세관행이 장기간 존재하였다.

2. 피고가 보낸 자료제출요구서는 비과세관행을 명시적으로 번복한 것으로 볼 수 없다

구미세관장이 2004. 3. 26. 선일관세사법인 등에 보낸 자료제출 요구서는 원고들의 수입신고에 대한 오류 여부를 검토하기 위한 자료를 요청하는 취지의 공문일 뿐 이 사건 쟁점물품에 대하여 위와 같은 장기간의 비과세 관행을 번복하고 과세하겠다는 취지를 명시적으로 표시하였다고 볼 수 없고, 2005. 7. 28. 관세품목분류위원회의 결정 이후에 비로소 피고들이 비과세 관행을 번복하고 과세하겠다는 취지를 명시적으로 표시하였다고 볼 수 있으므로, 이 사건 각 부과처분 중 적어도 2005. 7. 28. 관세품목분류위원회의 결정 이전의 수입물품에 대한 부과처분 부분은 소급과세 금지의 원칙에 반하여 위법하다.

가사, 위 2004. 3. 26.자 자료제출 요구서에 의하여 피고들이 비과세 관행을 번복하고 과세하겠다는 의사를 명시적으로 표시한 것이라고 하더라도, 비과세 관행의 소멸시점은 구미세관이 위 자료제출 요구서를 작성한 2004. 3. 26.이 아닌 실제로 위 자료제출 요구서가 원고들에게 실제로 송달된 다음날부터 비과세관행이 소멸되었다고 보아야 한다.

피고의 주장

이 사건 쟁점물품에 대하여 과세누락을 넘어서 비과세 관행이 성립되었다고 볼 수 없고, 가사 비과세 관행이 성립되었다고 하더라도 구미세관장이 자료제출 요구하면서 수정신고를 고지한 2004. 3. 26. 이 사건 쟁점물품에 대한 비과세 관행은 소멸되었다고 할 것이므로, 2004. 3. 26. 이후 수입신고한 물품에 대하여 부과한 이 사건 각 부과처분은 적법하다.

원심의 판단

1. 비과세 관행의 성립요건

국세기본법 제18조 제3항 에 규정하는 비과세관행이 성립되었다고 하려면 장기간에 걸쳐 어떤 사항에 대하여 과세하지 아니하였다는 객관적인 사실이 존재할 뿐만 아니라, 과세관청 자신이 그 사항에 대하여 과세할 수 있음을 알면서 어떤 특별한 사정에 의하여 과세하지 않는다는 의사가 있고 이와 같은 의사가 대외적으로 명시적 또는 묵시적으로 표시될 것임을 요하며 (대법원 1995. 4. 21. 선고 94누6574 판결 등 참조), 소급금지 과세의 원칙은 합법성의 원칙을 희생하여서라도 납세자의 신뢰를 보호함이 정의에 부합하는 것으로 인정되는 특별한 사정이 있을 경우에 한하여 적용되는 것이고, 그 조항에서의 일반적으로 납세자에게 받아들여진 세법의 해석 또는 국세행정의 관행이란 비록 잘못된 해석 또는 관행이라도 특정납세자가 아닌 불특정한 일반납세자에게 정당한 것으로 이의 없이 받아들여져 납세자가 그와 같은 해석 또는 관행을 신뢰하는 것이 무리가 아니라고 인정될 정도에 이른 것을 말한다(대법원 2006. 6. 29. 선고 2005두2858 판결 참조).

2. 비과세 관행의 성립 여부

위 법리에 따라 이 사건 쟁점물품에 대한 비과세 관행이 성립되었는지에 관하여 살피건대, 위 인정사실에서 나타나는 다음과 같은 사정, 즉 1996. 6. 30. 이전에 시행되었던 수입면허제하에서 과세관청은 이 사건 쟁점물품을 8542호로 수입면허를 주었고, 그 후 수입신고제로 변경된 후에도 이 사건 쟁점물품의 수입업체들은 이 사건 쟁점물품을 8542호로 신고하여 온 점, 원고들도 1998년경부터 이 사건 쟁점물품을 수입하여 오면서 이 사건 쟁점물품의 대부분을 양허관세율 0%에 해당하는 8542호로 수입신고하였고, 피고들을 비롯한 과세관청 또한 위와 같은 원고들의 수입신고에 대하여 아무런 문제를 제기하지 않고 그대로 수리하여 온 점 등을 종합하면, 피고들을 포함한 과세관청은 이 사건 쟁점물품에 대하여 과세하지 않겠다는 의사를 묵시적으로라도 표시하였고 원고들이 이 사건 쟁점물품에 대한 비과세를 신뢰하는 것이 무리가 아니라고 인정될 정도에 이르렀다고 할 것이므로, 이 사건 쟁점물품에 대한 비과세 관행은 성립되었다고 할 것이다.

3. 비과세관행의 소멸시점

일단 성립된 비과세 관행의 소멸시점에 관하여 살피건대, ①소급과세금지의 원칙은 합법성의 원칙을 희생하여 납세자의 신뢰를 보호하는 것으로서, 비과세 관행의 성립요건과 비과세 관행의 소멸요건은 모두 납세자의 신뢰를 어디까지 보호할 것인가의 문제이므로 그 요건에 관한 해석에 있어서도 동일한 기준을 적용하는 것이 타당하다고 할 것인 점, ②비과세 관행이 성립하기 위해서는 비과세라는 객관적인 사실 또는 과세누락에서 더 나아가 과세관청이 과세할 수 있음을 알면서 과세하지 않는다는 의사가 있고 이와 같은 의사가 대외적으로 명시적 또는 묵시적으로 표시되었음을 요하는 것과 마찬가지로, 일단 성립된 비과세 관행이 소멸함에 있어서도 과세관청이 종전의 비과세 관행을 수정하여 향후에는 과세를 하겠다는 의사가 있고 이와 같은 의사가 대외적으로 명시적 또는 묵시적으로 표시됨을 요하는 것으로 해석해야 합법성의 원칙과 신뢰보호원칙을 조화롭게 해석하는 방법이라고 할 것인 점, ③만약, 비과세 관행의 소멸시점을 다수의 과세관청 중 일부 과세관청이 과세의 가능성을 언급한 시점으로 본다면, 불특정한 일반납세자의 정당한 신뢰마저 보호할 수 없게 될 것인 점, ④이 사건 쟁점물품과 유사한 일본 sanken사의 str시리즈에 관하여 관세청장은 품목분류위원회의 결정 이전의 수입신고 물품에 대한 과세에 관하여 소급금지과세원칙 위반을 이유로 취소하였던 점 등을 고려하면, 이 사건 쟁점물품에 관한 비과세 관행의 소멸시점은 이 사건 쟁점물품에 대하여 종전의 비과세 관행을 수정하여 향후에는 과세를 하겠다는 과세관청의 전체적이고 확정된 의사가 대외적으로 표시된 시점이라고 해석함이 상당하다.

4. 소급과세 금지의 원칙 위반 여부

위 기준에 따라 이 사건 쟁점물품에 대한 비과세 관행의 소멸시점을 살피건대, ①구미세관의 납세심사과장 소외 1 등이 2004. 3. 26. 일부 원고들을 포함한 여러 업체의 세무대리인들에게 이 사건 쟁점물품이 8504호로 분류된다는 취지의 수정신고 안내 및 자료제출을 요구한 사실, 구미세관장은 2004. 4. 7. '현재 인천세관에서 감사한 결과 품목분류의 적정여부에 관하여 품목분류 결정절차를 진행 중이므로, 자료제출의 필요성이 없으며, 인천세관의 품목분류 결정 결과에 따라 적의 조치하기 바란다.'는 취지의 행정안내를 한 사실은 앞에서 본 바와 같은바, 구미세관의 위와 같은 자료제출 요구는 이 사건 쟁점물품에 대한 과세신고가 적정한지를 심사하기 위한 자료의 제출을 요구한 것에 불과할 뿐 종전의 이 사건 쟁점물품에 대하여 과세관청 전체의 의사 종전의 비과세 관행을 수정하여 향후에는 과세하겠다는 의사를 표시한 것으로는 보기 어려울 뿐만 아니라 그러한 자료제출 요구 등마저 철회된 점, ②구미세관의 위와 같은 자료제출 요구가 이 사건 쟁점물품에 대하여 과세할 가능성이 있음을 표시하였다고 하더라도, 구미세관의 의사가 과세관청 전체의 의사라고 볼 수도 없을 뿐만 아니라 실제로도 구미세관의 위 자료제출 요구행위 무렵 관세청에서 이 사건 쟁점물품의 품목분류에 관하여 심사가 진행되고 있었으므로, 위 자료제출 요구 행위 당시에 이 사건 쟁점물품의 품목을 8542호로 변경하는 것에 관하여 과세관청 내부적으로도 확정된 의사가 있다고 보기 어려운 점 등을 고려하면, <u>관세품목분류위원회가 2005. 7. 28. 이 사건 쟁점물품을 8504호로 분류하기로 결정한 이후에야 비로소 이 사건 쟁점물품에 대한 비과세 관행이 소멸하였다고 할 것이다.</u>

따라서, 2005. 7. 28. 이전에는 이 사건 쟁점물품에 대한 비과세 관행이 소멸되었다고 할 수 없으므로, 이 사건 각 부과처분은 국세기본법 제18조 제3항 , 관세법 제5조 제2항 에서 규정하는 소급과세금지원칙에 반하여 위법하다.

대법원의 판단

(1) 사실관계

원고들은 1998년경부터 전자제품의 전원공급·제어 기능을 수행하는 트랜지스터 모듈(이하 이 사건 쟁점물품이라 한다)을 수입하면서 이를 양허관세율 0%가 적용되는 관세율표상 품목번호 8541호(다이오드·트랜지스터 및 이와 유사한 반도체 디바이스 등. 이하 8541호라 한다) 또는 8542호(전자집적회로와 초소형 조립회로. 이하 8542호라 한다)로 분류하여 수입신고를 하였다. 피고들을 비롯한 과세관청은 이러한 수입신고를 아무런 이의 없이 수리하여 왔으며, 1996. 6. 30. 이전의 수입면허제도 하에서 이 사건 쟁점물품을 8542호로 분류하여 수입면허를 하기도 하였다.

피고 인천세관장은 2004년 2월경 인천세관 부평출장소에 대한 감사 시 이 사건 쟁점물품의 품목분류에 관하여 의문을 제기한 후, 2004. 4. 12. 관세청장에게 그 품목분류의 적정성에 관한 질의를 하였다. 그리고 구미세관장은 2004. 3. 26. 서면으로 일부 원고들을 포함한 이 사건 쟁점물품의 수입업체들에게 이 사건 쟁점물품에 관한 자료제출을 요구하면서, 그 요구사유 항목 중에서 '이 사건 쟁점물품은 8542호로 분류할 수 없고 기본관세율 8%가 적용되는 관세율표상 품목번호 8504호[변압기·정지형 변환기와 유도자. 이하 8504호라 한다]로 분류되어야 한다'는 점을 '검토사항'으로 제시하였고, 또한 이러한 '검토사항'에 대하여는 수입업체가 스스로 검토한 후 수정신고할 수 있다고 통지하였다. 그런데 구미세관장은 2004. 4. 7.에는 '인천세관이 이 사건 쟁점물품에 관한 품목분류 결정절차를 진행하고 있으므로 요구한 자료를 제출할 필요가 없다'고 통지하였다.

그 후 세계관세기구(wco) 사무국이 2005. 6. 10. '이 사건 쟁점물품은 8541호나 8542호가 아닌 8504호로 분류되는 것이 고려되어야 한다'는 의견을 제시하였고, 관세청 관세품목분류위원회는 이를 받아들여

2005. 7. 28. 이 사건 쟁점물품을 8504호로 분류하는 결정을 하였다.

그러자 피고들은 원고들이 2003. 12. 1.부터 2005. 7. 28.까지 수입신고한 이 사건 쟁점물품에 대하여 기본관세율 8%를 적용한 관세 등을 부과하였는데, 관세청장은 이 사건 쟁점물품에 관하여 성립하였던 비과세관행이 구미세관장의 위 자료제출 요구일인 2004. 3. 26.에 소멸하였다고 보아 그 전에 수입신고 된 이 사건 쟁점물품에 대한 관세 등의 부과부분은 그 비과세관행에 저촉된다는 이유로 이를 취소하는 심사결정을 하였다 (당초 부과처분 중 이와 같이 취소되고 남은 부분을 이 사건 부과처분이라 한다).

(2) 원심판단의 적법성

원심은 이러한 사실관계를 토대로 하여, 그동안 피고들을 비롯한 과세관청은 이 사건 쟁점물품에 대하여 과세하지 않겠다는 의사표시를 묵시적으로라도 하였으며 원고들로서도 이 사건 쟁점물품에 대한 비과세를 신뢰하는 것이 무리가 아니라고 인정될 정도에 이르렀으므로 이 사건 쟁점물품에 대한 비과세관행이 성립하였다고 전제한 다음, 구미세관장의 2004. 3. 26.자 자료제출 요구는 이 사건 쟁점물품에 대한 수입신고의 품목분류가 적정한지를 심사하기 위한 것에 불과하고 향후 이 사건 쟁점물품에 대하여 과세하겠다는 의사표시를 한 것으로 보기 어려울 뿐만 아니라 그 자료제출 요구마저 철회되었으며, 그 무렵 관세청에서 이 사건 쟁점물품의 품목분류에 관한 심사가 진행되고 있었던 점에 비추어, 위와 같이 성립한 비과세관행의 소멸시점은 구미세관장의 자료제출 요구일인 2004. 3. 26.이 아니라 관세청 관세품목분류위원회가 이 사건 쟁점물품을 8504호로 분류하기로 결정함으로써 향후 그에 대하여 과세하겠다는 확정적인 의사표시가 있었던 2005. 7. 28.로 보아야 하므로, 그 이전에 수입신고 된 이 사건 쟁점물품에 대한 이 사건 부과처분은 구 관세법 제5조 제2항 에서 규정하는 비과세관행에 반하는 것으로서 위법하다고 판단하였다.

앞서 본 규정과 법리 및 기록에 비추어 보면, 원심의 이러한 판단은 정당한 것으로 수긍할 수 있고, 거기에 상고이유에서 주장하는 바와 같이 비과세관행의 성립과 소멸에 관한 법리를 오해하는 등의 위법이 있다고 할 수 없다.

해설

통관절차에서 품목분류는 어려운 분야 중 하나이며, 품목분류의 변경으로 인해 혼란을 겪는 사례가 종종 발생한다. 특히 기존에 없던 신제품의 경우나, 신기술이 적용된 제품의 경우 품목분류가 경합되는 경우가 종종 발생한다. 문제는 품목분류가 통관절차 이후에 변경될 경우에, 수입자 입장에서는 관세가 사후적으로 부과되어 예상치 못한 조세부담이 발생한다는 것이다. 본 사안에서는 기존 품목번호로 장기간 통관을 하여 비과세관행이 성립한 상황에서, 비과세관행의 소멸시점의 기준이 문제된 사안이다.

대법원은 일단 성립한 비과세관행이 더 이상 유효하지 아니하다고 하기 위해서는 종전의 비과세관행을 시정하여 앞으로 당해 과세물건에 대하여 과세하겠다는 과세관청의 확정적인 의사가 표시되어야 하며, 그러한 의사표시는 반드시 전체 과세관청에 의하여 이루어지거나 처분 또는 결정과 같이 구체적인 행정작용을 통하여 이루어질 필요는 없지만, 적어도 공적 견해의 표명으로서 그로 인하여 납세자가 더 이상 종전의 비과세관행을 신뢰하는 것이 무리라고 여겨질 정도에 이르러야 한다고 보았다.

본 사안에서는 과세당국이 납세자에게 자료제출을 요구한 시점이 아니라, 관세청 관세품목분류위원회가 해당 물품을 8%가 적용되는 품목번호로 분류하여 그에 대하여 과세하겠다는 확정적인 의사표시를 한 날로 보아야 한다고 판시하였다.

비과세관행의 성립요건
① 과세물건에 대하여 상당한 기간에 걸쳐 과세하지 아니한 객관적 사실의 존재
② 과세관청의 과세요건사실의 인식
③ 공적견해의 표시로서 명시적 또는 묵시적 의사표시

1심	2심	대법원
광주지방법원 2009. 12. 10. 선고 2009구합454 판결	광주고등법원 2010. 6. 17. 선고 2010누91 판결	2012. 11. 29. 선고 2010두14565 판결

수입물품을 원료로 사용하여 만든 제품의 판매수익금액 중 판매자에게 귀속되는 금액이 사후귀속이익에 포함되는지 여부

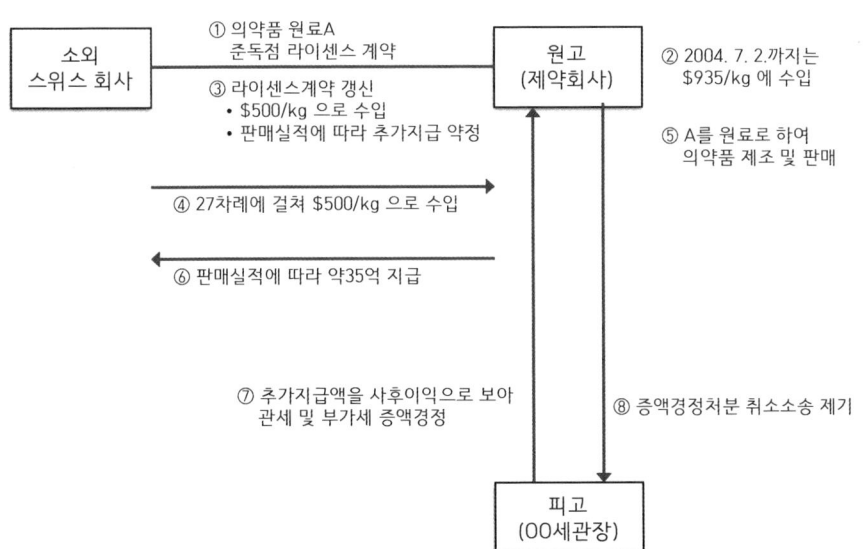

사실관계

① 원고는 스위스에 위치한 소외 회사와 의약품 원료 A의 수입에 관하여 준독점 라이센스 계약을 체결함
② 원고는 A 원료를 수입하면서 2004. 7. 2. 까지는 A를 kg 당 $935에 수입함
③ 이후 원고는 소외 회사와 라이센스 계약을 갱신하면서, A를 kg 당 $500에 수입하기로 하고, 이후 원고가 A를 원료로 하여 제조한 의약품의 판매실적에 따라 순 매출액의 일정비율을 추가지급하기로 약정함
④ 원고는 27차례에 걸쳐 A원료를 kg 당 $500 에 수입하고, 이후 의약품의 판매실적에 따라 약 35억원을 소외 회사에게 지급함
⑤ 피고는 원고가 지급한 약 35억원을 사후이익으로 보아 관세 및 부가세를 증액 경정하는 처분을 함
⑥ 원고는 피고의 위 증액경정처분의 취소를 구하는 소송을 제기함

관련 법령

관세법

제30조(과세가격 결정의 원칙)
① 수입물품의 과세가격은 우리나라에 수출하기 위하여 판매되는 물품에 대하여 구매자가 실제로 지급하였거나 지급하여야 할 가격에 다음 각 호의 금액을 더하여 조정한 거래가격으로 한다. 다만, 다음 각 호의 금액을 더할 때에는 객관적이고 수량화할 수 있는 자료에 근거하여야 하며, 이러한 자료가 없는 경우에는 이 조에 규정된 방법으로 과세가격을 결정하지 아니하고 제31조부터 제35조까지에 규정된 방법으로 과세가격을 결정한다.

5. 해당 수입물품을 수입한 후 전매·처분 또는 사용하여 생긴 수익금액 중 판매자에게 직접 또는 간접으로 귀속되는 금액

관세 및 무역에 관한 일반협정 제7조의 시행에 관한 협정 및 의정서
(Agreement on Implementation of Article VII of the General
Agreement on Tariffs and Trade and the Protocol Thereto)

제1조
1. 수입 물품의 과세 가격은 거래가격이어야 한다. 이는 수입국에 수출되는 물품에 대하여 실제로 지불되었거나 지불되어야 할 가격을 제8조의 규정에 따라 조정한 가격으로서 다음 조건을 충족하여야 한다.

(a) 구매자에 의한 물품의 처분 또는 사용에 대하여 제한이 없다. 다만, 다음 경우는 예외로 한다.
　(ⅰ) 수입국내의 법 또는 행정 당국에 의하여 부과되거나 요구되는 제한.
　(ⅱ) 물품이 전매될 수 있는 지역의 제한. 또는,
　(ⅲ) 물품 가격에 실질적으로 영향을 미치지 않는 제한.

(b) 평가될 물품의 거래 또는 가격이 평가될 수 없는 어떠한 조건 또는 고려 사항에 의해 좌우되어서는 안된다.

(c) 구매자에 의한 물품의 전매, 처분 또는 사용에 따른 수익의 일부가 직접 또는 간접적으로 판매자에게 귀속되어서는 안된다. 다만, 제8조의 규정에 따라 적절히 조정할 수 있는 경우는 그렇지 않다.

(d) 구매자와 판매자 간에 관련이 없어야 한다. 관련이 있을 경우의 거래 가격은 본 조 제2항 의 규정에 따라서 과세 가격으로 채택 할 수 있다.

제8조
1. 제1조의 규정에 따라 과세 가격을 결정함에 있어서, 다음은 수입물품에 대하여 실제 지불했거나 지불해야 할 가격에 부가되어야 한다.

(d) 수입물품의 전매, 처분 또는 사용에 따르는 수입 금액 중 판매자에게 직접 또는 간접적으로 귀속되는 부분.

대법원의 판단

1. 상고이유 제5,7점에 관하여

가. 구 관세법(2006.12.30.법률 제8136호로 개정되기 전의 것, 이하 같다)제30조 제1항 본문은 '수입물품의 과세가격은 우리나라에 수출하기 위하여 판매되는 물품에 대하여 구매자가 실제로 지급하였거나 지급하여야 할 가격에 다음 각 호의 금액을 가산하여 조정한 거래가격으로 한다.'고 규정하면서 제5호에서 '당해 물품의 수입 후의 전매·처분 또는 사용에 따른 수익금액 중 판매자에게 직접 또는 간접으로 귀속되는 금액 (이하 '사후귀속이익' 이라 한다)' 을 들고 있다.

그리고 1994. 12. 16. 국회의 비준동의를 얻어 1995. 1. 1.발효된 「세계무역기구 설립을 위한 마라케쉬 협정」의 부속서 1가 중 「1994년도 관세 및 무역에관한 일반협정 제7조 의 이행에 관한 협정」(이하 'wto 이행협정'이라 한다)도 마찬가지로 제1조 제1항 에서 '수입물품의 과세가격은 거래가격, 즉 수입국에 수출·판매되는 물품에 대하여 실제로 지불했거나 지불할 가격을 제8조 의 규정에 따라 조정한 가격이며 다음 조건을 충족하여야 한다.' 고 규정하고, 제8조 제1항 에서 '제1조 의 규정에 따라 과세가격을 결정함에 있어서 수입물품에 대하여 실제 지불했거나 지불할 가격에 아래의 금액이 부가된다.' 고 규정하면서 (라)목에서 사후귀속이익을 들고 있다.

이들 규정의 문언 내용과 아울러 사후귀속이익은 확정시기나 지급방법 등의 특수성에도 불구하고 그 실질은 어디까지나 수입물품의 대가이기 때문에 이를 가산하여 수입물품의 과세가격을 산정하려는 것이 이들 규정의 취지인 점 등을 고려하면, <u>수입물품 그 자체의 판매에 따른 수익금액 중 판매자에게 귀속되는 금액뿐만 아니라 수입물품을 가공하거나 이를 원료로 사용하여 만든 제품의 판매에 따른 수익금액 중 판매자에게 귀속되는 금액도 그것이 수입물품에 대한 대가로서의 성질을 갖는 경우에는 사후귀속이익에 포함된다고 봄이 타당하다.</u>

나. 원심판결 이유에 의하면,

① 원고는 각종 의약품과 의약부외품 등의 제조 및 판매업을 목적으로 하는 회사로서, 1993. 5. 18. 스위스 회사인 프로디스파마와 아세클로페낙(aceclofenac)에 대한 준독점 라이센스 계약을 체결하고 2004. 7. 2.까지 <u>아세클로페낙을 kg당 미화 935달러에 수입한 다음 이를 원료로 관절염 치료제인 에어탈(airtal)을 제조하여 국내에 판매</u>한 사실,

② 원고는 프로디스파마와 2004. 5. 11.과 2005. 8. 24.및 2006. 6. 19. 준독점 라이센스 계약을 갱신하면서 (이하 '갱신계약'이라 한다) 아세클로페낙의 공급대금으로 <u>우선 수입 시에 kg당 미화 500달러나 510달러 또는 425유로를 지급하고, 나중에 원고가 아세클로페낙을 원료로 사용하여 제조한 에어탈의 판매금액에 따라 그 순매출액에 대한일정비율(6~12% 또는 3~7%)의 금액을 추가로 지급</u>하기로 약정한 사실,

③ 원고는 2004. 8. 16.부터 2006. 12. 4.까지 프로디스파마로부터 아세클로페낙을 27차례에 걸쳐 수입하면서 그가격을 kg당 미화 500달러나 510달러 또는 425유로로 하여 수입신고를 하고 이를 기초로 관세 및 부가가치세를 신고·납부한 사실 (이하 이때 원고가 수입한 아세클로페낙을 '이 사건 각 수입물품' 이라 하고, 원고가 신고한 가격을 '이 사건 각 신고가격' 이라 한다),

④ 원고는 이 사건 각 수입물품을 원료로 에어탈을 제조하여 판매한 다음 갱신계약의 추가 지급약정에 따라 2004. 12. 20.과 2006. 3. 7.및 2007. 3. 9.프로디스파마에 합계 3,507,194,694원 (이하 '이 사건 추가 지급 금액'이라 한다) 을 지급한 사실,

⑤ 피고는 2007. 12. 26.이 사건 각 신고가격은 동종·동질물품 등의 거래가격과 현저한 차이가 있어 이를 과세가격으로 인정하기 곤란하다는 이유로, 동종·동질물품의 거래가격을 기초로 과세가격을 결정할 수 있도록 규정한 구 관세법 제31조 에 따라 원고가 2004. 7. 2. 이전에 아세클로페낙을 수입하면서 신고한 가격인 kg당 미화 935달러를 기초로 이 사건 각 수입물품의 과세가격을 결정한 다음 그에 따라 이 사건 각 수입물품에 대한 관세 및 부가가치세를 증액경정 하였다가, 2009. 2. 20.이 사건 추가 지급 금액을 사후귀속이익으로 보아 구 관세법 제30조 제1항에 따라 이를 이 사건 각 신고가격에 가산하여 조정한 거래가격을 이 사건 각 수입물품의 과세가격으로 결정한 다음 그 가격을 기초로 이 사건

각 수입물품에 대한 관세 및 부가가치세를 증액 또는 감액경정한 사실 (원고는 증액경정된 경우에는 위 2009. 2. 20.자 증액경정결정의, 감액경정된 경우에는 위 2007. 12. 26.자 증액경정결정 중 감액되고 남은 부분의 각취소를 구하고 있다. 이하 이를 통칭하여 '이 사건 각 처분' 이라 한다) 등을 알 수 있다.

이와 같은 사실관계를 앞서 본 규정과 법리에 비추어 살펴보면, 이 사건 추가 지급 금액은 원고가 이 사건 각 수입물품을 원료로 사용하여 제조한 에어탈의 판매에 따른 수익금액중 판매자인 프로디스파마에 귀속된 금액으로서, 이 사건 각 수입물품에 대한 대가의 일부로 지급된 것이므로, 이 사건 각 수입물품의 과세가격에 가산되는 사후귀속이익에 해당한다고 할 것이다.

다. 원심판결은 그 이유 설시에 다소 미흡한 점이 있으나, 이 사건 추가 지급 금액이 사후귀속이익에 해당한다고 본 결론은 정당하고, 거기에 수입물품의 과세가격에 가산되는 사후귀속이익에 관한 법리 등을 오해하여 판결에 영향을 미친 잘못이 없다.

2. 상고이유 제1내지 4점에 관하여
가. 구 관세법 제30조 제1항, 제3항 제3호 , wto 이행협정 제1조 제1항 (다)목 , 제8조 제3항 등의 규정에 의하면, 사후귀속이익은 객관적이고 수량화할 수 있는 자료에 근거하여서만 수입물품의 과세가격에 가산될

수 있으므로, 그 금액에 대한 객관적이고 수량화할 수 있는 자료가 없는 경우에는 수입물품의 과세가격에 가산될 수 없다. 그런데 wto 이행협정 제14조에 따라 wto 이행협정의 구성 부분이 되어 그 해석·적용의 기준이 되는 부속서 1주해 중 제8조 제3항 부분은 '제8조 의 규정에 따라 추가하는 것이 요구되는 금액에 대하여 객관적이고 수량화할 수 있는 자료가 없을 경우 거래가격은 제1조 의 규정에 따라 결정될 수 없다. 이것의 일 예로서 킬로그램 단위로 수입하여 수입 후 용액으로 제조되는 특정상품의 1리터를 수입국에서 판매하는 가격을 기초로 사용료가 지불된다. 만일 사용료가 일부는 수입품을 기초로 하고 나머지는 수입품과 관계가 없는 기타요인 (예 : 수입품이 국산원료와 혼합되어 별도로 구분 인식할 수 없을 경우, 또는 사용료를 구매자와 판매자 간의 특별한 재정적 계약과 구별할 수 없을 경우)을 기초로 하고 있을 경우에는 사용료에 해당하는 금액을 추가하고자 하는 시도는 부적절한 것이다. 그러나 이 사용료의 금액이 수입품만을 기초로 하고 쉽게 수량화될 수 있는 경우에는 실제로 지불했거나 지불할 가격에 당해 금액을 추가하는 것이 가능할 것이다.' 고 규정하고 있다.

나. 원심판결 이유 및 적법하게 채택된 증거에 의하면, 이 사건 추가 지급 금액은 원고가 갱신계약의 추가 지급 약정에 의하여 이 사건 각 수입물품을 원료로 사용하여 제조한 에어탈의 판매금액에 따라 그 순매출액에 일정 비율을 곱하여 산정한 다음 프로디스파마에 지급한 것으로서 그 전부가 에어탈의 제조에 사용된 이 사건 각 수입물품에 대한 대가

로서 산정되었고, 그 밖의 다른 명목의 금원은 이 사건 추가 지급 금액에 포함되지 않은 사실, 한편 이 사건 각 수입물품은 그 수량이 확인되고, 에어탈 1정씩에는 아세클로페낙 100.00㎎이 원료로 사용된 사실 등을 알 수 있다.

이러한 사실관계를 앞서 본 법리와 규정에 비추어 살펴보면, <u>이 사건 추가 지급 금액은 이 사건 각 수입물품만을 기초로 하여 산정된 것으로서 이 사건 각 수입물품의 과세가격에 가산되어야 할 금액도 객관적이고 수량화할 수 있는 자료에 근거하여 계산할 수 있으므로</u>, 피고가 이 사건 추가 지급 금액을 이 사건 각 신고가격에 가산하여 조정한 거래가격을 이사건 각 수입물품의 과세가격으로 결정하여 한 이 사건 각 처분이 위법하다고 할 수 없다.

다. 원심판결은 그 이유 설시에 다소 부적절하거나 미흡한 점이 있으나, 이 사건 각 처분이 위법하지 않다고 본 결론은 정당하고, 거기에 사후귀속이익의 과세가격 가산요건 등에 관한 법리를 오해하여 판결에 영향을 미친 잘못이 없다.

3. 상고이유 제6점에 관하여

이 부분 상고이유의 주장은, 피고가 동종·동질물품의 거래가격을 기초로 과세가격을 결정할 수 있도록 규정한 구 관세법 제31조 에 따라 과세가격을 결정하여 이 사건 각 처분을 하였음을 전제로, 이 사건 각 신고가격은 시장 상황을 고려하여 결정한 정당한 가격으로서, 동종·동질물품 등의 거래가격과 현저한 차이가 있어 이를 과세가격으로 인정하기 곤란한 경우에 해당하지 아니하므로, 피고가 구 관세법 제30조 제1항이 아닌 제31조 에 따라 이 사건 처분을 한 것은 잘못이라는 취지이다.

그러나 앞의 제1항에서 본 바와 같이, 피고는 당초 이 사건 각 신고가격은 이를 과세가격으로 인정하기 곤란한 경우에 해당한다는 이유로 구 관세법 제31조에 따라 과세가격을 결정하여 이 사건 각 수입물품에 대한 관세 및 부가가치세를 증액경정하였다가 다시 구 관세법 제30조 제1항 에 따라 이 사건 각 신고가격에 이 사건 추가 지급 금액을 가산하여 조정한 거래가격을 이 사건 각 수입물품의 과세가격으로 결정하여 이 사건 각 처분을 하였다. 따라서 이 부분 상고이유의 주장은 잘못된 전제에 기초한 것으로서 주장 자체로 이유 없다.

4. 결론

그러므로 상고를 기각하고, 상고비용은 패소자가 부담하기로 하여, 관여 대법관 의 일치된 의견으로 주문과 같이 판결한다.

해설

1. 사후귀속이익의 의미

관세법 제30조에서는 과세가격 결정의 원칙을 규정하고 있다. 수입물품의 과세가격은 구매자가 실제로 지급하였거나 지급하여야 할 가격에, 관세법 제30조 제1항 각 호에 규정된 금액을 더하여 계산한 금액을 과세가격으로 한다. 그 중 제5호에서는 사후귀속이익을 규정하고 있는데, 사후귀속이익이란 '물품을 수입한 후 전매·처분 또는 사용하여 생긴 수익 금액 중 판매자에게 직·간접적으로 귀속되는 금액'을 의미한다.

2. 사후귀속이익이 과세가격에 가산되기 위한 요건

본 사안에서 원고는 소외 회사로부터 의약품 원료를 수입하였는데, 기존 거래하던 가격보다 훨씬 낮은 가격에 수입하면서 의약품 판매실적에 따라 매출액의 일부를 추가지급하기로 하였다. 피고는 위 추가지급금이 사후귀속이익에 해당한다고 판단하여 이를 근거로 과세하였다. 그런데 사후귀속이익이 과세가격에 가산되기 위해서는 객관적이고 수량화할 수 있는 자료를 근거로 하여야 하고, 그 금액에 대한 객관적이고 수량화할 수 있는 자료가 없는 경우에는 수입물품의 과세가격에 가산될 수 없다.

3. 원고가 지급한 금원이 과세가격에 가산될 수 있는 사후귀속이익인지의 여부

즉 본 사안에서의 핵심 쟁점은 사후귀속이익에 해당되는지의 여부가 아니라, 과세가격에 가산될 수 있는 사후귀속이익인지의 여부이다. 이에 관하여 법원은 ①추가지급금액 전부가 의약품 (에어탈) 의 제조에 사용된 이 사건 수입물품에 대한 대가로서 산정된 것이고, ②그 밖의 다른 명목의 금원은 이 사건 추가 지급 금액에 포함되지 않았으며 ③수입물품은 그 수량이 확인되고 에어탈 1정씩에는 아세클로페낙 100.00㎎이 원료로 사용된 점이 명확하기 때문에 사후귀속이익에 대한 '객관적이고 수량화 할 수 있는 자료'에 근거하여 계산할 수 있다고 보아 피고의 과세처분이 적법하다고 판단하였다.

1심	2심
서울행정법원 2016. 12. 23. 선고 2016구합50389 판결	서울고등법원 2017. 10. 19. 선고 2017누33031 판결

수정수입세금계산서 발급거부처분 취소 및 가산세부과처분 취소

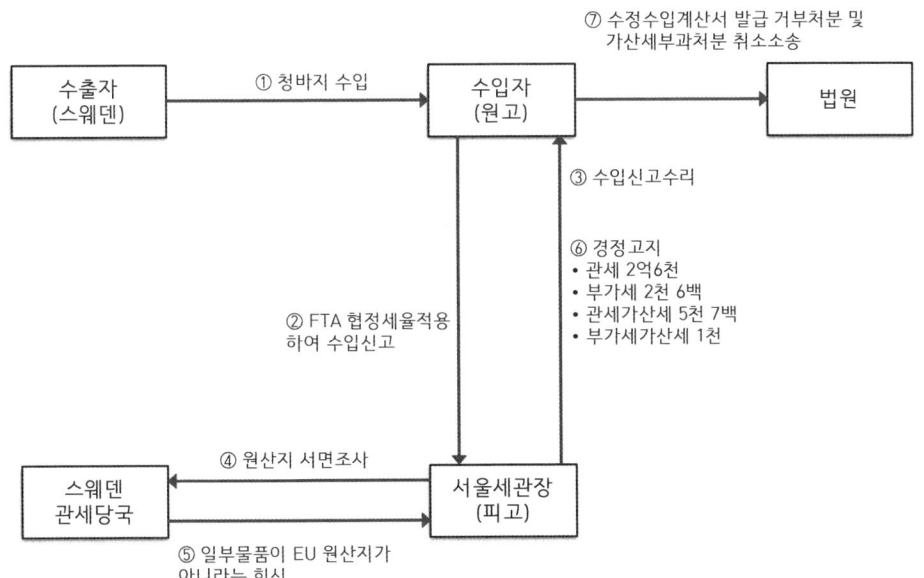

사실관계

① 원고는 스웨덴에 소재한 수출자로부터 청바지를 수입함
② 원고는 위 청바지를 수입하면서 FTA 협정세율을 적용하여 수입신고를 함
③ 피고는 수입신고가 수리된 위 수입물품들에 대하여 EU원산지가 맞는지에 관해 스웨덴 관세당국에 원산지 서면조사를 함
④ 스웨덴 관세당국은 원고가 수입한 물품 중 일부가 EU원산지가 아니라고 회신함
⑤ 피고는 원고에게 관세 약 2억 6천만원, 부가세 약 2천 6백만원, 관세가산세 약 5천 7백만원, 부가세가산세 약 1천만원을 부과하는 처분을 함
⑥ 원고는 자신에게 귀책사유가 없음을 근거로 피고에게 수정수입세금계산서를 발급해달라고 요청하였으나, 피고는 이를 거부하는 처분을 함
⑦ 원고는 법원에 피고의 수정수입계산서 발급거부처분과 가산세부과처분의 취소를 구하는 이 사건 소송을 제기함

관련 법령

관세법

제42조(가산세)
① 세관장은 제38조의3제1항 또는 제6항에 따라 부족한 관세액을 징수할 때에는 다음 각 호의 금액을 합한 금액을 가산세로 징수한다. 다만, 잠정가격신고를 기초로 납세신고를 하고 이에 해당하는 세액을 납부한 경우 등 <u>대통령령으로 정하는 경우</u>에는 대통령령으로 정하는 바에 따라 <u>그 전부 또는 일부를 징수하지 아니한다.</u>

관세법 시행령

제39조(가산세)
② 법 제42조제1항 각 호 외의 부분 단서에서 "잠정가격 신고를 기초로 납세신고를 하고 이에 해당하는 세액을 납부한 경우 등 <u>대통령령으로 정하는 경우</u>"란 다음 각 호의 어느 하나에 해당하는 경우를 말한다.

5. 신고납부한 세액의 부족 등에 대하여 <u>납세의무자에게 정당한 사유가 있는 경우</u>

부가가치세법

제35조(수입세금계산서)

② 세관장은 다음 각 호의 어느 하나에 해당하는 경우에는 수입하는 자에게 대통령령으로 정하는 바에 따라 <u>수정한 수입세금계산서</u>(이하 "수정수입세금계산서"라 한다)<u>를 발급하여야 한다.</u>

1. 「관세법」에 따라 세관장이 과세표준 또는 세액을 결정 또는 경정하기 전에 수입하는 자가 대통령령으로 정하는 바에 따라 수정신고 등을 하는 경우

2. 세관장이 과세표준 또는 세액을 결정 또는 경정하거나 수입하는 자가 세관공무원의 관세 조사 등 대통령령으로 정하는 행위가 발생하여 과세표준 또는 세액을 결정 또는 경정할 것을 미리 알고 「관세법」에 따라 수정신고하는 경우로서 다음 각 목의 어느 하나에 해당하는 경우

    다. 수입자의 착오 또는 경미한 과실로 확인되거나 <u>수입자가 자신의 귀책사유가 없음을 증명하는 등 대통령령으로 정하는 경우</u>

부가가치세법 시행령

제72조(수입세금계산서)

④ 법 제35조제2항제2호다목에서 "수입자의 착오 또는 경미한 과실로 확인되거나 수입자가 자신의 귀책사유가 없음을 증명하는 등 <u>대통령령으로 정하는 경우</u>"란 다음 각 호의 어느 하나에 해당하는 경우를 말한다.

2. <u>수입자의 귀책사유 없이</u> 「관세법」 등에 따른 원산지증명서 등 원산지를 확인하기 위하여 필요한 서류가 사실과 다르게 작성·제출되었음이 확인된 경우

6. 제1호부터 제5호까지에서 규정한 사항 외에 <u>수입자의 착오 또는 경미한 과실로 확인되거나 수입자가 자신의 귀책사유 없음을 증명하는 경우</u>

법원의 판단

1. 처분의 경위

가. 원고는 서울 강남구 OOO로 에 본점을 두고 의류 등의 제조, 무역 및 유통을 영위하는 법인으로 OOJean 등 해외 프리미엄 의류에 대한 국내 및 아시아 독점총판권을 확보하여 이를 수입, 제조, 판매하는 사업을 영위하고 있다.

나. 원고는 2011. 7. 5.부터 2012. 10. 11.까지 스웨덴 소재 NOO 사(이하 '수출자'라 한다)로부터 신고번호 40835-11-703486U 호 외 39건으로 청바지(이하 '이 사건 물품'이라 한다)를 수입하면서 수출자가 발급한 원산지신고서(원산지증명서 포함, 이하 '원산지신고서'라 한다)를 제출하고 「대한민국과 유럽연합 및 그 회원국 간의 자유무역협정」(이하 '한-EU FTA'라 한다) 에 따른 협정관세 0%를 적용하여 수입신고를 하였으며, 인천공항세관장은 이를 수리하였다.

다. 피고는 2012. 12. 17. 「자유무역협정의 이행을 위한 관세법의 특례에 관한 법률」(이하 'FTA 관세특례법'이라 한다) 제13조 제2항의 규정에 따라 원고에 대한 원산지 서면 조사를 실시하였으며, 2013. 11. 20. 원산지신고서의 진위 여부와 그 정확성에 대한 확인을 위해 스웨덴관세국에 검증을 요청한 결과 스웨덴 관세국은 2014. 9. 15. 이 사건 물품 202종 중 57종은 EU 가입국이 원산지임이 확인되나 나머지 145종은 EU가입국의 원산지 제품이 아니라는 취지의 검증 결과를 회신하였다.

라. 이에 피고는 2014. 12. 9. 스웨덴 관세국의 회신을 근거로 이 사건 물품에 대하여 한-EU FTA 협정관세 적용을 배제하고 별지 경정내역 중 '관세'란 기재 각 관세 합계 261,256,420원, 별지 경정내역 중 '부가세'란 기재 각 부가가치세 합계 26,125,630원, 별지 경정내역 중 '관세가산세'란 기재 각 관세가산세 합계 59,460,750원, 별지 경정내역 중 '부가세가산세'란 기재 각 부가가치세가산세 합계 10,304,990원을 각 경정·고지(이하 위 각 부과처분 중 각 관세가산세와 각 부가가치세가산세의 부과처분을 합하여 '이 사건 가산세 부과처분'이라 한다)하였다.

마. 원고는 2015. 1. 19. 피고에 대하여 부가가치세법 제35조에 따라 경정된 부가가치세 26,125,630원에 관한 수정수입세금계산서 발급을 요청하였으나, 피고는 2015. 1. 26. 원고에게 부가가치세법 제35조 제2항 제2호 및 동법 시행령 제72조 제4항에서 규정한 '수입자의 단순착오로 확인되거나 수입자가 자신의 귀책사유가 없음을 증명하는 경우'에 해당하지 아니한다는 이유로 이를 거부하였다(이하 '이 사건 거부처분'이라 한다).

바. 원고는 이에 불복하여 2015. 2. 22. 조세심판원에 이 사건 가산세 부과처분 및 이 사건 거부처분에 대하여 심판청구를 하였으나, 조세심판원은 2015. 10. 8. 이를 기각하였다.

2. 이 사건 각 처분의 적법 여부

가. 원고의 주장

1) 원고의 납세의무 불이행에 대해 정당한 사유가 있으므로 이 사건 가산세 부과처분이 위법하다.

2) 원고가 관세 및 부가가치세를 과소신고하게 된 것은 단순 착오에 기인한 것이거나 수입자인 원고의 귀책사유 없이 원산지신고서 등이 사실과 다르게 작성·제출된 것에 해당하므로 이 사건 거부처분은 위법하다.

나. 판단

1) 이 사건 가산세 부과처분의 적법 여부

국세기본법 제48조 제1항은 "정부는 이 법 또는 세법에 따라 가산세를 부과하는 경우 그 부과의 원인이 되는 사유가 제6조 제1항에 따른 기한연장 사유에 해당하거나 납세자가 의무를 이행하지 아니한 데 대한 정당한 사유가 있는 때에는 해당 가산세를 부과하지 아니한다"고 규정하고 있는데, 세법상 가산세는 과세권의 행사 및 조세채권의 실현을 용이하게 하기 위하여 납세자가 정당한 이유 없이 법에 규정된 신고, 납세 등 각종 의무를 위반한 경우에 개별세법이 정하는 바에 따라 부과되는 행정상의 제재로서 납세자의 고의, 과실은 고려되지 않는 반면, 이와 같은 제재는 단순한 법률의 부지나 오해의 범위를 넘어 세법의 해석상 의의(疑義)로 인한 견해의 대립이 있는 등으로 말미암아 납세의무자가 그

의무를 알지 못한 것이 무리가 아니었다고 할 수 있어서 그를 정당시할 수 있는 사정이 있거나 그 의무의 이행을 당사자에게 기대하는 것이 무리라고 하는 사정이 있을 때 등 그 의무해태를 탓할 수 없는 정당한 사유가 있는 경우에는 이를 과할 수 없다(대법원 1993. 11. 23. 선고 93누15939 판결, 대법원 1997. 5. 16. 선고 95누14602 판결, 대법원 2011. 2. 10. 선고 2008두2330 판결 등 참조).

갑 제2, 7, 8호증, 을 제1 내지 7호증의 각 기재 및 변론 전체의 취지를 종합하여 인정되는 다음과 같은 사정들 즉, ① 원고는 한-EU FTA 협정상 '인증수출자'의 지위에 있는 수출자가 발행하고 형식상 유효한 이 사건 물품의 '원산지증명서'상 이탈리아 제품이라고 기재되어 있는 것을 믿고 피고에게 한-EU FTA 협정관세를 신청한 점, ② 원고는 또한 이 사건 물품을 직접 조사하여 위 물품에 부착되어 있는 의류 라벨에 'Made In Italy'라고 기재되어 있는 것을 확인한 후 원산지가 이탈리아라고 믿고 위 협정관세를 신청한 점, ③ 피고가 원고에 대하여 이 사건 물품에 대한 원산지 검증을 요청하게 된 계기는 한-EU FTA 의류와 그 부속품의 원산지 결정기준은 '제조(절단을 포함한다)를 동반하는 직조'임에도 이 사건 물품을 판매하고 있는 국내 인터넷쇼핑몰 (www.polyvore.com)에 이 사건 물품이 터키산 원단으로 제직된 사실이 게시되어 있고 수출자가 개설한 홈페이지(www.nudiejeans.com)에 "데님(denim)은 100% 유기농 면(organic cotton)으로 제직되었고, 이탈리아와 터키에 있는 공급자로부터 받은 것입니다."라고 게시되어 있는 것을 확인하였기 때문인데 이러한 인터넷 홈페이지를 통해 원산지를 확인하는 것은 공신력 있는 방법이 아니고 위 홈페이지에 게시한 내용이 원고가 수입한 이 사건 특정 물품에 대한 것인지도 불명확한 점, ④ 수출자의 홈페이지는 신상품 출시, 기존상품의 변경, 이벤트 등 수출자의 영업홍보 필요성에 따라 부정기적으로 업데이트되기 때문에 위 홈페이지에 소개된 제품 혹은 제품 원단의 원산지를 특정 시점의 수입물품의 원산지와 일치시키는 것은 불가능하고, 위 홈페이지 게시 내용이 이 사건 물품의 수입 당시 게시되었는지도 불분명한 점 등을 고려하면, 원고가 이 사건 물품과 관련된 관세 및 부가가치세의 납부의무를 이행하지 아니한 데 정당한 사유가 있다고 보인다. 따라서 이 사건 가산세 부과처분은 위법하므로 취소되어야 한다.

2) 이 사건 거부처분의 적법 여부

부가가치세법 제35조 제2항은 세관장은 다음 각 호의 어느 하나에 해당하는 경우에는 수입하는 자에게 대통령령으로 정하는 바에 따라 수정한 수입세금계산서를 발급하여야 한다고 규정하고 있고, 제1호에서 관세법에 따라 세관장이 과세표준 또는 세액을 결정 또는 경정하기 전에 수입하는 자가 대통령령으로 정하는 바에 따라 수정신고 등을 하는 경우를, 제2호에서 세관장이 과세표준 또는 세액을 결정 또는 경정하거나 수입하는 자가 세관공무원의 관세 조사 등 대통령령으로 정하는 행위가 발생하여 과세표준 또는 세액을 결정 또는 경정할 것을 미리 알고 관세법에 따라 수정신고하는 경우로서 다음 각 목의 어느 하나에 해당하는 경우를 각 수정수입세금계산서를 발급하여야 하는 경우로 규정하고 있으며, 제2호 다목은 수입자의 단순착오로 확인되거나 수입자가 자신의 귀책사유가 없음을 증명하는 등 대통령령으로 정하는 경우를 제2호에 따라 수정수입세금계산서를 발급하는 경우 중 하나로 규정하고 있다.

그리고 부가가치세법 시행령 제72조 제4항은 수정한 수입세금계산서를 발급하는 경우를 규정하면서 제2호에서 '수입자의 귀책사유 없이「관세법」등에 따른 원산지증명서 등 원산지를 확인하기 위하여 필요한 서류가 사실과 다르게 작성·제출되었음이 확인된 경우'를 규정하고 있고, 제3호에서 '수입자의 단순 착오로 확인되거나 수입자가 자신의 귀책사유가 없음을 증명하는 경우'를 규정하고 있다.

앞서 본 사실 및 변론 전체의 취지를 종합하여 인정되는 다음과 같은 사정들 즉, ① 원고는 한-EU FTA 및 FTA 특례법에 따라 수출자로부터 제출된 유효한 형식의 원산지증명서를 갖추고 협정관세를 적용받은 점, ② 원고는 스스로 이 사건 물품에 대해 협정관세의 적용을 받지 못한다는 것을 알면서도 허위나 기타 부정한 방법을 사용하거나 부정한 의도로 협정관세를 신청한 것은 아닌 점, ③ 한-EU FTA에 따른 인증수출자인 수출자가 발급한 원산지증명서를 제출하였으므로 법령에 위반되는 원산지증명서를 발급·제출한 사실이 없고 한-EU FTA 및 FTA 특례법에서 정한 운송원칙이나 기타 형식적 요건 역시 위반한 사실이 없는 점 등을 종합하면, 원고의 귀책사유 없이「관세법」등에 따른 원산지증명서 등 원산지를 확인하기 위하여 필요한 서류가 사실과 다르게 작성·제출되었음이 확인된 경우에 해당한다고 할 것이다.

더 나아가 앞서 본 바와 같이 원고는 이 사건 물품을 수입하여 한-EU

FTA 협정관세를 신청하면서 인증수출자의 지위에 있는 수출자가 발행하고 형식적 기재사항이 모두 적법하게 적혀있는 유효한 원산지증명서를 신뢰하는 한편, 이 사건 물품의 실물을 검수하고 의류의 안쪽에 부착된 라벨에 "Made In Italy"로 표기되어 있는 것을 확인하여 이 사건 물품의 원산지를 EU 가입국인 이탈리아로 오인할 수밖에 없었던 사정이 있었으므로 이는 원고의 단순 착오에 기인한 것이라고 볼 수 있다. 그러므로 부가가치세법 시행령 제72조 제4항 제3에 의하여 역시 수정수입세금계산서를 발급하여야 하는 경우에 해당한다.

따라서 피고는 원고에게 수정수입세금계산서를 발급할 의무가 있다고 할 것이므로 이를 거부한 이 사건 거부처분은 위법하다.

3. 결 론

그렇다면, 원고의 이 사건 청구는 모두 이유 있으므로 이를 인용하기로 하여 주문과 같이 판결한다.

해설

1. 사안의 쟁점

본 사안에서는 원고가 '관세부과처분'에 관해서는 다투지 않았고, ① 가산세(관세가산세, 부가세가산세) 및 ②수정수입세금계산서 발급 거부처분에 관해서만 취소소송을 제기하였다는 점을 유의해야 한다. 따라서 실제 물품의 원산지가 어디인지 여부가 아니라, 원산지가 EU라고 믿고 FTA협정세율을 적용하여 수입신고한 원고의 행위에 정당한 사유가 있는지의 여부가 핵심 쟁점이 되었다.

2. 가산세 부과처분의 적법성

국세기본법 제48조 제1항 및 관세법 시행령 제39조에 따르면 납세의 무불이행에 정당한 사유가 있을 때에는 가산세를 부과할 수 없다. 피고가 이 사건 원산지 검증을 요청하게 된 계기는 원고가 수입한 제품을 판매하고 있는 인터넷 홈페이지 등에 '데님의 원산지가 터키이다'라는 게시를 확인하였기 때문인데, 법원은 이러한 원산지 확인방법은 공신력 있는 방법도 아니고, 원고가 수입한 이 사건 물품에 대한 것인지도 불분명하다고 판단하였다. 게다가 원고는 '인증수출자'의 지위에 있는 수출자가 발행한 형식상 유효한 원산지증명서를 발급받았고, 원고가 수입한 물품의 라벨에는 'Made in Italy'라고 적혀있었다. 이러한 점을 볼 때 원고가 FTA 협정관세를 적용하여 수입신고하여 관세 및 부가세를 납부하지 않은 것에는 정당한 사유가 있다고 볼 수 있다.

3. 수정수입세금계산서 발급 거부처분의 적법성

부가가치세법 시행령 제72조에 따르면 수정수입세금계산서는 '수입자의 단순착오로 확인되거나 수입자가 자신에게 귀책사유가 없음을 증명하는 경우'에 발급하여야 한다고 규정하고 있다.[*] 원고는 앞서 본 사유

---

[*] 현재는 '수입자의 착오 또는 경미한 과실로 확인되거나 수입자가 자신의 귀책사유 없음을 증명하는 경우'로 개정되어 '경미한 과실'이 사유로 추가되었다.

이외에도, 원고 스스로 부정한 방법을 사용하여 협정관세를 신청한 것이 아닌 점, 한-EU FTA에서 정한 운송원칙이나 기타 요건 역시 위반한 것이 없는 점, 원고가 이 사건 물품을 이탈리아로 오인할 수 밖에 없었던 사정이 있었던 점에 비추어 원고의 단순 착오에 기인한 것이라고 볼 수 있다.

4. 한-EU FTA 상 청바지의 원산지 인정기준과 예외

이 사건 물품인 청바지는 한-EU FTA협정 상 '역내에서 제직되어 생산된 직물'을 사용해야 원산지가 인정된다. 이를 'Fabric Forward'라고 한다. 즉, 사(Yarn, 쉽게 말해 '실')은 역외에서 생산된 것을 사용해도 된다는 말이다.

그런데 예외적으로 자수, 도포, 날염이 역내에서 이루어진 경우에는 일정한 예외가 인정된다. 구체적으로 다음과 같다.

자수(Embroidering)	자수되기 전의 직물의 가격이, 제품의 공장도 가격의 40%를 초과하지 않을 것
도포(Coating)	도포되기 전의 직물의 가격이, 제품의 공장도 가격의 40%를 초과하지 않을 것
날염(Printing)	날염되기 전의 직물의 가격이, 제품의 공장도 가격의 47.5%를 초과하지 않을 것 + 두가지 공정 필요 (열처리, 표백 등등)

위 3가지의 경우는 직물이 역내에서 생산된 것이 아니라도 역내 원산지를 인정받을 수 있다.

1심	2심	대법원
서울중앙지방법원 2008. 2. 15 선고 2007가합53476 판결	서울고등법원 2009. 1. 13 선고 2008나32022 판결	2009. 9. 10 선고 2009다11808 판결

불이익을 피하기 위해 불가피하게 관세납부신고 및 납부를 한 경우 신고행위가 무효인지 여부

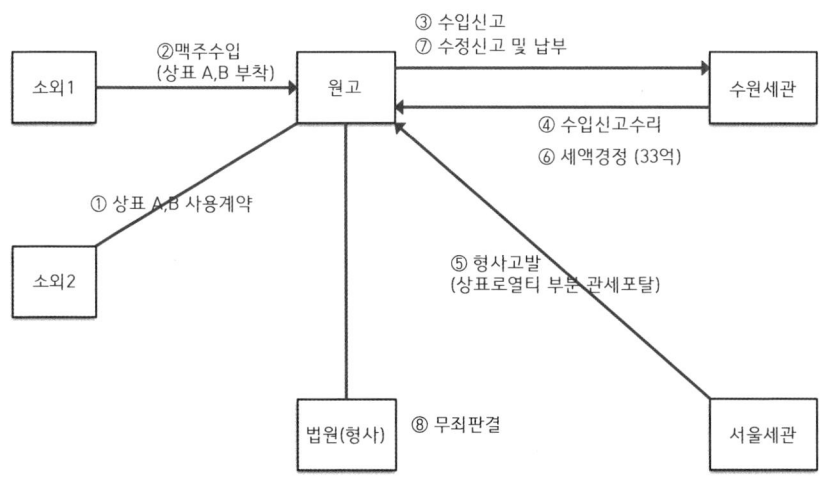

사실관계

① 원고는 소외1로부터 상표 A, B 가 부착된 맥주를 수입하면서, 상표사용권자인 소외2와 상표에 대한 재사용계약을 체결함
② 원고는 소외2와 상표 재사용계약을 체결하면서, 상표 A는 맥주 1케이스당 $1, 상표 B는 맥주 1케이스당 $0.5를 지급하기로 약정함
③ 원고는 위 맥주를 수입하면서 수원세관장에게 수입신고를 하였고, 수원세관장은 이를 수리함
④ 그런데 서울세관장은 원고가 소외2에게 지급한 로열티를 누락한 채 수입가격을 신고하였다는 이유로, 원고를 관세포탈혐의로 형사고발함
⑤ 수원세관장은 서울세관장의 세액경정의뢰에 따라 원고에게 약 36억원을 경정고지할 예정이라는 과세 전 통지를 하였고, 원고는 수원세관장에게 약 33억원의 관세, 주세, 교육세, 부가세, 가산세를 수정신고하고 납부함
⑥ 이후 서울세관장이 고발한 형사사건에서 법원은 '원고가 지급한 로열티가 수입물품과 관련되는 것이라거나 그 거래조건으로 지급되는 것에 해당한다고 인정할 증거가 부족하다'는 이유로 원고에게 무죄판결을 선고하였고, 이는 상고심에서 확정됨
⑦ 원고는 납부한 관세 등에 대하여 수정신고행위가 무효라는 이유로 법원에 이 사건 소를 제기함

관련 법령

국세기본법

제45조 (수정신고)
①과세표준신고서를 법정신고기한까지 제출한 자(「소득세법」 제73조제1항제1호부터 제7호까지의 어느 하나에 해당하는 자를 포함한다)는 다음 각 호의 어느 하나에 해당할 때에는 관할 세무서장이 각 세법에 따라 해당 국세의 과세표준과 세액을 결정 또는 경정하여 통지하기 전으로서 제26조의2제1항에 따른 기간이 끝나기 전까지 과세표준수정신고서를 제출할 수 있다.

1. 과세표준신고서에 기재된 과세표준 및 세액이 세법에 따라 신고하여야 할 과세표준 및 세액에 미치지 못할 때

2. 과세표준신고서에 기재된 결손금액 또는 환급세액이 세법에 따라 신고하여야 할 결손금액이나 환급세액을 초과할 때

3. 제1호 및 제2호 외에 원천징수의무자의 정산 과정에서의 누락, 세무조정 과정에서의 누락 등 대통령령으로 정하는 사유로 불완전한 신고를 하였을 때(제45조의2에 따라 경정 등의 청구를 할 수 있는 경우는 제외한다)

관세법

제48조 (관세환급가산금)
세관장은 제46조에 따라 관세환급금을 환급하거나 충당할 때에는 대통령령으로 정하는 관세환급가산금 기산일부터 환급결정 또는 충당결정을 하는 날까지의 기간과 대통령령으로 정하는 이율에 따라 계산한 금액을 관세환급금에 더하여야 한다. 다만, 제41조제4항에 따라 같은 조 제1항부터 제3항까지의 규정을 적용받지 아니하는 물품에 대하여는 그러하지 아니하다.

1심 법원의 판단

1. 기초사실

가. 원고의 수입신고 및 납부

(1) 원고는 멕시코 소재 소외 1 회사로부터 '○○' 및 '△△' 상표(이하 '이 사건 상표'라 한다)가 부착된 맥주를 수입하면서 이 사건 상표에 대한 사용권자인 싱가포르 소재 소외 2 회사와 이 사건 상표에 대한 재사용계약을 체결하였는바, 특히 상표 사용 대가(로열티)에 대하여 '○○'

맥주 1케이스당 미화 1달러, '△△' 맥주 1케이스당 미화 0.5달러를 소외 2 회사에게 지급하기로 약정하였다.

(2) 원고는 2001. 8. 14.부터 2003. 5. 22.까지 이 사건 상표가 부착된 맥주를 수입하면서 수원세관장에게 총 217건의 수입신고를 하여 수리되었는데, 서울세관장은 2004. 8. 20. 원고가 소외 2 회사에게 지급한 로열티를 누락한 채 수입가격을 신고함으로써 그에 대한 관세를 포탈하였음을 이유로 (관세법 제30조 제1항 제4호 참조) 원고 및 소외 3 (원고의 실경영자) 을 형사 고발함과 아울러 수원세관장에게 세액경정의뢰를 하였다.

(3) 위 세액경정의뢰에 따라 수원세관장은 2004. 8. 27. 원고에게 합계 3,628,838,430원을 경정고지할 예정이라는 취지의 과세전 통지를 하였으며, 원고는 2004. 8. 30.에서 2004. 9. 1.에 걸쳐 합계 3,326,439,160원 (관세 396,335,410원, 주세 1,717,453,350원, 교육세 515,236,010원, 부가가치세 395,014,260원, 가산세 302,400,130원) 을 수원세관장에게 수정신고하고 납부하였다 (이하 '이 사건 수정신고'라 한다).

나. 원고에 대한 관세법위반 형사사건의 경위

(1) 원고는 그의 직원인 소외 3이 관세법 위반행위를 하였다는 범죄사실로 기소되었는데, 그 중 로열티 신고누락으로 인한 관세법위반의 점의 공소사실 요지는 "원고가 맥주를 수입함에 있어 상표권 사용 대가(로열

티)를 지급하였음에도 세관장에게 수입신고를 함에 있어서는 지급사실을 누락한 채 허위로 신고하여 로열티에 대한 관세를 포탈하였다."는 것이었다.

(2) 이 부분 공소사실에 대하여 1심 법원은 "원고가 지급한 로열티가 수입물품과 관련되는 것이라거나 그 거래조건으로 지급되는 것에 해당한다고 인정할 증거가 부족하다."라는 이유로 무죄를 선고하였고 (서울중앙지방법원 2005. 6. 24. 선고 2004고단7671 판결), 1심 법원의 위 판단은 항소심 및 상고심에서도 그대로 유지되었다 (서울중앙지방법원 2005. 9. 27. 선고 2005노2112 판결, 대법원 2006. 4. 28. 선고 2005도7599 판결).

다. 원고의 세액감액 경정청구사건 관련 경위

(1) 원고는 2005. 2. 14. 이 사건 수정신고 중 로열티 지급 관련 부분 1,303,430,440원이 착오로 납부되었음을 이유로 수원세관장에게 세액감액 경정청구를 하였으나, 수원세관장은 2005. 4. 18. 원고의 로열티 지급은 "수입물품과 관련되었거나 거래조건으로 지급되었다."는 이유로 원고의 경정청구를 거부하였다.

(2) 원고는 2005. 7. 15. 수원세관장의 위 경정청구 거부처분에 대하여 국세심판을 청구하였는데(국심2005관152), 국세심판원은 2007. 4. 16. ① 원고가 수입신고한 217건 중 19건의 수입신고(2003. 2. 14. ~ 2003. 5.

22.까지 수입신고건)에 대해서는 위 대법원 판결의 취지와 같이 로열티가 과세가격에 포함되지 않음을 이유로 경정청구 거부처분을 취소하였으나, ② 경정청구기간(최초 납세신고한 날로부터 2년, 관세법 제38조의3 제2항)이 경과한 나머지 198건의 수입신고(2001. 8. 14. ~ 2003. 2. 12.까지 수입신고건)에 대해서는 불복의 대상이 되는 거부처분이 부존재함(단순한 민원회신에 불과함)을 이유로 심판청구를 각하하였다.

(3) 수원세관장은 2007. 5. 25. 국세심판원의 위 경정청구 거부처분 일부 취소결정에 따라 원고의 수입신고 중 19건(2003. 2. 14. ~ 2003. 5. 22.까지 수입신고건)에 대하여 관세 등 합계 175,856,160원을 경정하였고, 경정처분에 따른 후속조치로 2007. 6. 4. 원고에게 합계 198,900,670원을 환급하였다.

라. 원고의 세액 환급청구사건 관련 경위

(1) 원고는 위 경정청구와는 별도로 2005. 10. 27. 로열티 관련 세액을 착오로 납부하였음을 이유로 수원세관장에게 세액 환급을 신청하였는데, 수원세관장은 2005. 10. 28. 원고에게 환급청구권이 없음을 이유로 이를 거부하였다.

(2) 이에 원고는 2005. 12. 8. 위 과오납금 환급 거부처분에 대하여 국세심판을 청구하였으나(국심2005관220), 국세심판원은 2007. 4. 16. 수입신고 중 198건(2001. 8. 14. ~ 2003. 2. 12.까지 수입신고건)에 대하여(나

머지 건은 위와 같이 경정청구 거부처분을 취소하였으므로 심리의 실익이 없어 판단대상에서 제외되었다) 오납 및 과납에 해당한다고 보기 어렵다는 이유로 원고의 심판청구를 각하하였다.

2. 당사자 주장의 요지

가. 원고 주장의 요지

원고가 수정신고 및 납부한 세액 중 로열티 지급과 관련된 부분은 과세대상이 아니어서 원고에게 납부의무가 없음에도 불구하고 원고가 착오로 납부한 것인바, 피고는 원고가 오납한 세액 중 환급받지 못한 부분에 대하여 부당이득 반환의무가 있다.

나. 피고 주장의 요지

원고의 수정신고 및 납부행위는 착오에 의한 것이 아니고 이 사건 수정신고의 하자가 중대·명백하다고 볼 수 없어 무효사유에 해당하지도 않으므로, 원고에게 오납으로 인한 환급청구권이 인정된다고 볼 수 없다.

3. 판단

가. 관세는 신고납부방식의 조세로서(관세법 제38조 참조) 원칙적으로 납세의무자가 스스로 과세표준과 세액을 정하여 신고하는 행위에 의하여 납세의무가 구체적으로 확정되고, 그 납부행위는 신고에 의하여 확정된 구체적 납세의무의 이행으로 하는 것이며 국가는 그와 같이 확정된 조세채권에 기하여 납부된 세액을 보유하는 것이므로, 납세의무자의

신고행위 (관세법 제38조의3 제1항에 의한 수정신고행위도 이에 포함된다) 가 중대하고 명백한 하자로 인하여 당연무효로 되지 아니하는 한 그것이 바로 부당이득에 해당한다고 할 수 없고, 여기에서 신고행위의 하자가 중대하고 명백하여 당연무효에 해당하는지의 여부에 대하여는 신고행위의 근거가 되는 법규의 목적, 의미, 기능 및 하자 있는 신고행위에 대한 법적 구제수단 등을 목적론적으로 고찰함과 동시에 신고행위에 이르게 된 구체적 사정을 개별적으로 파악하여 합리적으로 판단하여야 한다 (대법원 2006. 1. 13. 선고 2004다64340 판결 참조).

나. 위 법리를 기초로 원고의 이 사건 수정신고가 당연무효인가 하는 점에 대하여 보건대, ① 원고가 이 사건 수정신고에 이르게 된 경위를 살펴보면, 서울세관장이 로열티 관련 부분을 과세대상이라고 잘못 판단한 결과 원고 및 그 실경영주인 소외 3에 대하여 관세포탈 혐의로 형사고발까지 이루어지게 되자 이로 인하여 발생할 수 있는 불이익을 피하기 위하여 일단 수원세관장의 과세전 통지에 따라 불가피하고도 급하게 이루어진 것으로 보이는 점, ② 이 사건 수정신고 이후 원고는 형사 재판절차에서 이 사건 수정신고에 존재하는 하자를 주장하여 법원에 의해 그 주장이 그대로 받아들여졌을 뿐만 아니라, 형사 재판절차 이외에도 납부한 세액을 환급받기 위하여 세액 경정청구, 세액 환급청구 등 여러 가지 행정적 구제수단을 적극적으로 강구한 점, ③ 원고의 노력에도 불구하고 총 217건의 수입신고 중 대부분인 198건의 수입신고에 대하여 경정청구기간 도과 및 과오납에 해당하지 않는다는 이유로 국세심판원의 각하

결정이 내려졌고, 이에 원고는 위 결정에 대한 불복절차를 밟는 대신 직접적으로 피고에 대하여 부당이득 반환의무의 이행을 구하는 이 사건 소송을 제기하기에 이른 것으로 보이는 점, ④ 관세법 제38조의3 제2항은 "납세의무자는 신고납부한 세액이 과다한 것을 안 때에는 최초로 납세신고를 한 날부터 2년 이내에 대통령령이 정하는 바에 따라 신고한 세액의 경정을 세관장에게 청구할 수 있다."고 규정하고 있는바, 이 사건과 같이 최초 납세신고일부터 2년이 지난 이후에 비로소 납세의무자에 의해 수정신고가 이루어진 경우 기간의 경과로 인하여 수정신고 자체에 대한 경정청구는 불가능한 것으로 일응 해석되는 점 (더구나 이 사건 수정신고의 경우 처분청의 형사 고발 등에 의해 불가피하게 이루어진 것이다) 등의 구체적인 사정을 종합적으로 고려해 볼 때, 이 사건 수정신고는 그 하자가 중대하고 명백하여 당연무효에 해당하는 것으로 봄이 상당하다.

다. 따라서, 이 사건 수정신고에 따라 원고가 납부한 3,326,439,160원 중 로열티 관련 납부액인 1,303,430,440원은 수정신고행위가 당연무효임에도 불구하고 납부된 금액으로서 부당이득에 해당하므로 피고는 위 금원 중 피고가 환급하지 않은 잔액 1,127,574,280원(= 1,303,430,440원 - 175,856,160원) 및 그 중 2004. 8. 31.까지 수정신고·납부된 합계 1,116,027,790원에 대해서는 원고가 구하는 2004. 8. 31.부터, 2004. 9. 1. 수정신고·납부된 11,546,490원에 대해서는 2004. 9. 1.부터, 각 소장 송달일인 2007. 7. 6.까지는 민법이 정한 연 5%, 그 다음 날부터 다 갚는 날까지는 「소송촉진 등에 관한 특례법」이 정한 연 20%의 각 비율에 의한 금원을 지급할 의무가 있다{원고는 수입신고번호 (이하 번호 생략)(2002. 4. 30.자)에 대한 수정신고 납부액 11,546,490원에 대해서도 2004. 8. 31.부터 연 5%의 법정이자를 구하고 있으나, 갑 제4호증의 기재에 의하면 위 수입신고에 대한 수정신고 및 납부일은 2004. 9. 1.임을 인정할 수 있으므로 이 부분 원고 청구는 이유 없다}.

4. 결 론

그렇다면, 원고의 청구는 위 인정범위 내에서 이유 있으므로 이를 인용하고 나머지 청구는 이유 없으므로 이를 기각하기로 하여 주문과 같이 판결한다.

항소심 법원의 판단

1. 제1심 판결의 인용

이 법원이 설시할 이유는, 피고의 당심에서의 주장을 아래 제2항 추가 판단 부분과 같이 추가로 판단하는 이외는 제1심 판결문의 이유 기재와 같으므로, 민사소송법 제420조에 의하여 이를 그대로 인용한다.

2. 추가 판단 부분
가. 로열티 관련 부가가치세 상당액에 관한 주장
피고는, 원고가 2004. 9. 1.자 수정신고에 따라 2004년 제2기 부가가치세 신고시 수원세관장이 발급한 합계 217건의 세금계산서상의 부가가치세 매입세액 395,014,260원 중 로열티 관련 부가가치세 133,898,540원을 수원세무서장으로부터 매입세액으로 공제받았으므로 피고는 위 금원 상당을 이득을 얻지 아니하였는바, 피고가 위 금원 상당액을 부당이득하였음을 전제로 한 원고의 이 부분 청구는 부당하다는 취지로 주장한다.

살피건대, 원고가 부가가치세 매입세액을 신고하여 해당 세액을 공제받은 것은 앞서 본 부당이득반환청구권의 발생과는 별개의 원인에 기한 것으로서, 원고가 이 사건 판결 결과에 따라 수정매입세금계산서 교부하고, 이에 따라 해당 분기 부가가치세를 추가로 납부하여야 함은 별론으로 하고, 위 매입세액의 공제사실을 들어 피고가 위 금원 상당을 부당이득하지 않았다고 볼 수 없으므로, 피고의 위 주장은 이유없다.

나. 지연손해금 기산일 및 지연손해금율에 관한 주장

피고는 다시, 관세법 및 국세기본법에 의하면 환급가산금의 기산일을 관세 등 과오납한 날의 다음날로 규정하고 있으므로, 관세 및 내국세의 각 환급가산금의 기산일은 2004. 9. 2.이고, 원고가 납부받은 수정신고 납부금액 중 부가가치세, 주세 및 교육세의 환급에 관하여는 국세기본법에 정한 환급이자의 이율에 의하여야 하며, 관세 및 가산세에 관하여는 관세법이 정한 환급이자의 이율에 의하여야 한다는 취지로 주장한다.

살피건대, 과세처분의 하자가 중대하여 명백하여 당연무효에 해당하는 경우 이 과세처분에 의하여 납세의무자가 납부하거나 징수당한 오납금은 국가가 법률상 원인 없이 취득한 부당이득에 해당하고, 이러한 오납금에 대한 납세의무자의 부당이득반환청구권은 처음부터 법률상 원인이 없이 납부 또는 징수된 것이므로 납부 또는 징수시에 발생하여 확정된다 할 것인바(대법원 1992. 3. 31. 선고 91다32053 전원합의체 판결, 대법원 2005. 1. 27. 선고 2004다50143 판결 등 참조), 원고의 신고행위가 중대하고 명백한 하자로 인하여 무효에 해당한다는 사유로 원고가 납부한 오납금의 반환을 구하는 이 사건에서 원고의 부당이득반환청구권의 기산일은 원고가 오납금을 신고·납부한 날로 보아야 할 것이고, 국세기본법 또는 관세법 소정의 국세환급금 및 국세가산금결정에 관한 규정은 이미 납세의무자의 환급청구권이 확정된 국세환급금 및 가산금에 대하여 내부적 사무처리절차로서 과세관청의 환급절차를 규정한 것으로 보아야 할 것이므로(대법원 1989. 6. 15. 선고 88누6436 전원합의체 판결 참조), 과세관청의 환급결정에 따라 환급이 이루어지는 경우가 아닌 앞서 든 사유로 사법상의 부당이득반환을 구하는 이 사건에서, 국세기본법 및 관세법에 정한 환급이자의 이율에 의하여 지연손해금율을 정할 수는 없다 할 것이므로, 이 부분 주장도 받아들일 수 없다.

3. 결 론

그렇다면, 원고의 이 사건 청구는 위 인정범위 내에서 이유 있어 이를 인용하고, 나머지 청구는 이유 없어 이를 기각할 것인바, 제1심 판결은 이와 결론을 같이하여 정당하므로 피고의 항소는 이유 없어 이를 기각하기로 하여, 주문과 같이 판결한다.

대법원의 판단

1. 상고이유 제1점에 대하여

원심은 그 채용 증거들을 종합하여 그 판시와 같은 사실을 인정한 다음, 원고가 서울세관장의 형사고발 및 수원세관장의 과세전 통지를 받고 이로 인하여 발생할 수 있는 불이익을 피하기 위하여 불가피하게 이 사건 수정신고에 이르게 된 점, 원고가 이 사건 수정신고 이후 각종 구제절차에서 이 사건 수정신고의 하자를 적극적으로 주장한 점, 이 사건 수정신고의 하자에 관하여 달리 원고를 구제할 수단이 없는 점 등을 종합하여, 이 사건 수정신고는 그 하자가 중대하고 명백하여 당연무효라고 판단하였다.

기록과 관계 법령에 비추어 살펴보면, 원심의 이러한 조치는 정당한 것으로 수긍이 간다. 피고가 들고 있는 재판례는 위 인정에 방해가 되지 않거나, 이 사건에 원용하기에 적절하지 아니하다. 원심판결에 상고이유의 주장과 같은 신고납세방식의 조세에서 신고행위의 당연무효에 관한 법리 오해 등의 위법이 없다.

2. 상고이유 제2점에 대하여

원심은, 피고의 주장, 즉 원고가 이 사건 수정신고와 관련하여 이미 납부한 조세 중 부가가치세는 이미 매입세액으로 공제를 받았으므로 피고가 이에 관하여 이득이 있다고 할 수 없다는 주장을, 그러한 세액공제는 이 사건 수정신고의 무효로 인한 피고의 부당이득반환의무와는 별개의 원인에 기한 것이므로 위 주장과 같은 사정만으로 피고가 위 부가가치세상당액에 관하여 이득이 없다고 볼 수 없다고 판단하여 배척하였다(다만 원고가 이 사건 판결의 결과에 따라 위 부가가치세를 반환받게 되는 경우에는 수정 매입세금계산서를 제출하여 해당 분기 부가가치세를 추가로 납부하여야 함은 별론으로 한다고 덧붙이고 있다).

관계 법령에 비추어 살펴보면 원심의 위와 같은 판단은 정당하다. 거기에 상고이유와 같은 부당이득에 관한 법리 오해의 위법이 없다.

한편 기록에 의하면, 피고는 원고가 위 부가가치세를 매입세액으로 공제받았으므로 피고가 위 부가가치세를 부당이득한 것으로 볼 수 없다고 주장하였을 뿐이고, 원고에 대하여 가지게 될 위 부가가치세 채권을 자동채권으로 하여 상계하였다는 항변을 하지는 않았음을 알 수 있다. 그러므로 원심에 상계항변에 대한 판단을 누락한 위법이 있다는 상고이유의 주장은 이유 없다.

3. 상고이유 제3점에 대하여

가. 환급금에 대한 부대청구에 관하여

조세환급금은 조세채무가 처음부터 존재하지 않거나 그 후 소멸하였음에도 불구하고 국가가 법률상 원인 없이 수령하거나 보유하고 있는 부당이득에 해당하고, 환급가산금은 그 부당이득에 대한 법정이자로서의 성질을 가진다 (대법원 2008.1.10.선고 2007다79534판결 참조). 이 때 환급가산금의 내용에 대한 세법상의 규정은 부당이득의 반환범위에 관한 민법 제748조에 대하여 그 특칙으로서의 성질을 가진다고 할 것이므로, 환급가산금은 수익자인 국가의 선의·악의를 불문하고 그 가산금에 관한 각 규정에서 정한 기산일과 비율에 의하여 확정된다. 한편 부당이득반환 의무는 일반적으로 기한의 정함이 없는 채무로서, 수익자는 이행청구를 받은 다음날부터 이행지체로 인한 지연손해금을 배상할 책임이 있다.

그러므로 납세자가 조세환급금에 대하여 이행청구를 한 이후에는 법정이자의 성질을 가지는 환급가산금청구권 및 이행지체로 인한 지연손해금청구권이 경합적으로 발생하고, 납세자는 자신의 선택에 좇아 그 중 하나의 청구권을 행사할 수 있다.

관련 법령 및 기록에 의하면, 원고는 2004.9.1.이 사건 환급대상인 국세 및 관세를 납부하고(원심이 일부 금액의 납부일을 2004.8.31.로 판단한 것은 잘못으로 보인다. 을 제11호증 참조) 2005.10.27.그 환급신청을 한 사실, 국세 및 관세의 환급가산금 기산일은 각 납부일 다음날이며, 위 환급신청일까지의 가산금율은 관세의 경우 2004.9.2.부터 위 2005.10.27. 까지(이하 '이 사건 법정이자 기간'이라 한다)의 기간에 관하여는 1일 0.012%이고, 국세의 경우 2004.9.2.부터 2004.10.14.까지는 1일 0.012%, 2004.10.15.부터 2005.10.27. 까지는 1일 0.01%인 사실을 알 수 있다.

따라서 피고는 이 사건 환급금에 대하여 이 사건 법정이자 기간 동안에 대하여는 위 각 가산금율을 적용한 가산금을, 그 다음날부터는 원고의 선택에 따라 가산금 또는 지연손해금을 각 지급할 의무가 있다고 할 것이다.

한편 원고는 법적 성격을 명시하지 아니한 채 이 사건 환급금에 대한 부대청구로 2004. 8.31.부터 소장부본 송달일까지 연 5%, 그 다음날부터 다 갚는 날까지 연 20%의 비율에 의한 금전의 지급을 구하고 있다. 그런데 이 사건 법정이자 기간에 대하여 구하는 위 5%의 비율은 위에서 인정된 그 기간 동안의 가산금율(1일 0.012% = 연 약 4.38%,1일 0.01% = 연 약 3.65%)을 초과함이 계산상 명백한바, 그렇다면 원고의 위 부대청구는 이 사건 법정이자 기간에 대하여는 세법상의 환급가산금을 구하는 취지를 포함하고 있다고 할 것이고, 또한 그 다음날부터는 지연손해금을 구하는 취지라고 해석함이 상당하다.

결국 원심이 이 사건 법정이자 기산일 전인 2004.8.31.또는 2004.9.1.부터 이 사건 법정이자 기간 만료일인 2005.10.27.까지 연 5%의 금전 지급을 명한 제1심을 유지한 것은 환급가산금 또는 지연손해금에 관한 법리를 오해하여 판결결과에 영향을 미친 위법이 있다고 할 것이다. 이 점을 지적하는 취지가 포함된 상고이유의 주장은 이유 있다.

나. 환급가산금의 적용대상에 관하여

관세법 제48조가 환급가산금의 대상으로 '가산세'를 명시하고 있음에 반하여, 국세기본법 제52조가 환급가산금의 대상으로 하고 있는 국세기본법 제51조상의 국세환급금에는 '가산세'가 명시되어 있지 아니하다. 그러나 국세기본법 제47조 제2항은 "가산세는 해당 의무가 규정된 세법의 당해 국세의 세목으로 한다"고 규정하고 있으므로, 국세기본법 제51조의 '국세'에는 '가산세'가 당연히 포함되어 있는 것이다.

이와 다른 전제에서 국세의 가산세는 환급가산금의 적용대상이 아니라는 상고이유의 주장은 받아들일 수 없다

4. 파기 자판

따라서 원심판결의 부대청구에 관한 부분 중 세법상 인정되는 가산금을 초과하여 지급을 명한 피고 패소부분은 이를 파기하여야 하고, 이 부분은 당원이 직접 재판하기에 충분하므로 민사소송법 제437조에 따라 다음과 같이 자판한다.

피고는 원고에게 이 사건 환급금 1,127,574,280원 중 관세환급금 147,781,680원에 대하여는 2004.9.2.부터 2005.10.27.까지 1일 0.012%의 국세 (주세,교육세,부가가치세) 환급금 979,792,600원에 대하여는 2004.9.2.부터 같은 해 10.14.까지 1일 0.012%의, 그 다음날부터 2005.10.27.까지 1일 0.01%의 각 비율에 의한 가산금을, 위 이 사건 환급금에 대하여 2005.10.28.부터 이 사건 소장 부본 송달일인 2007.7.6.까지는 민법이 정한 연 5%, 그 다음날부터 다 갚는 날까지는 '소송촉진 등에 관한 특례법'이 정한 연 20%의 각 비율에 의한 지연손해금을 지급할 의무가 있으므로, 원심판결의 부대청구에 관한 부분 중 이를 초과하여 지급을 명한 피고 패소부분을 파기하고, 그 부분 제1심 판결을 취소하며,

그 부분에 해당하는 원고의 청구를 기각한다.

5. 결론

그러므로 원심판결의 부대청구에 관한 앞서 본 바와 같은 피고 패소 부분은 위와 같이 자판하고, 피고의 나머지 상고를 기각하며, 소송총비용은 피고가 부담하도록 하여, 관여 대법관의 일치된 의견으로 주문과 같이 판결한다.

해설

1. 관세납부신고 및 납부가 무효인 경우 소송의 형태

관세 납세의무자의 신고행위 또는 과세처분이 무효인데 납세자가 세금을 이미 납부한 경우 (또는 체납처분에 의하여 충당된 경우), 이를 행정법원에 무효확인소송을 제기하여야 할지 아니면 민사법원에 부당이득반환청구소송을 제기하여야 할지가 문제된다.

대법원은 "행정처분의 근거 법률에 의하여 보호되는 직접적이고 구체적인 이익이 있는 경우에는 행정소송법 제35조에 규정된 '무효확인을 구할 법률상 이익'이 있다고 보아야 하고, 이와 별도로 무효확인소송의 보충성이 요구되는 것은 아니므로 행정처분의 무효를 전제로 한 이행소송 등과 같은 직접적인 구제수단이 있는지 여부를 따질 필요가 없다"라고 판시하여, 무효확인소송에서는 확인소송의 보충성이 요구되지 않는다고 하였다(대법원 2008. 3. 20. 선고 2007두6342 판결).

본 사안에서는 원고가 민사소송을 제기하였지만, 대법원 판례에 따르면 본 사안에서 행정법원에 무효확인소송을 제기하는 것도 가능하다.

2. 불이익을 피하기 위해 불가피하게 관세를 납부한 경우, 신고행위가 무효인지 여부

관세는 신고납부방식의 조세로서 납세의무자의 신고행위가 중대하고 명백한 하자로 인하여 당연무효로 되지 아니하는 한 그것이 바로 부당이득에 해당하지는 않는다. 신고행위의 하자가 중대하고 명백하여 당연무효에 해당하는지의 여부에 대하여는 신고행위의 근거가 되는 법규 및 신고행위에 대한 법적 구제수단, 신고행위에 이르게 된 구체적 사정을 개별적으로 파악하여 판단하여야 한다는 것이 판례의 태도이다.

본 사안에서는 원고가 납세사유가 없음에도 불구하고, 형사고발 및 과세전통지를 받고 이로 인한 불이익을 피하기 위해 불가피하게 관세납부신고행위를 하였다. 그리고 원고는 이후 각종 구제절차에서 위 신고행위의 하자를 적극적으로 주장하였고, 위 하자에 관하여 다른 구제수단이 존재하지 않았는바, 대법원은 이 경우 위 신고행위가 당연무효라고 판단하였다.

3. 납부한 부가가치세를 매입세액으로 공제받은 경우, 이 금액에 관하여 부당이득을 한 것인지 여부

피고는 원고가 납부한 부가가치세를 매입세액으로 공제받았기 때문에, 이 금액에 관하여는 과세관청이 이득한 것이 없다고 주장하였다. 그러나 대법원은 세액공제와 피고의 부당이득반환의무는 별개의 원인에 기한 것이므로, 피고가 위 부가가치세상당액에 관하여 이득이 없다고 볼 수 없다고 판단하였다.

다만 원고가 이 사건 판결의 결과에 따라 위 부가가치세를 반환받게 되는 경우에는 수정 매입세금계산서를 제출하여, 부가가치세를 추가로 납부하여야 하는데, 피고가 부가가치세 채권을 자동채권으로 한 상계항변을 하지 않아 상계 부분에 관하여는 심판의 대상이 되지 않았다.

1심	2심	대법원
서울행정법원 2005. 11. 22 선고 2005구합4854 판결	서울고등법원 2006. 11. 8 선고 2005누30404 판결	2008. 1. 10 선고 2006두19105 판결

제2차 납세의무자 지정처분 취소

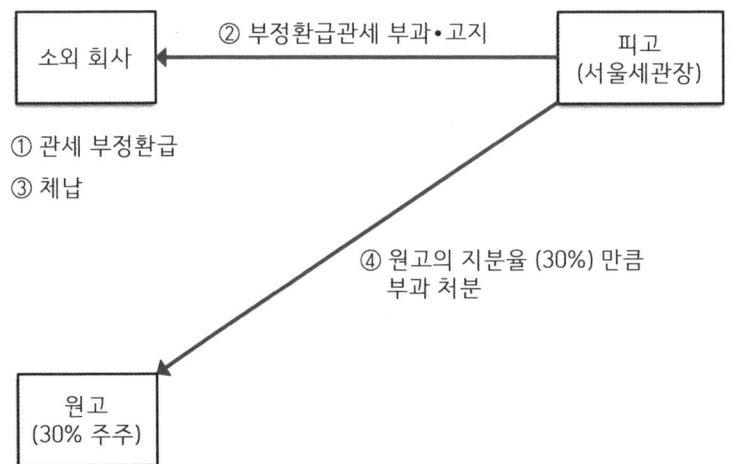

사실관계

① 울산세관장은 소외 주식회사가 관세를 부정환급 받은 사실을 적발하여 피고 (서울세관장)에서 과제자료로 통보함
② 피고는 소외 주식회사에게 부정환급관세를 부과·고지 하였으나, 소외 주식회사는 이를 체납함
③ 피고는 소외 주식회사의 주주인 원고 등을 이 사건 체납관세의 성립일 당시 과점주주로서, 제2차 납세의무자라고 보고, 원고에게 체납관세 중 원고의 지분율(30%)에 해당하는 약4억원의 관세 등을 부과하는 이 사건 처분을 함
④ 원고는 이 사건 처분에 불복하여 이의신청을 거쳐 국세심판원에 심판청구를 제기하였으나, 국세심판원은 원고의 심판청구를 기각함

관련 법령

국세기본법

제39조(출자자의 제2차 납세의무)

법인의 재산으로 그 법인에 부과되거나 그 법인이 납부할 국세·가산금과 체납처분비에 충당하여도 부족한 경우에는 그 국세의 납세의무 성립일 현재 다음 각 호의 어느 하나에 해당하는 자는 그 부족한 금액에 대하여 제2차 납세의무를 진다. 다만, 제2호에 따른 과점주주의 경우에는 그 부족한 금액을 그 법인의 발행주식 총수 (의결권이 없는 주식은 제외한다. 이하 이 조에서 같다) 또는 출자총액으로 나눈 금액에 해당 과점주주가 실질적으로 권리를 행사하는 주식 수 (의결권이 없는 주식은 제외한다) 또는 출자액을 곱하여 산출한 금액을 한도로 한다.

1. 무한책임사원

2. 주주 또는 유한책임사원 1명과 그의 특수관계인 중 대통령령으로 정하는 자로서 그들의 소유주식 합계 또는 출자액 합계가 해당 법인의 발행주식 총수 또는 출자총액의 100분의 50을 초과하면서 그에 관한 권리를 실질적으로 행사하는 자들 (이하 "과점주주"라 한다)

원심의 판단

1. 처분의 경위

가. 소외 1 주식회사는 1998. 7. 15. 설립되어 석유화학제품 수출입업 등을 영위하는 회사이다.

나. 소외 1 주식회사 설립 이후 주식변동상황명세서에 나타난 주식보유 변동내역과 원고를 포함한 주주들 사이의 관계는 별지 주식보유 내역 기재와 같다.

다. 소외 1 주식회사는 2001. 4. 9. 원고의 이사취임등기를, 2004. 4. 6. 원고의 이사중임등기를 각 경료하였고, 소외 1 주식회사의 주주 중 소외 2는 소외 4의 장남으로서 2000. 10. 24.부터 소외 1 주식회사의 대표이사로 취임하여 현재에 이르고 있다.

라. 울산세관장은 소외 1 주식회사가 2002. 9. 23.부터 2004. 4. 16.까지 관세를 부정환급 받은 사실을 적발하여 피고에게 과세자료로 통보하였고, 이에 피고는 2004. 9. 8. 소외 1 주식회사에게 부정환급관세 금 1,432,633,940원을 부과·고지하였으나, 소외 1 주식회사는 부과된 세액 중 금 87,576,750원을 납부하고 나머지 금 1,345,057,190원을 체납하였다 (이하 '이 사건 체납관세'라 한다).

마. 그러자 피고는 소외 1 주식회사의 주주인 원고, 소외 2 및 소외 3, 5를 이 사건 체납관세의 각 납세의무 성립일 당시 소외 1 주식회사의 주식을 보유한 과점주주로서 국세기본법 제39조 제1항 제2호에서 정한 제2차 납세의무자라고 보고, 2004. 11. 29. 원고에게 이 사건 체납관세 중 원고 지분율(30%)에 해당하는 금 408,218,070원(관세 23,729,440원 + 교통세 320,030,200원 + 교육세 48,004,440원 + 가산금 16,453,990원)을 납부·통지하였다(이하 '이 사건 부과처분'이라 한다).

바. 원고는 이 사건 부과처분에 불복하여 피고에 대한 이의신청을 거쳐 2005. 2. 11. 국세심판원에 심판청구를 제기하였고, 국세심판원은 2005. 9. 13. 원고의 심판청구를 기각하였다.

2. 이 사건 부과처분의 적법 여부
가. 원고의 주장

(1) 원고의 아버지인 소외 4는 1971. 6.경 소외 6 주식회사를 설립하여 운영하다가 위 회사를 청산하고 장남인 소외 2에게 사업을 물려줄 생각으로 1998. 7. 15. 사업목적이 소외 6 주식회사와 동종인 소외 1 주식회사를 사실상 자신의 1인 주주회사로 설립하면서 소외 6 주식회사의 관리부장인 소외 7을 형식상 대표이사로, 소외 6 주식회사의 부사장 소외 8과 장남 소외 2를 각 이사로 등재하고, 설립자본금 5,000만 원 중 2,500만 원은 소외 6 주식회사가 출자하는 것으로, 나머지 2,500만 원은 소외 7이 소외 6 주식회사에서 가불받아 출자하는 것으로 만든 후, 형식상으

로만 소외 6 주식회사 명의로 발생주식 중 50%를, 소외 7, 8, 2 명의로 각 15%를, 소외 4 자신의 명의로 5%를 각 분산 소유케 하였다.

(2) 소외 2는 소외 4로부터 사업을 물려받는 일환으로 2000. 10. 24.자로 소외 1 주식회사의 대표이사로 취임하였고, 사실상 소외 1 주식회사의 1인 주주였던 소외 4로부터 그 주식 전부와 지배권을 양수받았으나, 회사운영의 편의상 소외 2 자신의 명의로는 30%만을 소유하고, 나머지 주식을 동생인 원고 명의로 30%, 소외 2의 처 소외 3 명의로 15%, 처남 소외 5 명의로 25%로 각 분산 소유토록 하였다.

(3) 그 후 소외 1 주식회사가 은행거래의 편의를 위해 2001년 12월경 50,000주를 증자할 때 그 인수대금은 모두 소외 2가 부담하였고, 2003. 12.경 60,000주를 증자할 때에도 경리부장 소외 9를 통해 부사장 소외 10 명의로 가입된 3억 원짜리 정기예금을 해지하여 원고와 소외 2 명의로 각 9,000만 원, 소외 5 명의로 7,500만 원, 소외 3 명의로 4,500만 원을 소외 1 주식회사의 예금계좌에 납입하는 방법으로 인수대금을 마련하였는데, 인수대금을 전혀 부담한 바 없는 원고와 소외 5, 3이 기존의 주식지분비율대로 유상증자주를 인수하였다.

(4) 원고는 주주총회에서 주주로서 권한을 행사한 바 없으며, 배당을 받은 적도 없고, 소외 1 주식회사의 임원으로 운영에 관여하거나 근무한 사실도 없다.

(5) 따라서 원고는 소외 4의 경영권이 소외 2에게 승계되는 과정에서 편의상 그 명의를 빌려 준 형식주주에 불과하므로 국세기본법 제39조 제1항에서 정한 '과점주주'에 해당한다고 할 수 없을 뿐 아니라, 나아가 같은 조항 제2호 가, 나목 소정의 '당해 법인의 발행주식 총수의 100분의 51 이상의 주식에 관한 권리를 실질적으로 행사하는 자' 또는 ' 소외 1 주식회사의 경영을 사실상 지배하는 자'에 해당되지 아니함에도, 원고에 대하여 제2차 납세의무를 지운 이 사건 부과처분은 위법하다.

나. 관계법령

별지 관계법령 기재와 같다.

다. 판단

(1) 원고가 국세기본법 제39조 소정의 '과점주주'에 해당하는지 여부

(가) 국세기본법 제39조 제1항 제2호 소정의 과점주주에 해당하는지 여부는 과반수 주식 소유집단의 일원인지 여부에 의하여 판단하여야 하고, 구체적으로 회사 경영에 관여한 사실이 없다고 하더라도 그것만으로 과점주주가 아니라고 판단할 수 없으며, 주식의 소유사실은 과세관청이 주주명부나 주식이동 상황명세서 또는 법인등기부 등 자료에 의하여 이를 입증하면 되고, 다만 위 자료에 비추어 일견 주주로 보이는 경우에도 실은 주주명의를 도용당하였거나 실질소유주주 명의가 아닌 차명으로 등재되었다는 등의 사정이 있는 경우에는 단지 그 명의만으로 주주에 해당한다고 볼 수 없으나, 이는 주주가 아님을 주장하는 그 명의자가 입증

하여야 한다(대법원 2004. 7. 9. 선고 2003두1615 판결 참조).

(나) 이 사건에 돌아와 살피건대, 원고를 포함한 주주들 사이의 관계와 소외 1 주식회사가 설립된 이후 이 사건 과세기간에 이르기까지 주식변동상황명세서에 나타난 소외 1 주식회사의 주식보유 변동내역이 별지 주식보유 내역과 같으므로, 원고는 특별한 사정이 없는 한 발행주식 총수의 100분의 30에 해당하는 주식을 소유하고 있다고 보아야 할 것이고, 원고를 포함한 소외 1 주식회사의 주주들은 국세기본법 시행령 제20조가 규정한 친족관계에 있는 자들로서 그 보유주식은 발행주식 총수의 100분의 51 이상에 해당하므로, 원고는 국세기본법 제39조 소정의 '과점주주'에 해당한다고 할 것이다.

(다) 한편 이에 반하여 원고가 소외 1 주식회사의 형식상 주주에 불과하다는 주장에 부합하는 듯한 제1심 증인 소외 9의 일부 증언은 선뜻 믿기 어렵다.

또한 갑 제5호증의 1, 2, 갑 제6호증, 갑 제7호증의 1, 2, 갑 제8호증, 갑 제9호증, 갑 제11호증의 1 내지 4, 갑 제13호증, 갑 제14호증의 1, 2, 갑 제15 내지 20호증의 각 기재와 제1심 증인 소외 9의 일부 증언에 변론 전체의 취지를 종합하여 보면, 소외 6 주식회사는 1971. 6. 22. 모빌석유 판매업 등을 목적으로 설립되어 설립 당시부터 원고의 아버지 소외 4가 대표이사로 취임하여 운영해 오다가, 2001. 10. 31. 주주총회의 결의로 해산하였고, 2002. 9. 2. 청산절차가 종결되어 폐업한 사실, 소외 1 주식회사의 설립일인 1998. 7. 15. 소외 6 주식회사가 그 주식인수대금으로 2,500만 원을 출자하였으며, 같은 날 소외 6 주식회사의 관리부장인 소외 7이 소외 6 주식회사로부터 급여 명목으로 2,500만 원을 가불받고, 1998. 12. 23. 이를 상환한 사실, 소외 1 주식회사가 2001년 유상증자를 할 무렵인 2001. 12. 27. 소외 2의 국민은행 계좌((번호 생략))로 소외 1 주식회사가 2억 5천만 원을 입금하고, 소외 2가 그 다음날 이를 액면금 2억 5천만 원의 자기앞 수표로 인출하여 그 뒷면에 소외 1 주식회사 명의로 배서하여 이를 증자대금 수납기관인 신한은행에 납입한 사실, 또한 소외 1 주식회사가 2003년 유상증자를 할 무렵인 2003. 12. 29.경 소외 1 주식회사 부사장이던 소외 10 명의로 3억 원이 현금입금된 금융전표가 있고, 소외 1 주식회사의 우리은행 법인계좌(계좌번호 : (번호 생략))에 원고, 소외 2 명의로 각 9,000만 원, 소외 3 명의로 4,500만 원, 소외 5 명의로 7,500만 원이 각 현금으로 입금되었다가, 같은 날 3억 원이 현금인출된 사실, 원고가 2002. 10. 14.경부터 아산시에 주소를 두고 충남 연기군에서 (명칭 생략)주유소를 경영하고 있는 사실은 인정이 되나, 이러한 사실은 소외 1 주식회사가 설립될 때 15%의 주식인수자로 등재된 소외 7이 소외 1 주식회사로부터 급여를 가불받았고, 소외 1 주식회사 2차 유상증자시 인수대금이 원고를 포함한 주주들 명의로 입금되거나 1차 유상증자시 소외 2가 소외 1 주식회사로부터 미리 입금된 돈으로 증자대금에 충당한 사실이 있다는 것(그 돈의 입금 및 출금 경위에 비추어 꼭 소외 2의 돈이라고 단정할 수 없다) 등에 불과하여 실질적 자금관계를 나타내는 자료로 볼 수 없으므로, 그러한 사실만으로는 주식변동상황명세서상의 원고 명의의 주식이 실질소유주의 명의가 아닌 차명 또는 원고의 명의가 도용되어 등재된 것이라고 보기에 부족하고, 달리 이를 인정할 증거가 없다. 따라서 원고가 형식주주에 불과하다는 원고의 주장은 이유 없다.

(2) 원고가 '발행주식 총수의 100분의 51 이상의 주식에 관한 권리를 실질적으로 행사하는 자' 또는 '법인의 경영을 사실상 지배하는 자'에 해당하는지 여부

(가) 국세기본법 제39조의 입법취지 및 개정 연혁

1) 국세기본법 제39조의 입법취지

국세기본법 제39조 소정의 과점주주의 제2차 납세의무는 국세부과 및 세법적용상의 원칙으로서의 실질과세의 원칙을 구현하려는 것으로서, 형식적으로는 제3자에게 재산이 귀속되어 있으나 실질적으로는 주된 납세의무자와 동일한 책임을 인정하더라도 공평을 잃지 않을 특별한 관계에 있는 제3자를 제2차 납세의무자로 하여 보충적인 납세의무를 지게 하여 그 재산의 형식적인 권리 귀속을 부인함으로써 그 내용상의 합리성과 타당성 내지 조세형평을 기하는 한편 조세징수의 확보라는 공익을 달성하기 위한 제도로서, 과점주주의 주식의 소유 정도 및 과점주주 소유의 주식에 대한 실질적인 권리의 행사 여부와 법인의 경영에 대한 사실상의 지배 여부 등 제2차 납세의무의 부과를 정당화시키는 실질적인 요소에 대한 고려 없이 과점주주 전원에 대하여 일률적으로 법인의 체납액 전부에 대한 무제한의 납세의무를 인정한다면, 과점주주에 대한 조세형평이나 재산권 보장은 도외시한 채 조세징수의 확보만을 지나치게 강조하여 실질적 조세법률주의에 위반되고 재산권을 과도하게 침해하며 또 과점주주들간에 불합리한 차별을 하여 평등의 원칙과 그 조세분야에서의 실현형태인 조세평등주의에도 위반된다고 할 것이므로, 실질적 조세법률주의의 원칙에 비추어 제2차 납세의무를 부담하는 과점주주의 범위를 적절하게 제한하거나 과점주주의 책임의 한도를 설정할 필요가 있다(대법원 2003. 7. 8. 선고 2001두5354 판결 참조).

2) 국세기본법 제39조의 개정 연혁(별지 개정 연혁 참조)

① 제2차 납세의무를 지는 과점주주의 범위에 관하여, 국세기본법 제39조는 법 제정 당시 '주주 또는 유한책임사원 1인과 그와 대통령령이 정하는 친족 기타 특수관계에 있는 자들로서 그들의 소유주식금액 또는 출자액의 합계액이 당해 법인의 발행주식총액 또는 출자총액의 100분의 51 이상인 자'에 해당하면 제2차 납세의무를 진다고 규정하였다.

② 그러나 이후 위 규정의 개정 연혁을 살펴보면, '주주에게 제2차 납세의무를 부담시키기 위하여는 과점주주로서 그 법인의 운영을 실질적으로 지배할 수 있는 위치에 있음을 요하고 단지 형식상으로 법인의 주주명부에 주주로 등재되어 있는 사유만으로 곧 과점주주라 하여 납세의무를 부담시킬 수 없다'는 대법원의 일관된 견해(대법원 1991. 6. 11. 선고 90누7821 판결 등)에 따라, 명의주주는 제2차 납세의무를 지지 않는다는 입장을 반영하여 과점주주에 대한 제2차 납세의무를 제한하는 쪽으로 1993. 12. 31. 위 조항이 개정되었으며, 1998. 5. 28. 헌법재판소가 97

헌가13호로 구 국세기본법(1993. 12. 31. 법률 제4672호로 개정된 것) 제39조 제1항 제2호 가목에 대하여 '주식에 관한 권리를 실질적으로 행사하는 자'가 아닌 과점주주에게 제2차 납세의무를 부담시키는 것은 실질적 조세법률주의에 위배되고 과점주주의 재산권을 침해하여 헌법에 위반된다는 결정을 함에 따라, 그 취지를 반영하여 제2차 납세의무를 지는 자의 범위를 과점주주 집단에 속하는 자 중 실질적으로 주주권을 행사하는 자로 제한하고 보충적 납세의무를 지는 금액의 한도를 객관적으로 제한하도록 위 조항이 1998. 12. 28. 다시 개정된 것으로 보인다.

③ 특히 위 헌법재판소 97헌가13호에서 인용한 헌법재판소 1997. 6. 26. 93헌바49 등 위헌소원 사건 결정의 이유에서 헌법재판소는, "과점주주에 대한 제2차 납세의무제도의 입법목적은, 우리나라 비상장법인이 대부분 친족, 친지 등을 주주로 하여 구성된 소규모의 폐쇄회사들로서, 회사의 경영을 사실상 지배하는 실질적인 운영자인 과점주주는, 회사의 수익은 자신에게 귀속시키고 그 손실은 회사에 떠넘김으로써 회사의 법인격을 악용하여 이를 형해화시킬 우려가 크므로, 이를 방지하여 실질적인 조세평등을 이루려는 데에 있는 것이다. 과점주주라 하더라도 단지 일정 비율의 주식만을 소유하고 있을 뿐이거나 특히 친족관계 등으로 인한 명목상의 주주의 경우와 같이 법인의 경영을 사실상 지배하는 자가 아닌 경우에도 제2차 납세의무를 지게 하는 것은 본래의 입법 목적을 넘어 사실상 그 조세와는 관련이 없는 제3자에 대하여 조세를 부과하는 것이 되므로 실질적 조세법률주의에 위반되는 동시에 그의 재산권을

침해하는 것이다. 따라서 제2차 납세의무를 부과함이 상당하다고 인정되는 과점주주의 범위는, 위와 같은 입법목적에 비추어 '주식회사를 실질적으로 운영하면서 이를 조세회피의 수단으로 이용할 수 있는 지위에 있는 자, 즉 법인의 경영을 사실상 지배하거나 과점주주로서의 요건, 즉 당해 법인의 발행주식총수의 100분의 51 이상의 주식에 관한 권리를 실질적으로 행사하는 자'로 제한함이 상당하다"고 설시하고 있다.

(나) 제2차 납세의무를 지는 과점주주의 요건
1) 위와 같은 국세기본법 제39조의 입법 취지, 개정 연혁과 헌법재판소의 결정 내용 등에 비추어 보면, 소유주식의 합계가 당해 법인의 발행주식총수의 100분의 51 이상인 과점주주라는 형식적인 기준과 당해 법인의 발행주식총수의 100분의 51 이상의 주식에 관한 권리를 실질적으로 행사하거나 법인의 경영을 사실상 지배한다는 실질적인 기준을 모두 충족하여야만 과점주주로서 제2차 납세의무를 진다고 해석함이 상당하다.

2) 이 사건에 돌아와 살피건대, 을 제1호증, 갑 제6호증의 각 기재, 갑 제24호증의 1, 2의 일부 기재, 제1신 증인 소외 9의 일부 증언에 변론 전체의 취지를 종합하여 보면, 원고는 소외 2의 부탁으로 소외 1 주식회사의 이사로 취임한 사실, 신주발행을 의안으로 하여 진행된 2003. 12. 15.자 이사회 회의록에 원고 명의가 기재되어 있고 그 옆에 원고 명의의 인장이 날인된 사실, 법인등기부상 소외 1 주식회사의 목적사항에 주유

소 운영업이 2001. 12. 14.자로 추가되었고, 원고는 2002. 10. 14.부터 충남 연기군 (상세지번 생략)에서 (명칭 생략)주유소를 운영하면서 소외 1 주식회사와 거래관계를 맺은 사실은 인정이 된다. 그러나 한편, 갑 제1호증, 갑 제11호증의 1 내지 4, 갑 제21호증의 1 내지 3, 을 제10호증의 1 내지 3, 을 제11호증의 1, 2의 각 기재에 변론 전체의 취지를 종합하여 보면, 원고가 아닌 소외 2가 소외 4의 장남으로서 2000. 10. 24.부터 소외 1 주식회사의 대표이사로 취임하여 현재에까지 이르고 있는 점, 원고를 제외한 나머지 주주들은 서로 배우자 또는 가까운 인척관계에 있으며 그들의 주식보유비율 합계가 100분의 70에 이르는 점, 원고는 2002. 10. 14.부터 소외 1 주식회사와 별도로 충남 연기군 소재의 주유소를 운영하고 있는 점, 소외 1 주식회사가 그 소속 직원들의 2003년도 근로소득원천징수이행상황을 신고할 당시 소외 2, 5, 3 등에 대하여는 근로소득을 지급하였다고 신고하였으나 원고에 대하여는 아무런 근로소득을 지급하지 않은 것으로 신고하였고, 원고의 2003년 귀속 소득세 신고내역에도 근로소득은 신고 되지 않은 점 등에 비추어 보면, 앞서 인정한 사실만으로는 100분의 30의 보유비율에 불과한 주식을 소유한 원고가 그 보유비율을 넘어서 소외 2, 5 또는 소외 3 명의의 주식에 대하여 까지 실질적으로 권리를 행사하여 '발생주식총수의 100분의 51 이상'에 대한 권리를 실질적으로 행사하는 자의 지위에 있다거나, 소외 1 주식회사의 경영에 관여하여 사실상 이를 지배하였다고 보기 어렵다.

따라서, 이 점에 대한 원고의 주장은 이유 있다.

3. 결론

그렇다면 원고의 이 사건 청구는 이유 있어 인용할 것인바, 제1심 판결은 이와 결론이 달라 부당하므로 원고의 항소를 받아들여 제1심 판결을 취소하고 원고의 청구를 인용하기로 하여, 주문과 같이 판결한다.

대법원의 판단

1. 구 국세기본법(2006. 12. 30. 법률 제8139호로 개정되기 전의 것, 이하 '법'이라 한다) 제39조 제1항 제2호 (가)목은 과점주주 중 '당해 법인의 발행주식총수의 100분의 51 이상의 주식에 관한 권리를 실질적으로 행사하는 자'는 제2차 납세의무를 진다고 규정하고 있고, 같은 조 제1항 단서는 그 책임 범위를 '당해 법인의 체납세액을 그 법인의 의결권이 없는 주식을 제외한 발행주식총수로 나눈 금액에 당해 과점주주가 실질적으로 권리를 행사하는 소유주식수를 곱하여 산출한 금액'으로 한정하고 있으며, 같은 조 제2항은 위 제1항 제2호의 과점주주라 함은 '주주 1인과 그와 대통령령이 정하는 친족 기타 특수관계에 있는 자로서 그들의 소유주식의 합계가 당해 법인의 발행주식총수의 100분의 51 이상인 자들'을 말한다고 규정하고 있는바, 법 제39조의 입법 취지 및 개정경과 등에 비추어 보면, 법 제39조 제1항 단서 및 같은 항 제2호 (가)목 규정의 의미는 법 제39조 제2항 소정의 과점주주 중 발행주식총수의 100분의 51 이상의 주식에 관한 권리를 실질적으로 행사하는 과점주주에 해당하

는 자들은 모두 제2차 납세의무를 부담하되, 다만 그 책임 범위는 자신의 소유지분 범위 내로 제한된다는 취지로 봄이 상당하고, 과점주주에 해당하는 주주 1인이 100분의 51 이상의 주식에 관한 권리를 실질적으로 행사할 것을 요구하는 것은 아니라고 할 것이다(대법원 2006. 12. 22. 선고 2005두8498 판결 등 참조).

2. 원심은, 원고가 법 제39조 제2항 소정의 과점주주로서 소외 1 주식회사의 발행주식총수의 100분의 30에 해당하는 주식에 관한 권리는 실질적으로 행사하였다고 볼 수 있으나, 원고의 보유비율을 초과하여 발행주식총수의 100분의 51 이상의 주식에 관한 권리를 행사하였다고 볼 증거가 없으므로, 원고는 법 제39조 제1항 제2호 (가)목 소정의 제2차 납세의무자에 해당되지 아니한다는 이유로 피고가 원고를 제2차 납세의무자로 지정하고 행한 이 사건 부과처분은 위법하다고 판단하였다. 그러나 원심이 확정한 사실관계에 의하더라도, 이 사건 부정환급 관세 등의 납세의무 성립일 현재, 원고는 소외 1 주식회사발행주식총수의 100분의 30에 해당하는 주식에 관한 권리를 실질적으로 행사하는 자임을 알 수 있고, 나아가 기록에 의하면, 원고의 형인 소외 2는 소외 1 주식회사법인등기부상 대표이사로서 발행주식총수의 100분의 30을, 원고의 형수인 소외 3은 소외 1 주식회사의 법인등기부상 감사로서 발행주식총수의 100분의 15를 각 소유하고 있으면서, 각 주주총회에 참석하여 의결권을 행사하고, 2차례에 걸친 유상증자에 모두 참여한 사실을 알 수 있는바, 위와 같은 사실관계를 앞서 본 법리에 비추어 살펴보면, 위 소외 2와 소

외 3은 이 사건 부정환급 관세 등의 납세의무 성립일 현재, 원고와 친족 기타 특수관계에 있는 자로서 법 제39조 제2항 소정의 과점주주에 해당하고, 나아가 자신들의 소유주식에 관한 권리를 실질적으로 행사하였다고 볼 여지가 많으므로, 원고는 위 소외 2, 소외 3과 더불어 소외 1 주식회사발행주식총수의 100분의 51 이상의 주식에 관한 권리를 실질적으로 행사하는 자로서 법 제39조 제1항 제2호 (가)목 소정의 제2차 납세의무자에 해당한다고 볼 여지가 충분하다고 할 것이다. 그럼에도, 원심이 위 소외 2와 소외 3이 그들 소유주식에 관한 권리를 실질적으로 행사하였는지 여부를 따져보지 아니한 채, 판시와 같은 이유만으로 원고가 소외 1 주식회사의 체납액에 관한 제2차 납세의무자에 해당되지 아니한다고 판단한 것에는 제2차 납세의무자에 관한 법리를 오해하여 심리를 다하지 아니한 위법이 있다고 할 것이고, 이는 판결에 영향을 미쳤음이 분명하다. 이 점을 지적하는 상고이유의 주장은 이유 있다.

3. 그러므로 원심판결을 파기하고, 사건을 다시 심리·판단하게 하기 위하여 원심법원에 환송하기로 하여 관여 법관의 일치된 의견으로 주문과 같이 판결한다.

해설

1. 2차 납세의무자인 과점주주에 해당하기 위한 요건

국세기본법상 2차 납세의무자에 해당하기 위해서는 ①주주와 특수관계인의 소유주식이 100분의 50을 초과하고, ②동시에 그에 관한 권리를 실질적으로 행사하여야 한다. 주식의 소유사실의 입증은 과세관청에게 있고, 과세관청은 주주명부, 주식이동상황명세서 또는 법인등기부 등에 의해 이를 입증할 수 있다. 만약 주주명의를 도용당하였거나, 차명주주일 경우에는 주주에 해당하지 않을 수 있으나, 이는 이를 주장하는 명의자가 입증하여야 한다.

2. '그에 관한 권리를 실질적으로 행사하는 자들'의 의미

본 사안의 원심에서는 원고가 자신의 명의로 30%의 주식을 소유하고 있었는 바, 원고는 자신이 차명주주에 해당한다고 주장하였으나, 법원은 이를 인정하지 않았다. 문제는 국세기본법상 '그에 관한 권리를 실질적으로 행사할 것'이라는 요건의 의미인데, 원심에서는 이를 '주주 1인이 100분의 51 이상의 주식에 관한 권리를 실질적으로 행사할 것'이라고 해석하여, 원고의 청구를 인용하였다.

그러나 대법원은 위 규정의 의미에 관하여, 100분의 51 이상의 주식에 관한 권리를 실질적으로 행사하는 과점주주는 모두 제2차 납세의무자가 되는 것이고, 다만 그 책임 범위만 자신의 소유지분 내로 한정된다고 보았다. 즉, 주주 1인이 100분의 51 이상의 주식에 관하여 권리를 실질적으로 행사할 것을 요구하는 것이 아니고, 주주 1인이 다른 주주인 특수관계인과 더불어 100분의 51 이상의 권리를 실질적으로 행사하게 되면 그들 모두가 제2차 납세의무자인 과점주주에 해당하는 것이고, 다만 책임의 범위만 각자의 지분내로 제한되는 것이다.

1심	2심	대법원
서울행정법원 2014. 9. 26. 선고 2014구합59047 판결	서울고등법원 2015. 7. 23. 선고 2014누73106 판결	2016. 8. 18 선고 2015두50399 판결

회신기한을 지나 원산지검증결과가 도착한 경우 관세 및 가산세 부과처분의 적법성

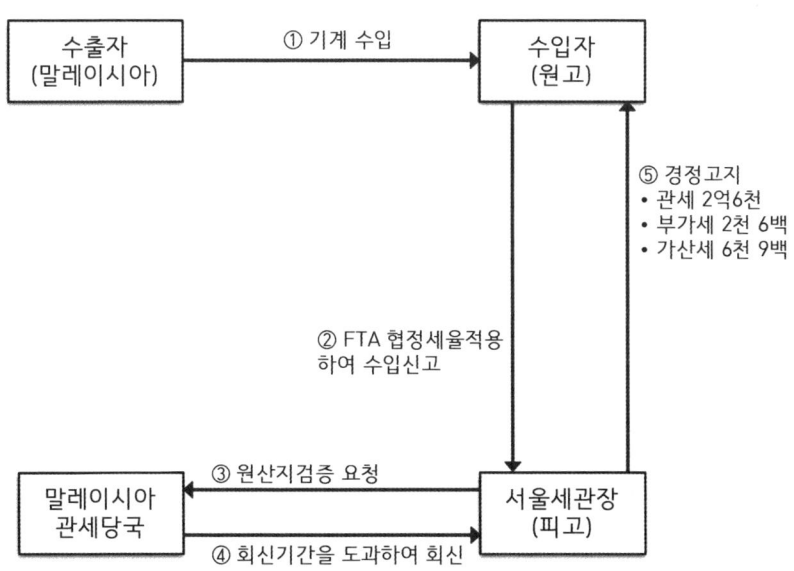

사실관계

① 원고는 말레이시아 소재 수출자로부터 유리병 성형기계를 수입함
② 원고는 위 물품들을 수입하면서 말레이시아 국제통상산업부에서 발급한 원산지증명서를 부산세관장에게 제출하고, 한-아세안 FTA협정에 따라 협정세율 0%를 적용하여 수입신고를 함
③ 서울세관장은 이 사건 물품에 대하여 원산지 확인 및 협정세율적용의 적정여부를 확인하기 위하여 2012. 7. 30. 에 말레이시아 관세당국에 원산지검증을 요청하였고, 위 요청서는 2012. 8. 6. 에 송달됨 (회신기한 : 2012. 10. 6.)
④ 말레이시아 관세당국은 회신기한이 지난 2013. 3. 12. 서울세관장에게 '원산지 기준은 충족한다'는 취지로 회신함
⑤ 피고는 원고에게 관세 약 2억 6천만원, 부가세 약 2천 6백만원, 가산세 약 6천 9백만원을 부과하는 처분을 함
⑥ 원고는 위 처분에 불복하여 위 처분의 취소를 구하는 이 사건 소송을 제기함

관련 법령

관세법

제42조(가산세)
① 세관장은 제38조의3제1항 또는 제6항에 따라 부족한 관세액을 징수할 때에는 다음 각 호의 금액을 합한 금액을 가산세로 징수한다. 다만, 잠정가격신고를 기초로 납세신고를 하고 이에 해당하는 세액을 납부한 경우 등 <u>대통령령으로 정하는 경우</u>에는 대통령령으로 정하는 바에 따라 <u>그 전부 또는 일부를 징수하지 아니한다.</u>

관세법 시행령

제39조(가산세)
② 법 제42조제1항 각 호 외의 부분 단서에서 "잠정가격 신고를 기초로 납세신고를 하고 이에 해당하는 세액을 납부한 경우 등 <u>대통령령으로 정하는 경우</u>"란 다음 각 호의 어느 하나에 해당하는 경우를 말한다.

5. 신고납부한 세액의 부족 등에 대하여 <u>납세의무자에게 정당한 사유가 있는 경우</u>

법원의 판단

> **서울행정법원 2014. 11. 4 선고 2014구합59047 판결**
>
> **전문**
> 원고 주식회사 테크팩솔루션
> 피고 서울세관장
> 변론종결 2014. 9. 26.
> 판결선고 2014. 11. 4
>
> **주문**
> 1. 피고가 2013. 6. 5. 원고에 대하여 한 가산세 69,292,550원의 부과처분을 취소한다.
> 2. 원고의 나머지 청구를 기각한다.
> 3. 소송비용 중 4/5는 원고가, 나머지는 피고가 각 부담한다.
>
> **청구취지**
> 피고가 2013. 6. 5. 원고에 대하여 한 관세 262,233,410원, 부가가치세 26,223,340원, 가산세 69,292,550원의 각 부과처분을 취소한다.

1. 처분의 경위

가. 원고는 2008. 11. 26. 설립되어 제병업, 유리제품 제조 및 판매업 등을 영위하는 회사이고, EMHART GLASS SDN BHD (이하 '엠하트사'라 한다) 는 스웨덴에 본사를 두고 말레이시아 공장에서 '유리병 성형기계'를 제조하여 수출하는 회사이다.

나. 원고는 2010. 10. 13. 말레이시아 소재 엠하트사로부터 수입신고번호 4XXXX-XX-XXXXXU호로 유리병 성형기계 (이하 '이 사건 물

품'이라 한다) 를 수입하면서, 말레이시아 국제 통상산업부(Ministry of International Trade and Industry of Malaysia, 이하 'MITI'라 한다) 조호바루(Johor Bahru)에서 발급한 2010. 9. 30.자 원산지증명서 (No. JB2010/AK/02720, 이하 '이 사건 원산지증명서'라 한다)를 부산세관장에게 제출하고, 대한민국과 동남아시아국가연합 회원국 정부간의 포괄적 경제협력에 관한 기본협 정 하의 상품무역에 관한 협정(이하 '한-아세안 FTA협정'이라 한다)에 따라 협정세율 (0%)을 적용하여 수입신고를 하였다.

다. 피고는 이 사건 물품에 대하여 원산지 확인 및 협정관세 적용의 적정 여부를 확인하기 위하여 2012. 7. 30. MITI에 이 사건 물품의 원산지 검증을 요청하였고, MITI 조호바루는 2013. 3. 12. 피고에게 '이 사건 물품 원산지증명서는 한-아세안 FTA 협정의 원산지 기준을 충족하는 MITI 조호바루에서 발급한 진본 서류이나, MITI 조호바루의 오류로 인하여 이 사건 물품의 원산지결정기준은 부가가치 기준(RVC 47.08%)으로 표기되어야 함을 양해해주기 바란다.'는 취지의 검증결과 회신(이하 '이 사건 검증결과 회신'이라 한다)을 하였다.

라. 이에 피고는 MITI의 이 사건 검증결과 회신은 한-아세안 FTA 협정 부속서 3의 부록 1 제14조 제1항에서 규정하고 있는 검증결과 회신기한(2개월), 검증절차 종료기한(6개월) 및 자유무역협정의 이행을 위한 관세법의 특례법에 관한 법률(이하 'FTA 특례법'이라 한다) 시행규칙 제

24조의 회신기한을 도과한 회신으로서 한-아세안 FTA 협정부속서 3의 부록 1 제14조, 제17조 및 FTA 특례법 제16조 제1항 제2호에서 규정한 특혜관세 배제사유에 해당한다고 보아, 2013. 6. 5. 원고에게 이 사건 물품에 대한 협 정관세 적용을 배제하고 기본세율과 협정관세율의 차이에 해당하는 관세 262,233,410원, 부가가치세 26,223,340원, 과소신고 및 납부불성실 가산세 69,292,550원 합계 357,749,300원을 경정·고지하였다(이하 '이 사건 처분'이라 한다).

마. 원고가 이 사건 처분에 불복하여 2013. 8. 30. 심판청구를 하였으나, 조세심판원은 2014. 2. 26. 원고의 심판청구를 기각하였다.

2. 이 사건 처분의 적법 여부
가. 원고의 주장
원고는 다음과 같은 이유로 이 사건 처분이 위법하다고 주장한다.

(1) 원산지 검증결과가 회신기간을 도과하여 회신되었다고 하더라도 수출자나 수입자의 통제 범위를 벗어난 예외적인 상황이 있었다고 인정되는 경우에는 특혜관세를 배제하는 것이 타당하지 않은바, 이 사건 회신지연이 발생한 주된 원인은 MITI 기관 간의 업무협조 부실과 MITI 인사이동으로 인한 담당자의 부재이므로, 이러한 사유는 예외적인 상황으로 보아 특혜관세를 배제하지 않아야 함에도 불구하고, 이와 다른 전제에서 이루어진 이 사건 처분은 위법하다.

(2) 원고가 이 사건 물품 수입 시 특혜관세 적용을 받기 위하여 부산세관장에게 제출한 원산지증명서에는 원산지결정기준이 세번변경기준 중 "CTH"(4단위 변경기준)으로 기재되어 있었으나, 이는 말레이시아 MITI 담당공무원의 인적 오류에 의한 단순 한 기재상 오류에 불과하고 수출자나 수입자에게 아무런 귀책사유가 없으므로, 이 사건 처분은 위법하다.

(3) 가사 이 사건 관세, 부가가치세 부과처분이 적법하다고 하더라도 원고는 이 사건 처분의 주된 원인이 되는 회신지연이나 원산지증명서상 원산지결정기준 기재 오류에 대하여 아무런 귀책사유가 없다고 할 것이어서, 이 사건 처분을 원고의 의무해태에 기인한 것이라고 볼 수 없으므로, 이 사건 처분 중 가산세 부과처분은 위법하다.

나. 관계 법령
별지 기재와 같다.

다. 인정사실
(1) 피고는 2012. 3. 23. 원고에게 원고가 2010. 10. 13. 말레이시아 소재 엠하트사로부터 수입한 이 사건 물품에 대하여 한-아세안 FTA 협정관세 적용의 적정성을 조사하기 위하여 2012. 3. 26.부터 2012. 5. 24.까지 서면조사를 실시한다는 통지를 하였다.

(2) 피고는 2012. 5. 30. 원고에게 서면조사만으로는 수입물품의 단위기계 및 주요 구성부품을 확인할 수 없어 실제 현품 실사가 필요하다는 이유로 2012. 7. 2.부터 2012. 7. 11.까지 현지조사를 실시할 예정이라고 통지하였다.

(3) 피고는 2012. 7. 17. 피고에게 서면조사 및 현지조사 결과 위반내용은 없으나 원산지 충족여부 등에 대한 확인을 위해 말레이시아 관세당국에 검증을 요청할 것이라는 내용의 원산지조사 결과통지를 하였다.

(4) 피고는 2012. 7. 30. 한-아세안 FTA 협정 부속서 3의 부록 1 제14조 제1항, FTA 특례법 제13조 제1항 및 같은 법 시행령 제14조의 규정에 따라 수출당사국의 권한있는 당국인 MITI에 이 사건 물품의 원산지 검증을 요청하였고, 위 요청서는 2012. 8. 6. MITI에 송달되었다.

(5) 피고는 2012. 8. 3. 원고에게 '원고가 한-아세안 FTA 협정관세를 적용받아 수입한 이 사건 물품의 원산지 요건 충족여부를 확인하기 위하여 말레이시아 관세당국에 원산지 확인을 요청하였으며, 원고가 조사대상 물품과 동종·동질의 물품을 추가로 수 입신고하는 경우 FTA 특례법 제17조 제1항에 의거 협정관세 적용을 보류할 것을 결정 하였다.'는 내용의 통지를 하였다.

(6) 피고는 MITI가 한-아세안 FTA 협정 부속서 3의 부록 1 제14조 제1항 나목에서 정한 회신기한인 2012. 10. 6.(요청을 받은 후 2개월 이내)까지 검증결과를 회신하지 않자, 2012. 11. 2. 및 2013. 1. 4. MITI에게 점증결과 회신기한이 경과하였고, 한-아세안 FTA 협정 부속서 3의 부록 1 제14조 제1항 라목에서 정한 사후검증절차 종료 기한인 2013. 2. 6.(요청을 받은 후 6개월 이내)까지 검증결과를 통보해 줄 것을 요청하였다.

(7) MITI 조호바루는 아래에서 보는 바와 같이 피고에게 공식적으로 검증결과를 회신하기 이전인 2013. 2. 25. 피고의 담당자에게 다음과 같은 내용의 메일을 발송하였다.

> MITI 조호바루에서 담당자가 인사이동되어 담당할 사람이 없었던 관계로 지금까지 본 건이 지체되었 습니다. 모든 서류를 검토한 후 우리는 다음과 같이 원산지 결정기준을 확인하여 드립니다."(중략)"2. Techpak과 관련하여1.1. CTH JB2010/AK/02720(2010. 9. 30.)은 RVC 47.08%가 되어야 합니다.하나씩 서류를 검토하다 보니 우리 직원이 그 당시 못보고 넘어갔던 것 같습니다.인적 오류를 최소화하고 종이를 사용하지 않기 위하여 MITI 에서는 2013. 1. 부터 100% "e-Dagang"(온라인 신청서)을 적용하고 있습니다.이와 같은 일은 두 번 다시 발생하지 않을 것입니다.위와 같은 수정을 받아주시기 바랍니다.우리는 이 문제에 대하여 늦은 답변 및 우리의 실수를 진심으로 사과드립니다.

(8) MITI 조호바루는 2013. 3. 12. 피고에게 다음과 같은 내용의 검증결과 회신을 하였고, 피고는 같은 날 이 사건 검증결과 회신을 수령하였다.

제목 : 엠하트사에게 발급된 원산지 증명서 5건에 대한 확인 요청

1. 본인은 상기 사항과 관련된 2012. 7. 30.자 귀청의 문서 참조번호 KCS-1-12-0022를 언급하고자 합니다.

2. 조호바루에 소재하고 있는 MITI 지역사무소가 엠하트사에게 발급한 JB2008/AK/02460, JB2010/AK/01396, JB2012/AK/00180, JB2012/AK/00680 그리고 JB2010/AK/02720의 확인서들이 진짜이며 확실한 것들이라는 점을 통보합니다.

3. No. 20, Jalan Mahir 5, Taman Perindustrian Cemerlang, 81800 Ulu Tiram에 위치하고 있는 공장을 방문한 결과, 그 공장에서 HS Code 8475.29 (유리제품 제조용 기계) 로 상품 분류된 상품을 제조하고 있고, 문제의 상품은 한아세안자유무역협정(AKFTA)하의 역내부가가치(RVC) 40% 원산지 기준을 충족하고 있음을 확인시켜 주고 있습니다.

4. 본인은 원산지 확인서 5건에 대하여 다음과 같이 원산지 기준을 확인합니다.

5. 두 건의 역내부가가치 (RVC) 47.08%의 원산지 기준을 유지하고 있어야 하므로 참조번호 JB2010/AK/01396과 JB2010/AK/02720의 확인서들에 대한 수정을 허락해 주시기 바랍니다. 인적오류를 최소화하기 위한 노력에서 MITI는 2013. 1.부터 100% 온라인 신청을 시행하기 시작하였습니다.

6. 본인은 위의 설명이 귀청의 의혹을 해소하는데 도움이 되기를 희망하며, 특례무역협정 관련 원산 지증명을 용이하게 하는데 있어서 귀청의 지원에 감사드립니다.

라. 판단

(1) 이 사건 처분 중 관세 및 부가가치세 부과처분의 적법 여부(원고의 첫 번째 주장과 두 번째 주장에 관한 판단)

(가) 원산지 검증방법은 직접검증 방식과 간접검증 방식으로 구분되는데, 한-아세안 FTA 협정은 우선적으로 수입 당사국이 무작위로 그리고/또는 서류의 진정성 또는 해당상품 또는 그 상품의 특정 부분품의 진정한 원산지에 관한 정보의 정확성에 대하여 합리적인 의심이 있는 때에는 수출 당사국의 발급기관에 사후검증을 요청할 수 있도록 함으로써 간접검증 방식을 채택하고 있다. 한-아세안 FTA 협정 부속서 3의 부록 1 제14조 제1항 나목과 라목은 '사후검증 요청을 받은 수출당사국의 발급기관은 신속히 그 요청에 응하며, 그 요청을 받은 후 2개월 이내에 회신하여야 하고, 그 상품의 원산지 여부의 결정결과를 수출 당사국의 발급기관에 통보하는 절차를 포함하는 사후 검증의 모든 과정은 6개월 이내에 완료한다.'고 규정하고 있으며, 위 부록 제17조는 '이 부록에 달리 규정된 경우를 제외하고, 상품이 부속서3의 요건을 충족하지 아니하거나, 이 부록의 관련 요건이 충족되지 아니하는 경우 수입 당사국은 그 법과 규정에 따라 특혜관세대우 신청을 부인하거나 관세를 추징할 수 있다.'고 규정하고 있는바, 이와 같이 한-아세안 FTA 협정 부속서 3의 부록 1에서 사후검증 요청을 받은 수출당사국의 발급기관의 회신기한을 2개월로 정하고 있고, 사후검증의 모든 과정이 6개월 이내에 완료하도록 규정한 취지는 간접검증 방식의 경우 직접검증 방식과 달리 수입 당사국의

관세당국은 수출 당사국의 관세당국으로부터 검증 결과 및 관련 자료를 통보받아 원산지 지위 부여의 타당성 여부를 간접적으로 판단할 수밖에 없으므로, 회신지연의 사정으로 인하여 수입 당사국 관세당국의 과세권 행사가 지연되거나 불가능하게 되는 것을 방지하기 위하여 일정 기간 이내에 회신이 없는 경우 특혜관세대우를 배제하도록 한 것으로 이해된다. 한편, 대한민국과 동남아시아국가연합 회원국 정부 간의 포괄적 경제협력에 관한 기본협정하의 상품무역에 관한 협정 하의 원산지 증명 및 검증을 위한 대한민국 정부와 말레이시아 정부 간의 상호 행정지원 및 협력에 관한 양해각서(2010. 11. 15. 외교통상부고시 제2010-732호로 제정된 것, 이하 '한-말레이시아 원산지협력 양해각서' 라 한다) 제9조 가목은 특혜관세대우의 거부에 대하여 '수입 당사자의 권한 있는 당국은 예외적인 상황을 제외하고는, 수출 당사자의 권한 있는 당국이 연장 기간을 포함하여 지정된 기간 내에 검증 결과를 제공하지 않는 경우 국내법 및 규정에 따라 상품에 대한 특혜관세대우의 부여를 거부할 권한을 갖는다.'고 규정하고 있는바, 예외적인 상황에 대한 구체적인 정의규정이 존재하지 않는 점, 앞서 본 바와 같이 한-아세안 FTA 협정에서 회신지연의 사정으로 인하여 수입 당사국 관세당국의 과세권 행사가 지연되거나 불가능하게 되는 것을 방지하기 위하여 일정 기간 이내에 회신이 없는 경우 특혜 관세대우를 배제하도록 규정하고 있는데, 예외적인 상황을 엄격하게 해석하지 않을 경우 사실상 회신기한을 연장하는 결과를 초래하여 회신기한을 정한 규정 취지가 몰각될 우려가 있는 점 등에 비추어 보면, 예외적인 상황'을 해석함에 있어서는 '원산지 검증제도가 제대로 작동하지 못하여 수출당사국 관세당국이 검증 내지 회신을 지연하거나 그 내용상의 부실을 정당화할 수 있는, 물품 생산자, 수출자, 수출 당사국 관세당국이 통제불가능한 특정한 상황'으로 한정함이 타당하다.

(나) 또한 한-아세안 FTA 협정은 수출 당사국의 원산지 상품에 특혜관세 혜택을 부여하는데, 특혜관세 혜택에 무임승차하는 것을 방지하고, 자유무역협정의 이익을 극대화하려면 원산지 규정을 충족하는 상품이라 하더라도 협정에서 정한 요건을 갖추어야 하는 점, 한-아세안 FTA 협정 부속서 3의 부록 1 제17조는 '이 부록에 달리 규정된 경우를 제외하고, 상품이 부속서 3의 요건을 충족하지 아니하거나, 이 부록의 관련 요건이 충족되지 아니하는 경우 수입 당사국은 그 법과 규정에 따라 특혜관세 대우 신청을 부인하거나 관세를 추징할 수 있다.'고 규정하고 있는 점, 간접검증 방식의 경우 수입 당사국의 관세당국은 상대국 수출자 등을 상대로 원산지의 진정성 등을 확인 할 수 있는 방법이 매우 제한되어 있고, 이에 따라 한-아세안 FTA 협정은 원산지증명 절차를 명확하게 규정하면서, 그 절차를 준수하지 않는 경우 특혜관세를 배제할 수 있도록 규정하고 있는 점, 위와 같은 원산지증명절차의 불이행에 기인하는 특혜관세 배세라는 불이익은 수입자가 부담하여야 하는 점 등을 고려하면, 수출 당사국의 검증결과 수출 당사국의 원산지로 확인되었다고 하더라도 부속서나 부록의 요건을 갖추지 못한 이상 피고는 협정관세율의 적용을 거부할 수 있다고 봄이 타당하다.

(다) 이 사건에 관하여 살피건대, 앞서 든 증거들에 의하면, 피고는 2012. 7. 30. 수출당사국의 권한 있는 당국인 MITI에 이 사건 물품의 원산지 검증을 요청하였고, 위 요청서는 2012. 8. 6. MITI에 송달되었으며, 이에 대하여 MITI는 한-아세안 FTA 협정 부속서 3의 부록 1 제14조 제1항에서 정한 회신기한인 2012. 10. 6.과 사후검증절차 종료기한인 2013. 2. 6.을 지난 2013. 3. 12. 피고에게 이 사건 검증결과를 회신한 사실, MITI의 이 사건 검증결과 회신에 따르면, 이 사건 검증결과 회신이 MITI의 인사이동으로 인한 담당자가 부재로 인하여 지연되었고, 원고가 수입한 이 사건 물품에 대하여 MITI 조호바루에서 발급한 이 사건 원산지증명서에는 원산지기준이 'CTH'로 기재되어 있으나, 이는 MITI의 인적오류에 의한 것으로 RVC 47.08%가 정확한 것이며, 이는 역내부가가치(RVC) 40% 원산지 기준을 충족하고 있는 사실을 인정할 수 있는바, 위 인정사실에 의하면 비록 이 사건 검증결과 회신이 MITI의 인사이동으로 인한 담당자 부재로 인하여 지연되었다고 하더라도 이러한 사정을 물품 생산자, 수출자, 수출 당사 국 관세당국이 통제 불가능한 특정한 상황을 의미하는 예외적인 상황에 해당한다고 볼 수 없다. 또한 피고는 이 사건 검증결과 회신이 한-아세안 FTA 협정 부속서 3의 부록 1 제14조에서 정한 검증결과 회신기한과 검증절차 종료기한을 도과함으로써 위 부록의 관련요건을 충족하지 못하여 부록 제17조가 정한 특혜관세 배제사유에 해당한다고 보아 이 사건 처분을 한 것이므로, 이 사건 원산지증명서가 잘못기재되어 있다는 점은 이 사건의 처분사유로 볼 수 없으며, 설령 이 사건 물품이 말레이시아의 원산지 기준을 충족하고 있다고 하더라도 위 (나)

에서 본 사정들에 비추어 보면, 피고는 한-아세안 FTA 협정 부속서나 부록의 요건을 갖추지 못하였음을 이유로 협정관세율의 적용을 거부할 수 있다.

(라) 따라서 이 사건 처분 중 관세 및 부가가치세 부과처분은 적법하고, 이와 다른 전제에 선 원고의 주장은 이유 없다.

(2) 이 사건 처분 중 가산세 부과처분의 적법 여부(원고의 세 번째 주장에 관한 판단)

관세법 제42조 제1항 단서는 '잠정가격신고를 기초로 납세신고를 하고 이에 해당하는 세액을 납부한 경우 등 대통령령으로 정하는 경우에는 대통령령으로 정하는 바에 따라 그 전부 또는 일부를 징수하지 아니한다.'고 규정하고 있고, 그 위임을 받은 관세법 시행령 제39조 제2항 제5호는 그 사유로 '신고납부한 세액의 부족 등에 대하여 납세의무자에게 정당한 사유가 있는 경우'를 들고 있다. 한편 세법상 가산세는 과세권의 행사 및 조세채권의 실현을 용이하게 하기 위하여 납세자가 정당한 이유 없이 법에 규정된 신고, 납세 등 각종 의무를 위반한 경우에 개별세법이 정하는 바에 따라 부과되는 행정상의 제재로서 납세자의 고의, 과실은 고려되지 않는 것이고, 다만 납세의무자가 그 의무를 알지 못한 것이 무리가 아니었다거나 그 의무의 이행을 당사자에게 기대하는 것이 무리라고 하는 사정이 있을 때 등 그 의무해태를 탓할 수 없는 정당한 사유가 있는 경우에는 이를 부과할 수 없다(대법원 2003. 9. 5. 선고 2001두

403 판결 참조). 이 사건에 관하여 살피건대, 위 인정사실에 의하면 피고는 이 사건 검증결과 회신이 한-아세안 FTA 협정 부속서 3의 부록 1 제14조에서 정한 검증결과 회신기한과 검증절차 종료기한을 도과함으로써 위 부록의 관련 요건을 충족하지 못하여 부록 제17조가 정한 특혜관세 배제사유에 해당한다고 보아 이 사건 처분을 하였는데, 이 사건 검증결과 회신이 지연된 것은 MITI의 인사이동으로 인한 담당자가 부재로 인한 것이었으므로, 원고에게 신고납부한 세액의 부족 등에 대하여 그 의무해태를 탓할 수 없는 정당한 사유가 있다고 봄이 타당하므로(처분사유가 위와 같은 이상 이 사건 원산지증명서에 하자가 있었다는 사정은 과소신고 및 납부불성실에 관한 '정당한 사유'의 유무를 판단함에 있어 고려할 수 있는 요소가 되지 못한다), 이 사건 처분 중 가산세 부과 처분은 위법하다.

(3) 소결론

따라서 이 사건 처분 중 관세 262,233,410원 및 부가가치세 26,223,340원의 부과처분은 적법하고, 가산세 69,292,550원의 부과처분은 위법하다.

3. 결론

그렇다면 원고의 이 사건 청구는 위 인정범위 내에서 이유 있어 이를 인용하고, 나머지 청구는 이유 없어 이를 기각하기로 하여 주문과 같이 판결한다.

해설

1. 사안의 쟁점

본 사안에서는 원고가 서울세관장의 처분 전체에 대해서 불복하였기 때문에, ①관세, 부가가치세 부과 처분 및 ②가산세 부과처분이 모두 문제가 되었다. 첫 번째로 관세 및 부가가치세 부과처분과 관련하여서는 말레이시아 관세 당국의 회신지연이 한-말레이시아 원산지협력 양해각서의 '예외적인 상황'에 해당하는지가 쟁점이고, 두 번째로 가산세 부과처분에 대해서는 관세법 시행령의 해당 조항 중 '납세의무자에게 정당한 사유'가 존재하는지 여부가 쟁점이 되었다.

2. 관세 및 부가가치세 부과처분의 적법성

한-말레이시아 원산지협력 양해각서에서는 '수입 당사자의 권한 있는 당국은 예외적인 상황을 제외하고는 … 지정된 기간 내에 검증결과를 세공하지 않는 경우 … 특혜관세대우의 부여를 거부할 권한을 갖는다'라고 규정하고 있다. 그런데 위 예외적인 상황에 관한 구체적인 규정은 없는 바, 본 판례에서는 예외적인 상황을 엄격하게 해석하지 않을 경우 회신기한을 정한 취지가 몰각될 수 있다는 점을 근거로, 위 예외적인 상황이란 '원산지 검증제도가 제대로 작동하지 못하여 수출당사국 관세당국이 검증 내지 회신을 지연하거나 그 내용상의 부실을 정당화 할 수 있는 통제 불가능한 특정한 상황'으로 판시하였다.

이 사건에서 검증결과 회신이 지연된 것은 말레이시아 관세당국의 인

사이동으로 인한 담당자 부재 때문이었는데, 법원은 이러한 사정은 통제 불가능한 특정한 상황을 의미하는 예외적인 상황에 해당한다고 볼 수 없어, 관세 및 부가가치세 부과처분은 적법하다고 판단하였다.

3. 가산세 부과처분의 적법성

국세기본법 제48조 제1항 및 관세법 시행령 제39조에 따르면 납세의 무불이행에 정당한 사유가 있을 때에는 가산세를 부과할 수 없다. 본 사건에서 법원은 말레이시아 관세당국의 담당자 부재로 인한 검증결과 회신지연은, 원고에게 의무해태를 탓할 수 없는 정당한 사유가 있다고 판단하면서 그 근거로서 '납세의무자에게 그 의무의 이행을 기대하는 것이 무리라고 하는 사정이 있을 때 등 정당한 사유가 있는 경우에는 가산세를 부과할 수 없다'는 취지의 기존 대법원 판례 (대법원 2003. 9. 5. 선고 2001두403판결) 를 인용하였다.

2심	대법원
창원지방법원 2005. 8. 11. 선고 2005노89 판결	2007. 10. 25. 선고 2005도6388 판결

부품의 90%가 중국산인데, 국산으로 표시한 것이 '원산지 허위표시'에 해당하는지

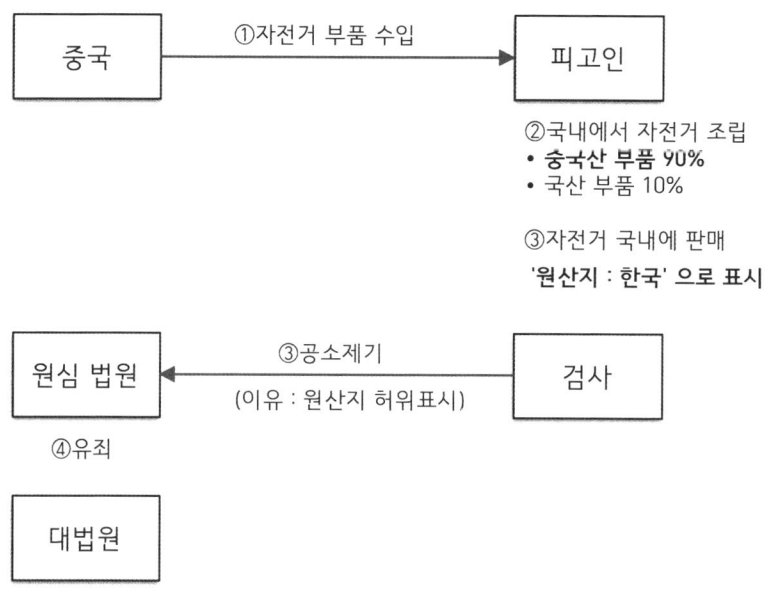

사실관계

① 피고인은 중국에서 자전거 부품을 수입하여 국내에서 자전거를 조립함
② 자전거의 부품은 중국산이 90%이고, 국산이 10%임
③ 피고인은 자전거의 시트 부분에 '원산지:한국'으로 표기하고, 기존 중국산 부품에 페인트를 칠해 'Made in China' 표기가 보이지 않도록 함
④ 피고인은 자전거를 국내에 1806대를 판매함
⑤ 검사는 피고인을 대외무역법상 원산지 허위표시에 해당한다는 이유로 기소함
⑥ 원심법원에서는 피고인을 유죄로 판단하였으나, 대법원은 피고인의 상고를 인용하여 원심판결을 파기·환송함

관련 법령

대외무역법
[시행 2016.7.28.] [법률 제13838호, 2016.1.27., 일부개정]

제33조 (수출입 물품등의 원산지의 표시)
② 수입된 원산지표시대상물품에 대하여 대통령령으로 정하는 <u>단순한 가공활동을 거침으로써 해당 물품등의 원산지 표시를 손상하거나 변형한 자</u> (무역거래자 또는 물품등의 판매업자에 대하여 제4항이 적용되는 경우는 제외한다)는 <u>그 단순 가공한 물품등에 당초의 원산지를 표시하여야 한다.</u> 이 경우 다른 법령에서 단순한 가공활동을 거친 수입 물품등에 대하여 다른 기준을 규정하고 있으면 그 기준에 따른다.

④무역거래자 또는 물품등의 판매업자는 다음 각 호의 어느 하나에 해당하는 행위를 하여서는 아니 된다. 다만, 제3호의 경우에는 무역거래자의 경우만 해당된다.
<u>1. 원산지를 거짓으로 표시하거나 원산지를 오인(誤認)하게 하는 표시를 하는 행위</u>

제53조의2(벌칙)
다음 각 호의 어느 하나에 해당하는 자는 5년 이하의 징역 또는 1억원 이하의 벌금에 처한다. 이 경우 징역과 벌금은 병과(倂科)할 수 있다.
1의2. 제33조제4항제1호 또는 제2호를 위반한 무역거래자 또는 물품등의 판매업자

대외무역법 시행령
[시행 2016.10.18.] [대통령령 제27548호, 2016.10.18., 일부개정]

제55조(원산지표시대상물품 지정 등)
② 법 제33조제2항에서 "대통령령으로 정하는 단순한 가공활동"이란 판매목적의 물품포장 활동, 상품성 유지를 위한 단순한 작업 활동 등 물품의 본질적 특성을 부여하기에 부족한 가공활동을 말하며, 그 가공활동의 구체적인 범위는 관계 중앙행정기관의 장과 협의하여 산업통상자원부장관이 정하여 고시한다.

대외무역관리규정
[시행 2017.5.1.] [산업통상자원부고시 제2017-60호, 2017.5.1., 일부개정]

제85조(수입 물품의 원산지 판정 기준)

⑧ 다음 각 호의 어느 하나를 영 제61조제1항제3호에 규정된 "단순한 가공활동"으로 보며, 단순한 가공활동을 수행하는 국가에는 원산지를 부여하지 아니한다.

5. 제조·가공결과 HS 6단위가 변경되는 경우라도 다음 각 목의 어느 하나에 해당되는 가공과 이들이 결합되는 가공은 단순한 가공활동의 범위에 포함된다.
가. 통풍
나. 건조 또는 단순가열(볶거나 굽는 것을 포함한다)
다. 냉동, 냉장
라. 손상부위의 제거, 이물질 제거, 세척

마. 기름칠, 녹방지 또는 보호를 위한 도색, 도장
바. 거르기 또는 선별(sifting or screening)
사. 정리(sorting), 분류 또는 등급선정(classifying, or grading)
아. 시험 또는 측정
자. 표시나 라벨의 수정 또는 선명화
차. 가수, 희석, 흡습, 가염, 가당, 전리(ionizing)
카. 각피(husking), 탈각(shelling or unshelling), 씨제거 및 신선 또는 냉장 육류의 냉동, 단순 절단 및 단순 혼합
타. 별표 9에서 정한 HS 01류의 가축을 수입하여 해당국에서 도축하는 경우 같은 별표에서 정한 품목별 사육기간 미만의 기간 동안 해당국에서 사육한 가축의 도축(slaughtering)
파. 펴기(spreading out), 압착(crushing)
하. 가목부터 파목까지의 규정에 준하는 가공으로서 산업통상자원부장관이 별도로 판정하는 단순한 가공활동

원심의 판단

1. '단순한 가공활동'을 수행하는 국가는 원산지로 인정되지 않는다

… 대외무역법시행령 제53조 제4항 에서는 수입된 원산지표시대상물품에 대하여 단순한 가공활동을 수행함으로써 당해 물품의 원산지표시를 손상 또는 변형한자는 그 단순가공한 물품에 당초의 원산지표시를 하여야 한다고 규정하고 있고, … 대외무역법시행령 제55조 에서는 수출입물품의 생산·제조·가공 과정에 2이상의 국가가 관련된 경우에는 '실질적 변형'을 수행한 국가를 당해 물품의 원산지로 하고, '단순한 가공활동'을 수행하는 국가를 원산지로 하지 않도록 하는 내용의 수출입물품의

원산지 판정기준을 정하고 있다.

2. 이 사건 자전거의 원산지

대외무역관리규정 제6-3-1조 제2항에서는 '실질적 변형'이라 함은 당해국에서의 제조·가공과정을 통하여 원재료의 세번과 상이한 세번(hs 6단위 기준)의 제품을 생산하는 것을 말한다고 규정하고 있고, 같은 조 제7항에서는 '단순한 가공활동'에 해당하는 여러 가지 행위에 대하여 규정하고 있다.

그리고 품목분류에 관한 일반원칙을 정해 놓은 'hs의 해석에 관한 통칙'에 따르면 '미완성 또는 불완전물품으로서 완전 또는 완성품의 주요 특성을 가지고 있으면 완전 또는 완성품으로 분류할 수 있다'는 원칙, '미조립 또는 분해된 상태의 물품을 조립된 물품이 해당하는 호에 분류할 수 있다'는 원칙 등이 있다.

… 이 사건 자전거의 부분품들의 개개의 세번과 국내에서 완성된 자전거의 세번이 일부 달라지긴 하나, 위에서 본 바와 같이 이 사건 완성 자전거를 구성하는 국산 부품의 비율이 10 내지 15%에 불과하다면 이 사건 자전거는 미조립상태에서 수입되어 국내에서 조립된 것으로서 결국 위 품목분류상 동일한 품목에 해당한다고 봄이 상당하다.

또한 이러한 행위가 비록 위 대외무역관리규정 제6-3-1조 제7항에서

나열하고 있는 각 호에 해당하지 않는다 하더라도 위 규정의 취지와 소비자보호의 입법 목적에 비추어 '단순한 가공활동'에 불과하다고 봄이 상당하다.

그렇다면 피고인이 비록 중국산 자전거 부분품을 수입한 후 국내에서 조립하여 이 사건 자전거를 완성하였다 하더라도, 이 사건 완성 자전거의 원산지는 중국으로 보아야 할 것이다.

대법원의 판단

1. 수입한 부품과 국내에서 제조 가공한 제품의 HS코드가 다르더라도, '단순한 가공활동'에 해당한다면, 당초 부품의 원산지를 표시하여야 한다

대외무역법(이하 '법'이라고 한다) 제55조 제7호 (현행 : 제53조의 2), 제23조 제3항 제1호 (현행 : 제33조 제4항 제1호) 는 '무역거래자 또는 물품 등의 판매업자가 원산지를 허위로 표시하거나 이를 오인하게 하는 표시를 한 경우'에 3년 이하의 징역 또는 3천만 원 이하의 벌금에 처하도록 규정하고 있다.

법 제24조 재2항, 법 시행령(이하 '영'이라고 한다) 제55조 제1항, 제2항, 대외무역관리규정(산업자원부고시 제2001-137호, 이하 '구 관리규정'

이라고 한다) 제6-3-1조 제2항, 제7항 등의 규정을 종합하여 보면, … 원재료를 수입하여 국내에서 제조·가공으로 생산한 물품의 세번이 원재료의 세번(hs 6단위기준)과 상이하더라도 국내에서의 제조·가공활동이 구 관리규정 제6-3-1조 제7항 (현행 : 제85조 제8항)이 정한 "단순한 가공활동"의 기준에 부합하여야 할 것이다.

한편 구 관리규정 제6-3-1조 제7항 (현행 : 제85조 제8항)은 "단순한 가공활동"으로, '선적 또는 운송을 용이하게 하기 위한 가공활동, 판매 목적으로 물품의 포장 등과 관련된 활동, 제조·가공결과 세번(hs 6단위)의 변경이 발생하지 않는 가공활동, 제조·가공결과 세번(hs 6단위)이 변경되는 경우라도 통풍, 건조, 냉동, 선별, 정리, 분류 등과 이들이 결합되는 가공활동' 등 그야말로 단순한 가공활동으로 볼 수 있는 것들을 규정하고 있다.

2. 자전거 부품을 수입하여 국내에서 조립한 것은 '단순한 가공활동'으로 볼 수 없다

원심판결 이유를 기록에 비추어 살펴보면, 피고인은 2001. 9. 13.부터 2002. 5. 사이에 프레임, 기어 크랭크, 체인, 핸들, 안장, 페달 등 중국산 자전거 부품들을 수차에 걸쳐 부품단위로 수입한 후, 자신의 사업장에서 림(rim), 살대 보호대, 스탠드, 반사경, 경음기, 볼트, 너트 등 국산 자전거 부품들을 더하여 자전거를 조립·생산한 다음, 그 자전거의 시트 튜브 부분에 '제조국 : 한국(박 스포츠)'이라고 기재된 스티커를 부착하여 유통·판매하는 방법으로 위 자전거 합계 1,806대를 유통·판매한 사실, 위와 같이 생산 된 자전거(hs 8712.00)와 그 부품(hs 8714.91, hs 8714.94, hs 4011.50, hs 4013.20 등)은 hs 6단위 기준 세번이 다른 사실 등을 알 수 있다.

위에서 본 법리 및 사실관계에 비추어 보면, 피고인이 한국산으로 표시하여 유통·판매한 자전거는 중국으로부터 수입한 그 부품들과 hs 6단위 기준 세번이 다른 별개의 물품이고, 피고인이 국내에서 위와 같은 국산 자전거 부품들을 더하여 이 사건 자전거를 조립·생산한 행위가 구 관리규정 제6-3-1조 제7항이 정하는 "단순한 가공활동"의 기준에 부합하지도 않는다고 할 것이므로, 이 사건 공소사실은 법 제55조 제7호, 제23조 제3항 제1호 위반죄에 해당하지 아니한다고 할 것이다.

해설

(1) 원산지판정의 기준에는 '완전생산기준' '세번 변경기준' '부가가치기준' 등이 있고, 이는 대외무역법 시행령 및 대외무역관리규정에 규정되어 있다. 본 사안은 '세번 변경기준'에 관한 예외규정인 '단순한 가공활동'을 '자전거 조립'행위에 적용하여 국내의 원산지를 인정하지 않은 원심을 대법원이 파기한 사례이다.

(2) 대외무역 관리규정 제85조 제2항에서는 원재료의 세번과 제조가공을 거친 제품의 세번이 다르다면, '실질적 변형 기준'을 충족한 것으로 보아, 제조가공을 행한 국가의 원산지를 인정한다. 이에 대한 예외로서 제85조 제8항 제5호에서는 HS 6단위 세번이 다르더라도 '단순한 가공활동'에 해당한다면 제조가공을 거친 국가의 원산지를 인정하지 않는다.

(3) 본 사안의 핵심은 '자전거 조립'행위가 '단순한 가공활동'에 해당하는지의 여부이다. 원심은 자전거 부품을 중국에서 수입하여 국내에서 조립한 경우, HS 6단위 세번이 변경되기는 하지만, 자전거 조립행위는 '단순한 가공활동'에 해당하므로 원산지는 중국이 되어야 한다고 판시하였다.

(4) 그러나 대외무역법 시행령에서 위임된 '대외무역 관리규정'에서는 HS 6단위 세번이 다르다면 제조가공을 행한 곳의 원산지를 인정한다. 그리고 이에 대한 예외인 '단순한 가공활동'에 관하여 가항부터 하항 까지 자세히 열거하고 있다. '단순한 가공활동'에 관하여 열거된 항목에는 '조립'이 포함되어 있지 않다는 것이 법령의 해석상 드러난다.

(5) 그런데 원심에서는 '관세율표의 해석에 관한 통칙'에서 '<u>미조립 또는 분해된 상태의 물품을 조립된 물품이 해당하는 호에 분류할 수 있다</u>'라고 규정하고 있으므로, 이를 적용하여 '자전거'를 '자전거 부품'으로 품목분류를 할 수 있다고 판시하였다. 하지만 '관세율표 해석에 관한 통칙'

은 제1조에서 볼 수 있듯이 '각 호나 주에서 따로 규정하지 않은 경우'에 적용되는 것이다. 즉 어떠한 물건이 HS세번에 규정되어 있지 않거나 '호나 주'에서 따로 규정되지 않은 경우에 적용되는 규정이다. 그런데 자전거는 세번이 8712.00 이고, 자전거 부품은 8714.91 으로 각각의 세번이 명확하게 규정되어 있다. 따라서 본 사안에서는 '관세율표의 해석에 관한 통칙'이 적용될 여지가 없는 것이다.

(6) 대법원에서도 대외무역법 시행령 및 대외무역관리규정 상 자전거를 조립하는 행위는 '단순한 가공활동'에 해당하지 않는다고 보았다. 따라서 세번변경기준을 적용하여 국내에서 조립한 자전거의 원산지를 한국산으로 표기한 것이 원산지허위표시에 해당하지 않는다고 판단한 것이다.

2심	대법원
의정부지방법원 2010. 11. 4 선고 2010노1844 판결	2011. 2. 24 선고 2010도15724 판결

개별포장박스에만 원산지표시를 한 것이 대외무역법상 '원산지미표시'에 해당하는지

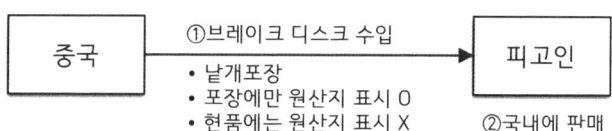

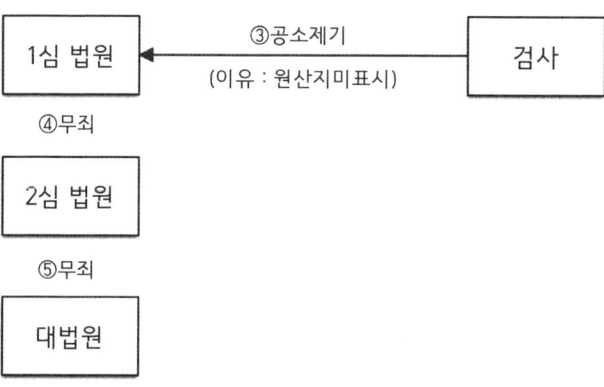

사실관계

① 피고인은 중국에서 자동차 부품 (브레이크 디스크)를 수입함
② 제품은 낱개 포장되어 있었고, 포장에는 원산지가 표시되어 있었으나, 현품에는 원산지가 표시되지 않음
③ 피고인은 위 제품을 국내에 판매함
④ 검사는 피고인을 대외무역법상 원산지 미표시 혐의로 기소함
⑤ 1심과 2심에서는 피고인의 행위가 '원산지 부적정표시'에는 해당할 수 있어도, '원산지 미표시'에는 해당하지 않는다는 이유로 무죄를 선고함
⑥ 이와 달리 대법원은 피고인의 행위가 '원산지 미표시'에 해당한다는 이유로 검사의 상고를 인용하여 원심판결을 파기환송함

관련 법령

대외무역법
[시행 2010.7.5.] [법률 제10339호, 2010.6.4., 타법개정]

제33조 (수출입 물품등의 원산지의 표시)
①지식경제부장관이 공정한 거래 질서의 확립과 소비자 보호를 위하여 <u>원산지를 표시하여야 하는 대상으로 공고한 물품등</u>(이하 "원산지표시대상물품"이라 한다)<u>을 수출하거나 수입하려는 자는 그 물품등에 대하여 원산지를 표시하여야 한다.</u>

②제1항에 따른 원산지의 표시방법·확인, 그 밖에 표시에 필요한 사항은 대통령령으로 정한다.

③무역거래자 또는 물품등의 판매업자는 다음 각 호의 어느 하나에 해당하는 행위를 하여서는 아니 된다. 다만, 제3호의 경우에는 무역 거래자의 경우만 해당된다.
1. 원산지를 거짓으로 표시하거나 원산지를 오인(誤認)하게 하는 표시를 하는 행위
2. 원산지의 표시를 손상하거나 변경하는 행위

3. 원산지표시대상물품에 대하여 <u>원산지 표시를 하지 아니하는 행위</u>

※ 현재는 개정되어 제33조 제4항으로 변경됨

제54조 (벌칙)
다음 각 호의 어느 하나에 해당하는 자는 3년 이하의 징역 또는 3천만원 이하의 벌금에 처한다.
10. 제33조제3항제3호를 위반하여 원산지표시대상물품에 대하여 <u>원산지 표시를 하지 아니한 무역거래자</u>

※ 현재는 개정되어 제53조의2로 변경되고, '5년 이하의 징역 또는 1억원 이하의 벌금'을 병과할 수 있는 것으로 강화됨.

대외무역법 시행령
[시행 2009.11.2.] [대통령령 제21806호, 2009.11.2., 일부개정]

제56조 (수출입 물품의 원산지 표시방법)
③제1항에 규정된 것 외에 수입 물품의 원산지 표시방법에 관하여 필요한 사항은 지식경제부장관이 젖하여 고시한다. 다만, 수입물품을 관장하는 중앙행정기관의 장은 소비자를 보호하기 위하여 필요한 경우에는 지식경제부장관과 협의하여 해당 물품의 원산지 표시에 관한 세부적인 사항을 따로 정하여 고시할 수 있다.

원산지제도 운영에 관한 고시
[시행 2007.7.1.] [관세청고시 제2007-20호, 2007.6.28., 일부개정]

제3-1조(원칙적인 원산지표시 방법)
①원칙적 원산지표시 방법이라 함은 현품에 주조(molding), 식각(etching), 낙인(branding), 박음질(stitching), 인쇄(printing), 등사(stenciling)방식 및 이와 유사한 방법을 말한다.(개정 2007.7.1)

②세관장은 제1항 규정에 의한 표시방법 중 주조(molding), 식각(etching), 낙인(branding), 박음질(stitching)에 의하여 표시된 경우에는 다른 표시요건에 위반되지 않은 한 별도의 심사 없이 이를 인정한다.

③세관장은 제1항 규정에 의한 표시방법 중 인쇄(printing), 등사(stenciling)방식에 의한 표시로서 스탬프잉크 등과 같이 대상물품의 재질에 따라 쉽게 제거될 수 있는 경우에는 그 견고성을 심사하여야 한다.

제5-3조(부적정표시물품의 판정)
①부적정표시물품이라 함은 원산지의 표시위치, 표시의 견고성, 활자의 크기색상선명도·글씨체, 국가명의 약어표시 부적정 등으로 인하여 최종구매자가 원산지를 식별하기가 곤란하거나 쉽게 제거될 수 있는 경우 등을 말한다.(개정 2007.7.1)

②제1항의 부적정표시물품에는 별표10에 예시된 경우를 포함한다.

제5-4조(미표시물품의 판정)
①미표시물품이라 함은 원산지표시 대상물품으로서 다음 각호의 1에 해당하는 경우를 말한다.

1. 현품 및 용기에 원산지표시가 전혀 없거나 <u>현품에 원산지표시가 가능함에도 현품에 표시되지 않은 경우</u>
2. 원산지표시는 되어있으나 통상적인 구매과정에서 사실상 원산지 확인이 불가능한 경우(예 : 들기 곤란한 가구의 밑바닥에 원산지 표시 등)
3. 상거래 관행상 최소판매단위에 원산지표시가 되어있지 않은 경우

②미표시물품에는 별표11에 예시된 경우를 포함한다

※ <u>현재는 조문의 순서가 전체적으로 변경되었음.</u>

원심의 판단

원심은 피고인들이 무역거래자로서 원산지표시가 되어 있지 아니한 이 사건 중국산 자동차 브레이크디스크를 수입하여 구 대외무역법 제54조 제8호, 제33조 제3항 제3호를 위반하였다는 공소사실에 대하여, 이 사건 제품의 현품 자체에는 원산지표시를 하지 아니하였지만 이 사건 제품의 최소판매단위인 제품별 박스포장에는 원산지표시를 하였고 위 박스포장은 단순한 운반목적의 임시적인 포장이 아니라 소비자에게 판매하는 제품단위의 포장인 점 등에 비추어 이 사건 제품의 원산지표시를 '부적정표시'로 볼 수 있을지언정 대외무역법령에서 정하고 있는 '원산지미표시'에 해당한다고 볼 수 없다고 판단하였다.

대법원의 판단

1. 원산지표시는 원칙적으로 현품 자체에 해야 한다

「원산지제도 운영에 관한 고시」(2007.6.28.관세청고시 제2007-20호) 제3-1조에 의하면, 원산지표시는 원칙적으로 현물 자체에 주조, 식각, 낙인, 박음질, 인쇄, 등사 및 이와 유사한 방법으로 이루어질 것을 요구하고 있고, 위 고시 [별표 6]에 의하면 이 사건 제품과 같은 자동차 부분품, 부속품의 경우 현품에 원산지표시를 할 것을 규정하고 있으며, 현품에 원산지표시를 하여야 하는 물품을 포장단위로 판매하는 경우에는 그

포장에도 원산지표시를 하여야 하고, 당해물품의 특성상 현품에 원산지 표시를 하는 것이 현실적으로 적합하지 않거나 상품가치를 현저히 손상시키거나 비용이 과다하게 드는 경우에는 운송·보관용 포장상자, 포장용기 등에 원산지표시를 할 수 있으며, 당해물품이 밀봉되어 수입된 경우에는 소매용 최소포장에 원산지표시를 할 수 있다고 규정하고 있다.

2. '원산지미표시'와 '원산지 부적정표시'의 구별

나아가 위 「원산지제도 운영에 관한 고시」제5-4조는 원산지표시 대상물품으로서 현품 및 용기에 원산지표시가 전혀 없거나 현품에 원산지표시가 가능함에도 현품에 표시되지 않은 경우 등을 미표시물품으로 판정하도록 정하면서, 이와 별도로 제5-3조에서 원산지의 표시위치, 표시의 견고성, 활자의 크기·색상·선명도·글씨체, 국가명의 약어표시 부적정 등으로 인하여 최종구매자가 원산지를 식별하기가 곤란하거나 쉽게 제거될 수 있는 경우 등을 부적정표시물품으로 판정하는 경우를 규정하고 있는바, 위 규정들을 종합하여 보면, 위 고시 제5-3조의 '부적정표시물품'이란 위 고시 규정에 따른 적정 원산지표시방법대로 원산지표시를 하기는 하였으나 그 이행의 방법이 부적절한 경우를 의미하는 반면, 위 고시 규정에 따른 적정 원산지표시방법대로 원산지표시를 하지 않은 경우에는 위 고시 규정에서 달리 정하고 있는 경우를 제외하고는 제5-4조의 '미표시물품'에 해당한다고 볼 것이다.

3. 브레이크 디스크는 현품에 원산지표시를 하지 않아도 되는 예외 물품에 해당한다고 볼 수 없다

위 고시 규정에 따라 이 사건 제품에 대하여 적용되는 적정 원산지표시방법은 그 현품에 원산지표시를 하는 것인바, 이 사건 제품의 크기나 특성 등에 비추어 볼 때, 위 고시 규정에서 예외적으로 현품 자체가 아닌 운송·보관용 포장상자, 포장용기 등에 원산지표시를 할 수 있다고 정하고 있는 경우로서 '당해물품의 특성상 현품에 원산지표시를 하는 것이 현실적으로 적합하지 않거나 상품가치를 현저히 손상시키거나 비용이 과다하게 드는 경우'에 해당한다고 볼 수 없고, 이 사건 제품이 제품별로 박스포장된 상태로 수입되었다 하더라도 이를 당해물품이 밀봉되어 수입되는 경우라고 볼 수도 없다.

그렇다면 이 사건 제품의 현품에는 원산지표시를 하지 아니하고 제품의 개별포장박스에만 원산지표시를 한 피고인들의 행위는 구 대외무역법 제33조 제3항 제3호 의 '원산지표시 대상물품에 대하여 원산지표시를 하지 아니하는 행위'에 해당한다고 보아야 한다.

그럼에도 불구하고, 원심이 피고인들의 행위가 구 대외무역법 제33조 제3항 제3호 소정의 '원산지표시를 하지 아니하는 행위'에 해당하지 않는다고 판단하여 피고인들에 대한 이 사건 공소사실을 모두 무죄로 인정한 제1심판결을 그대로 유지한 데에는, 위 규정의 해석·적용에 관한 법리를 오해하여 판결에 영향을 미친 위법이 있다.

해설

(1) 대외무역법상 원산지표시는 원칙적으로 현품에 하여야 한다. 그러나 ①물품의 특성상 현품에 원산지표시를 하는 것이 부적합하거나 ②상품가치를 현저히 손상시키거나 ③비용이 과다하게 들거나 ④밀봉되어 수입되는 경우에는 예외적으로 현품이 아닌 포장상자나 포장용기 등에 원산지표시를 하는 것도 가능하다.

(2) 본 사안에서 판례는 자동차 부품인 '브레이크 디스크'의 제품 크기, 특성 등에 비추어 볼 때, 위 예외사유에 해당하지 않는다고 판단하였다. 이와 관련하여 '원산지제도 운영에 관한 고시' [별표7] 에서는 원산지 미표시와 관련한 판정 예시를 들고 있다. (아래 표 참조)

(3) 포장에 원산지표시를 하였다고 하더라도 소비자가 그 표시를 인식할 수 없거나, 소비자가 원산지 표시를 발견할 것이라고 기대하기 어려운 경우에는, 포장에 원산지표시를 하였다고 하더라도 원산지미표시로 판정될 가능성이 높으므로 이에 유의하여야 할 것이다.

원산지 부적정표시와 원산지미표시의 구분	
원산지 부적정표시	원산지표시방법대로 원산지표시를 하였으나, 이행의 방법이 부적절한 경우
원산지 미표시	원산지표시방법대로 원산지표시를 하지 않은 경우

원산지표시의 방법	
원칙	현품에 표시
예외	①물품의 특성상 현품에 원산지표시를 하는 것이 부적합한 경우 ②상품가치를 현저히 손상시키는 경우 ③비용이 과다하게 발생하는 경우 ④밀봉되어 수입되는 경우 → 포장상자나 포장용기 등에 원산지표시 가능

원산지제도 운영에 관한 고시 [별표7] 원산지 미표시에 해당하는 경우
○ 전시용 물품으로서 포장상자에만 원산지표시가 되어있고 현품에는 미표시
○ 런닝머신 등 중량물품으로서 현품에 원산지를 표시하지 않고 포장박스에만 표시
○ 청바지에는 원산지를 표시하지 않고 비닐포장에만 표시한 경우
○ 김치, 돼지고기 등 비닐 내포장 후 박스 포장한 물품으로서, 박스에는 원산지표시가 되었으나 최소포장인 비닐 내포장에는 미표시

1심	2심	대법원
서울중앙지방법원 2012. 12. 12 선고 2011고정7114 판결	서울중앙지방법원 2013. 6. 21. 선고 2012노4404 판결	2017. 5. 31. 선고 2013도8389 판결

외국환거래법 상 몰수·추징의 대상이 되는 '취득한 외국환'의 의미

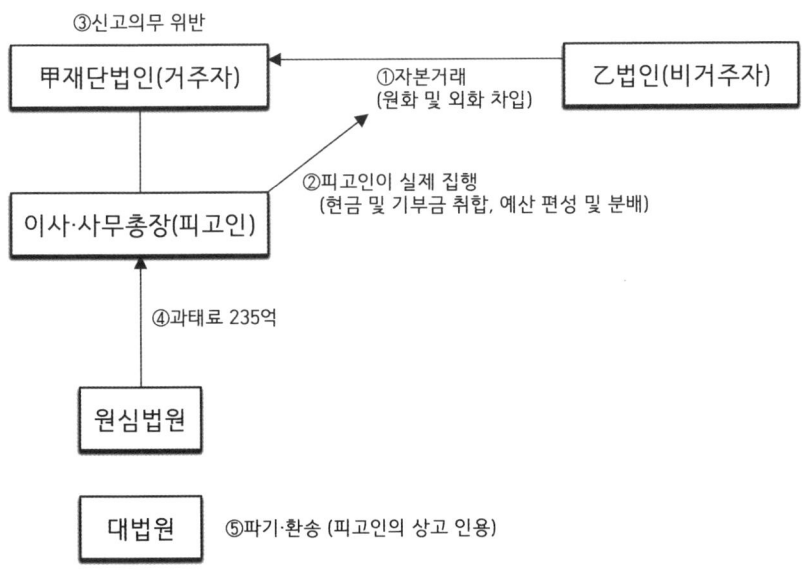

사실관계

① 거주자인 甲재단법인은 비거주자인 乙법인으로부터 외국환거래법의 신고 대상이 되는 자본거래(乙이 甲에게 235억 상당 대여)를 하면서 이를 신고하지 않음
② 甲재단법인의 이사이자 사무총장인 피고인은, 위 자본거래시 현금 및 기부금을 취합하고 예산을 편성하고 분배하는 등 자본거래를 실질적으로 집행함
③ 원심법원은 피고인이 자본거래를 실제로 집행하였다는 이유로, 피고인에게 과태로 235억 3200만원을 부과함
④ 대법원은 피고인의 상고를 인용하여 원심판결을 파기·환송 함

관련 법령

외국환거래법
[시행 2017.7.18.] [법률 제14525호, 2017.1.17., 일부개정]

제30조(몰수·추징)
제27조제1항 각 호, 제27조의2제1항 각 호 또는 제29조제1항 각 호의 어느 하나에 해당하는 자가 해당 행위를 하여 취득한 외국환이나 그 밖에 증권, 귀금속, 부동산 및 내국지급수단은 몰수하며, 몰수할 수 없는 경우에는 그 가액을 추징한다.

외국환거래법 시행령
[시행 2017.7.26.] [대통령령 제28211호, 2017.7.26., 타법개정]

제32조(자본거래의 신고 등)
① 법 제18조제1항에 따라 자본거래의 신고를 하려는 자는 기획재정부장관이 정하여 고시하는 신고 서류를 기획재정부장관에게 제출하여야 한다. 이 경우 신고의 절차 및 방법 등에 관한 세부 사항은 기획재정부장관이 정하여 고시한다.

법원의 판단

1. 외국환거래법상 '취득'이란 해당 범죄행위로 인하여 결과적으로 이를 취득한 때를 말한다

외국환거래법 제30조 가 규정하는 몰수·추징의 대상은 범인이 해당 행위로 인하여 취득한 외국환 기타 지급수단 등을 뜻하고, 이는 범인이 외국환거래법에서 규제하는 행위로 인하여 취득한 외국환 등이 있을 때 이를 몰수하거나 추징한다는 취지로서, 여기서 취득이란 해당 범죄행위로 인하여 결과적으로 이를 취득한 때를 말한다고 제한적으로 해석함이 타당하다.

2. 피고인이 거래행위를 실제로 집행하였더라도, 법인을 대표하는 지위에 있지 아니한 이상 피고인이 차입금을 취득하였다고 볼 수 없다

이 사건 금전대차계약의 차용 당사자는 공소외 1 법인으로서, 비록 피고인이 이 사건 금전대차 거래행위를 실제로 집행하였지만 공소외 1 법인을 대표하는 지위에 있지 아니하여 공소외 1 법인의 기관으로서 한 것이라고는 볼 수 없다.

위 계약에 따른 이 사건 차입금은 모두 대여자인 공소외 4 회사로부터 공소외 1 법인 계좌로 입금되었고 그 후 공소외 1 법인으로부터 그 금액이 공소외 4 회사에 반환되었다. 피고인은 공소외 1 법인 계좌로 직접 입금된 이 사건 차입금을 교부받았다고 볼 수 없고, 달리 이 사건 차입금을 피고인이 개인적으로 분배받는 등으로 실질적으로 자신에게 귀속시켰다고 인정할 만한 자료가 없다.

3. 피고인이 차입금을 취득하지 않았으므로, 피고인으로부터 그 가액을 추징할 수 없다

이러한 사정을 앞에서 본 법리에 비추어 살펴보면, 피고인이 이 사건 금전대차계약에 의하여 결과적으로 외국환거래법에서 규제하는 이 사건 차입금을 취득하였다고 인정하기에는 부족하므로, 피고인의 취득을 이유로 외국환거래법 제30조 의 규정에 따라 피고인으로부터 이 사건 차입금을 몰수하거나 그 가액을 추징할 수 없다.

그럼에도 이와 달리 원심은 이 사건 차입금 가액인 235억 3,200만 원을 피고인으로부터 추징한 제1심판결을 그대로 유지하였으니 원심판결에는 외국환거래법 제30조 에서 정한 추징에 관한 법리를 오해하여 판결에 영향을 미친 위법이 있다.

해설

1. 형벌법규해석의 원칙 - 유추해석금지 및 죄형법정주의

형벌법규의 해석은 엄격하여야 하고 명문규정의 의미를 피고인에게 불리한 방향으로 확장해석하거나 유추해석하는 것은 죄형법정주의의 원칙에 어긋나는 것으로서 허용되지 아니한다.

본 사안은 외국환거래법 제30조에 규정된 몰수·추징의 대상인 '범인이 해당 행위로 인하여 취득한 외국환 기타 지급수단' 중에서 '취득'에 관하여 해석함과 동시에 죄형법정주의의 원칙에 따라 원심의 판결을 파기한 사례이다.

2. 몰수·추징의 경우에는 양벌규정이 명시되어 있지 않으므로, 피고인에게는 가액을 추징할 수 없다

본 사안에서 피고인은 원심에서 선고받은 벌금형에 관해서도 다투었으나 이는 기각되었다. 외국환거래법 제31조에서는 '법인의 대표자나 법인 또는 개인의 대리인, 사용인, 그 밖의 종업원'의 행위에 관하여 그 개인에게도 벌금형을 과할 수 있다고 명시적으로 규정하고 있다. 그러나 몰수·추징을 규정하고 있는 제30조에서는 양벌규정이 명시되어 있지 않으므로, 유추해석금지 및 죄형법정주의의 원칙상 개인인 피고인으로부터는 추징을 할 수 없는 것이다.

관세무역 판례 해설

무 역

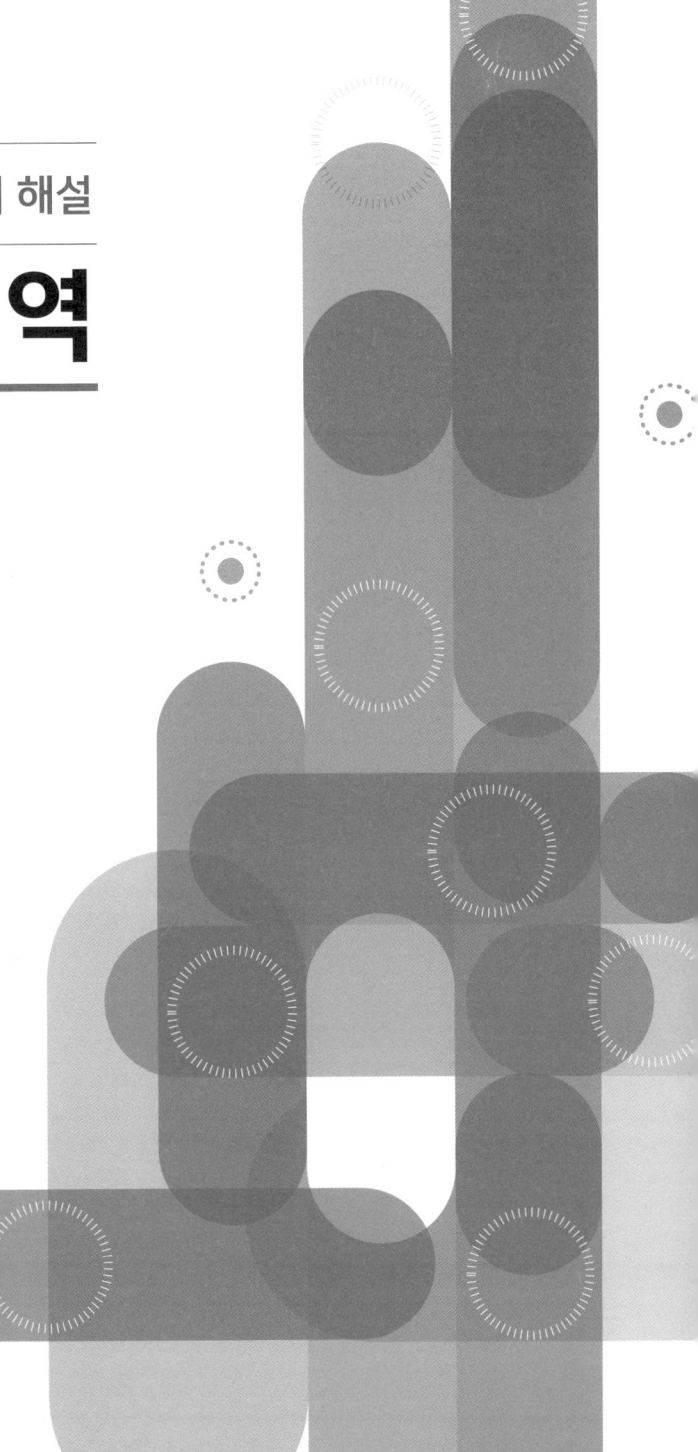

1심	2심
대구지방법원 1991. 8. 29. 선고 90가합23445 판결	대구고등법원 1992. 11. 12. 선고 91나6338 판결

선하증권과 상환 없이 화물을 인도한 경우, 운송주선인의 책임

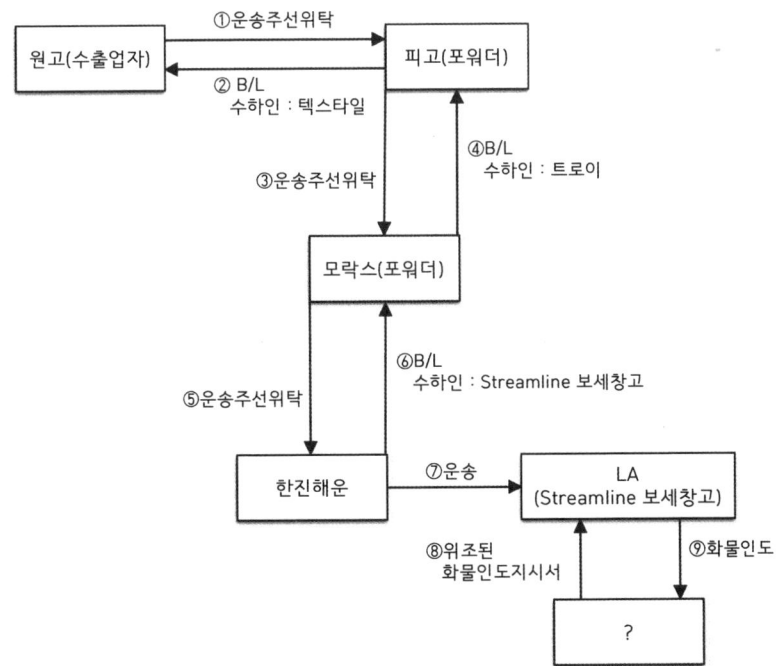

사실관계

① 원고는 나일론 45,000야드를 미국에 수출하기 위하여, 운송주선업자(포워더)인 피고에게 운송주선을 위탁함
② 피고는 원고에게 선하증권(선하증권A, 수하인 : 텍스타일)을 발행하고, 제2포워더에게 운송주선을 재위탁함
③ 제2포워더는 피고에게 선하증권을 발행(선하증권B, 수하인:트로이)하고, 한진해운에게 운송을 위탁함
④ 한진해운은 제2포워더에게 선하증권을 발행(선하증권C)하고, 선하증권C 상의 수하인인 스트림라인보세창고에 화물을 양하함
⑤ 피고를 대리한 선하증권 B 상의 수하인인 트로이는, 선하증권 A와 상환하지 않고 누군가에 의하여 위조된 화물인도지시서를 받은 후 화물을 선하증권의 소지자가 아닌자에게 인도함
⑥ 원고는 피고에게 불법행위로 인한 손해배상책임을 물으면서 이 사건 소를 제기함

관련 법령

상법

제861조(준용규정)
제129조·제130조·제132조 및 제133조는 제852조 및 제855조의 선하증권에 준용한다.

제129조(화물상환증의 상환증권성)
화물상환증을 작성한 경우에는 이와 상환하지 아니하면 운송물의 인도를 청구할 수 없다.

법원의 판단

1. 선하증권을 발행한 운송주선인이 선하증권의 소지인이 아닌 자에게 운송물을 인도하는 것은 불법행위를 구성한다.

선하증권을 발행한 운송주선인이 위 선하증권과 상환하지 아니한 채 운송물을 처분하거나 그 증권의 소지인이 아닌 자에게 이를 인도하여 그 증권의 정당한 소지인에게 인도하여 주지 못하게 된 경우에는 그 운송주선인의 행위는 그 증권소지인의 운송물에 대한 담보이익을 침해하여 불법행위가 된다.

2. 선하증권의 소지인이 아닌 자에게 운송물을 인도한 운송주선인에게는 중대한 과실이 인정된다

이 경우에 특별한 사정이 없는 한 위 운송주선인은 선하증권 소지인의 운송물에 대한 권리를 침해하는 결과가 발생하리라는 것을 인식하지 못한 점에 대하여 운송주선인으로서의 주의의무를 현저히 결여한 중대한 과실이 있다 할 것이므로, 앞서 본바와 같이 피고는 트로이를 통하여 제1선하증권과 상환하지도 아니한 채 이 사건 화물을 인도하는 중대한 잘못을 저질러 원고가 제1선하증권에 대하여 가지는 담보이익을 침해하였고, 따라서 피고는 원고에 대하여 선하증권을 발행한 운송주선인으로서 불법행위책임을 면할 수 없다 할 것이다.

3. 운송주선인이 하우스 선하증권을 발행한 경우, 운송인의 지위에서 발행한 것이다

피고는 이 사건 화물의 운송주선인에 불과하여 운송인의 지위에 있지 아니하고, 따라서 제1선하증권은 피고가 운송주선인으로서 발행한 이른바 하우스(HOUSE)선하증권으로 이는 운송인이 발행한 진정한 선하증권인 오션(OCEAN)선하증권과는 달리 화물 자체를 표창하는 물권적인 효력은 없고 다만 운송주선인이 운송위탁자로부터 운송물을 수령하였음을 증명하기 위하여 발급된 화물수취증에 불과하여 피고는 손해배상책임이 없다고 주장하나, … 피고는 원고로부터 로스앤젤레스 보세창고까지의 운임으로 1,324.87불(한화911,330원 상당)을 지급받아 모락스에게 위 운송을 재위탁하면서 위 운임에서 금 607,553원을 지급하였고, 나머지 운임인 금 303,777원을 미국 파트너인 트로이와 반분한 사실이 인정되는바, 위 인정사실에 의하면, 원고는 피고와 사이에 이 사건 화물의 운송을 의뢰하면서 운송주선계약 및 운송계약을 동시에 체결하였다 할 것이고, 피고는 그의 책임하에 원고와 관계없이 모락스에게 운송을 재위탁한 것에 불과하므로, 피고는 운송주선인인 동시에 운송인의 지위에서 제1선하증권을 발행한 것으로 보아야 할 것이다.

4. 선하증권이 아니라 화물수취증이라고 하더라도, 화물수취증과 상환 없이 운송물을 인도하였다면 그에 대한 책임을 면할 수 없다

가사 피고의 주장과 같이 제1선하증권이 진정한 선하증권이 아닌 이른바 화물수취증이라 하더라도 수출자가 선하증권 대신 추심위임은행을 화물수취인으로 한 운송주선업자의 화물수취증을 첨부하여 하환어음을 발행한 경우 역시 하환어음 매입 또는 추심위임을 받은 은행이 운송목적지에서의 수출품의 반환청구권을 가지게 되고, 수입자는 위 은행에 수입대금을 지급하고 그로부터 위 반환청구권을 양수받지 아니하는 한 수출품을 인도받을 수 없어 위 반환청구권이 수출대금을 담보로 하는 기능을 가지게 되는 것이므로, 화물수취증을 발행한 운송주선인으로서는 위 화물수취증과 상황하지 아니한 채 운송물을 처분하였을 경우에는 역시 그에 대한 책임을 면할 수 없다 할 것이다.

5. 위조된 화물인도지시서에 의하여 화물이 분실되었다고 하더라도 이를 불가항력으로 볼 수 없다

… 가사 텍스타일의 요청에 의하여 이 사건 화물을 샌디애고로 옮겼다 하더라도 이는 선하증권과 상환으로 이 사건 화물을 인도할 때까지 피고가 계속 그 보관 및 상환인도의무를 지는 것으로 보아야 할 것이므로, 그 중간과정에서 위조된 화물인도지시서에 의하여 이 사건 화물이 분실되었다면 이는 불가항력이 아니라 피고에게 책임이 있다 할 것이며, 달리 피고가 위 면책조항의 어느 하나에 해당함을 인정할 아무런 증거가 없으므로, 피고의 위 주장도 그 이유 없다.

6. 선하증권에 기재된 배상액 제한의 약관은 고의 또는 중과실로 인한 불법행위에는 적용되지 않는다

피고는, 원고에 대한 손해배상책임이 제1선하증권 이면약관에서 정한

1 킬로그램 당 2 에스.디.알 (Special Drawing Rights) 의 범위내로 제한된다고 다투므로 살피건대, 선하증권에 기재된 배상액제한의 약관은 특별한 사정이 없는 한 고의 또는 중대한 과실로 인한 불법행위의 책임을 추궁하는 경우에는 적용되지 아니하는 것이다.

해설

1. 운송인과 운송주선인의 구별 실익

운송도중 화물이 멸실되거나, 본 사안과 같이 화물이 선하증권의 소지인이 아닌 자에게 인도된 경우, 송하인은 운송주선인인 포워더에게 손해배상청구를 해야 할지 실제 운송인인 선사에게 손해배상을 청구해야 할지 문제가 된다. 운송주선인이라고 하더라도 선하증권의 기재 내용, 선하증권의 발행주체, 상법 제116조 제2항 등에 의하여 운송인으로 의제될 수 있다. 만약 운송주선인이 운송인으로 의제된다면 본 사안과 같은 경우에 손해배상청구의 상대방이 될 수 있기 때문에, 포워더가 운송주선인에 불과한지 운송인에 해당하는지의 구별이 매우 중요하다.

2. 선하증권의 소지인이 아닌 자에게 화물을 인도한 경우의 법적책임

본 사안에서는 선하증권의 소지인이 아닌 자에게 화물을 인도한 경우에 불법행위책임이 성립한다고만 하였다. 본 판례에서는 언급되지 않았지만 이 경우 불법행위책임 뿐만 아니라 채무불이행책임도 성립할 수 있다(대법원 1983. 3. 22. 선고 82다카1533). 해상운송계약의 내용은 선하증권의 소지인에게 운송물을 인도하는 것이고, 실제로 대부분의 선하증권에 이 문구가 기재되어 있다. 따라서 선하증권의 소지인이 아닌 자에게 화물을 인도할 경우 불법행위책임과 채무불이행책임이 경합적으로 성립할 수 있다.

3. 위조된 화물인도지시서에 의하여 화물을 인도하였다고 하더라도, 불법행위책임의 성립에는 영향이 없다

선하증권의 소지인이 아닌 자에게 화물을 인도하게 된 것이 설사 위조된 화물인도지시서에 의한 것이라고 하더라도, 선하증권의 상환 없이 화물을 인도할 경우 불법행위가 성립한다.

4. 운송주선인이 선하증권을 발행한 경우 운송으로 의제되는지 여부

본 사안에서 피고는 이 사건 선하증권이 운송주선인이 발행한 하우스 선하증권 (House B/L) 이기 때문에 화물을 표창하는 물권적인 효력이 없다고 주장하였다. 법원은 이에 대하여 운임의 지급 및 운송의 재위탁 등의 사정을 들며 피고가 운송인의 지위에서 선하증권을 발행한 것이라고 판시하였다.

서울중앙지방법원 2015. 12. 17. 선고 2015가합545482 판결에서는 운송주선인이 자신의 명의로 하우스 선하증권을 발행한 경우 상법 제116조 제2항에 의하여 당연히 운송인으로 의제된다고 판시하였다. 그런데 상법 제116조 제2항의 개입권은 '화물상환증'에 관한 규정인데, 상법 제

861조에서는 선하증권에 관하여는 명시적으로 상법 제116조 제2항을 준용하지 않고 있다. 판례는 제116조 제2항 도 선하증권에 준용된다는 전제하에, 운송주선인이 자신의 명의로 선하증권을 발행한 경우 운송인으로 의제된다고 판시하고 있다 (2007.4.26, 선고, 2005다5058, 판결, 대법원 2007.4.27., 선고, 2007다4943, 판결).

서울중앙지방법원 2015. 12. 17. 선고 2015가합545482 판결

… <u>운송주선인인 O로지스틱스는 자신의 명의로 하우스 선하증권을 발행하였으므로 상법 제116조 제2항 에 의하여 운송인으로 의제되는바</u>(대법원 2007. 4. 26. 선고 2005다5058 판결 등 참조), O로지스틱스는 이 사건 고철의 수령, 운송인의 선정, 운송 과정, 도착 이후 이 사건 고철의 수령, 보관, 인도 등 전 과정에 걸쳐 복합운송계약에서 통상적인 화물의 운송과정에 따라 이 사건 고철이 운송될 수 있도록 선량한 관리자로서의 주의의무를 부담한다고 할 것이다.

상법 제116조(개입권) 제2항
운송주선인이 위탁자의 청구에 의하여 화물상환증을 작성한 때에는 직접 운송하는 것으로 본다.

1심	2심	대법원
서울지방법원 1999. 8. 25. 선고 97가단321111 판결	서울지방법원 2000. 10. 10. 선고 99나71619 판결	2002. 6. 28. 선고 2000다63691 판결

신용장의 문면과 조건 심사에 대한 엄격 일치의 원칙과 그 예외

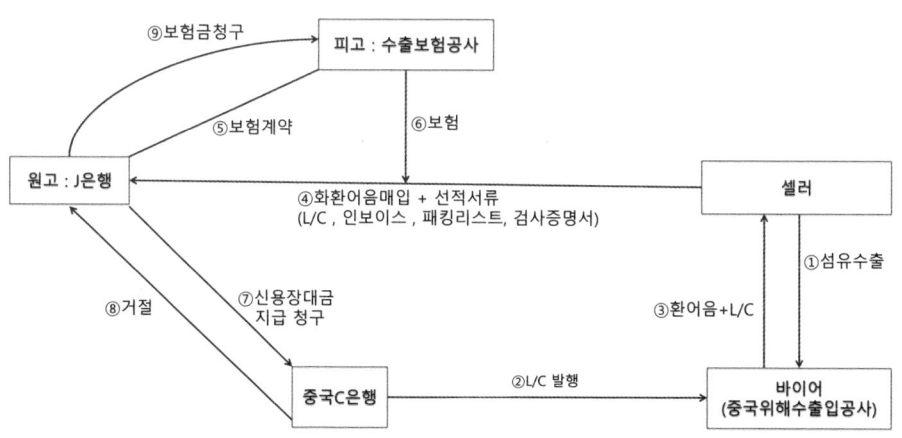

사실관계

① 국내 셀러는 중국위해수출입공사에게 섬유를 수출하였고, 중국위해수출입공사는 중국C은행으로부터 신용장을 발행받음. 중국위해수출입공사는 환어음과 L/C를 국내 셀러에게 지급하였고, 원고 J은행은 셀러가 발행한 화환어음을 매입하였음
② 원고 J은행은 위 화환어음*을 피고 수출보험공사의 수출어음보험에 부보하기로 하는 수출어음포괄보험약정을 체결함.
③ 원고는 중국 C은행에게 신용장대금의 지급을 청구하였으나, 중국C은행은 다음과 같은 이유로 신용장 대금의 지급을 거절함.

1) 인보이스, 패킹리스트, 검사증명서에 원본표시가 없음.
2) 검사증명서에 신용장에서 요구한 위해수출입공사의 스탬프가 없음을 이유로, 제출서류가 신용장조건에 일치하지 않음.
※ 인보이스, 패킹리스트는 타이프로 작성됨
※ 검사증명서는 워드로 작성되었으나, ①대표이사의 자필서명과 개인인감이 날인되어 있고, ②회사의 이름이 적혀있었음

④ 이에 따라 원고 J은행은 피고 수출보험공사에게 수출어음포괄보험약정에 기하여 보험금을 청구함.
⑤ 그러나 피고 수출보험공사는 원고가 화환어음 매입시, 검사증명서 등 서류가 신용장조건에 일치하는지 여부를 조사하는 것에 과실이 있었나는 이유로 보험금 지급을 거절함.

관련 법령

UCP500 제20조 제b항
[Article 20] Ambiguity as to the Issuers of Documents

b. Unless otherwise stipulated in the Credit, banks will also accept as an original document(s), a document(s) produced or appearing to have been produced:

---

* ※화환어음 : 환어음의 담보로서 매매의 목적물에 관한 운송증권 (화물상환증, 선하증권)을 첨부하여 어음의 할인을 받는 방법

> i. by reprographic, automated or computerised systems;
> ii. as carbon copies;
> provided that it is marked as original and, where necessary, appears to be signed.
>
> A document may be signed by handwriting, by facsimile signature, by perforated signature, by stamp, by symbol, or by any other mechanical or electronic method of authentication.

원심의 판단

(1) 원심은 L/C의 개설은행인 C은행의 신용장대금 및 환어음의 지급 거절은, 원-피고사이의 수출어음포괄보험약정에 의하여 부보되는 신용위험에 해당하고 UCP500 제20조 제b항규정 (본 사건은 UCP600으로 개정되기 전 사건이라서 500규정이 적용되었다.) 에 비추어 검사증명서 외의 서류는 모두 타자기로 작성된 이상 원본서류에 해당한다고 보았다.

(2) 그러나 검사증명서의 경우 타자기가 아닌 워드프로세서로 작성되었으므로 원고로서는 화환어음 매입 시 검사증명서가 신용장조건에 일치하는지 여부를 조사하여 일치하지 않는 부분이 있을 경우에는 이를 보완하거나 매입을 거절하여야 함에도 불구하고, 이를 간과한 과실이 있으므로, 피고는 약관에 따라 보험금의 전부 또는 일부를 지급하지 않을 수 있다고 판단하였다.

(3) 나아가 원심은, 현실적으로 서류가 타자기로 작성된 것인지 워드 프로세서로 작성된 것인지를 구별하기는 쉽지 않으며, 원고가 수령한 검사증명서는 신용장에 기재된 원본으로서의 조건과 불일치하기는 하나, 대표의 서명 및 날인이 있어 통상적으로 원본으로 취급되고, 시틱산업은행의 지급거절이 약관상의 신용위험에 해당하는 점, 기타 수출보험의 성격 및 특징에 비추어 원고의 과실로 인하여 피고가 전부 면책된다고 볼 수는 없다고 판단하여 피고의 책임비율을 50%로 제한하였다.

※ 이에 대하여 피고만 항소하고 원고는 항소하지 않음.

대법원의 판단

1. 대법원의 판단 근거 – 신용장통일규칙에 관한 결정

대법원은 이 사건 신용장 첨부서류(인보이스, 패킹리스트 등 검사증명서를 제외한 서류)에 '원본(Original)' 표시를 요하는지 여부에 관하여 "1999. 7. 12. 자 신용장통일규칙 제20조 b항의 원본의 의미에 대한 결정"을 중요한 판단 근거로 제시하였다.

위 "신용장통일규칙에 관한 결정"에서는 UCP500 제20조 b항의 '원본 표시'라는 조건은 해당 서류에 그 작성자가 그 문서를 사본이 아닌 원본으로 취급되도록 하려는 의사를 나타내는 어떠한 표시를 하거나 텍스

트에 그에 관한 기술이 있으면 충족되고, 따라서 어떤 문서가 전자적으로 저장된 것으로부터 출력되어 백지에 인쇄된 경우 원본이라고 표시되어 있거나, 레터헤드(letterhead, 회사명·주소 등 서류 용지 윗부분의 인쇄문구)를 포함하고 있거나, 수기로 표시되어 있다면, 통일규칙 제20조 b항에서의 '원본이라고 표시된 것'에 해당되며, 따라서 서류에서 달리 명시되지 않는 한, 서류 작성자의 수기로 쓰여지거나, 타이핑되거나, 천공되거나, 스탬프된 것으로 보이는 문서, 서류발행자의 고유양식용지에 작성된 것으로 보이는 것, 원본이라고 쓰여진 것은 원본으로 취급된다고 하였다.

결국 법원은 신용장거래에서 신용장통일규칙의 해석상 서류의 원본성을 판단할 때에는 '과연 서류의 작성자가 이 서류를 원본으로 작성하려는 의도에서 작성하였는가'에 의하여 판단되어야 한다고 강조했다. 즉 서류를 원본으로서 작성하려는 취지가 서류의 문면상 표시된 경우에는 신용장통일규칙 제20조 b항의 규정과 관계없이 원본이라는 표시가 필요하지 않다고 봄이 타당하다고 보았다.

구체적인 예를 들면 다음과 같이 정리할 수 있다.

① 서류 작성자가 수기로 서명한 서류 (hand signed documents),
② 수기서명과 같은 것으로 취급되는 전자서명이 있는 서류(예, facsimile signed documents),
③ 기타 서류 작성자의 서명으로 인정되는 표시, 스탬프, 또는 작성자의 라벨이 있는 서류,
④ 서류 작성자의 레터헤드를 포함하고 있으면서 작성자의 서명이 있거나, 수기로 원본임이 표시된 서류

판례에 따르면 위에 해당할 경우 신용장거래상 원본으로 취급되고, 과거 UCP500의 신용장통일규칙 제20조 b항에서 요구하는 '원본' 표시는 필요하지 않게 된다.

2. 검사증명서에 '원본' 표시를 요하는지 여부

법원은 이 사건의 경우, 원고가 개설은행에 송부한 신용장 관련서류 중 상업송장과 포장명세서는 타이프에 의하여 작성되고, 서류 작성자에 의하여 스탬프 방식에 따른 서명이 포함되어 있으며, 피고가 문제로 삼는 이 사건 검사증명서의 경우도 타자기가 아닌 워드프로세서로 작성된 것으로 보이기는 하지만, 서류의 작성명의인이 되는 위해수출입공사의 레터헤드가 포함된 용지에 작성된 서류로서 신용장조건에 서류의 작성자로 지명된 류우웨홍이 자필로 서명하고, 나아가 개인인장이 날인되어 있으므로, 이들 서류의 경우 작성자의 의도가 '원본'을 작성하려는 것임이 명백하고, 따라서 달리 서류 문면상에 '원본'이라는 추가적인 표시는 필요하지 않다고 보아야 할 것이므로, 원심이 이 사건 검사증명서에 '원본'의 표시를 요한다고 판단한 부분은 신용장거래상 서류의 원본성에 대한 법리를 오해한 위법을 저지른 것이라고 보지 않을 수 없다고 하였다.

3. 검사증명서에 작성회사의 스탬프가 없는 것이 하자인지 여부

본 사안의 경우 판례는 다음과 같은 기준을 제시하였다.

> "신용장 첨부서류가 신용장조건과 문언대로 엄격하게 합치하여야 한다고 하여 자구 하나도 틀리지 않게 완전히 일치하여야 한다는 뜻은 아니며, 자구에 약간의 차이가 있더라도 은행이 상당한 주의(reasonable care)를 기울이면 그 차이가 경미한 것으로서 문언의 의미에 차이를 가져오는 것이 아니고 또 <u>신용장조건을 전혀 해하는 것이 아님을 문면상 알아차릴 수 있는 경우에는 신용장조건과 합치하는 것으로 보아야 하고,</u> 그 판단은 구체적인 경우에 신용장조건과의 차이가 국제적 표준은행거래관습에 비추어 용인될 수 있는지 여부에 따라야 할 것이다."

즉, 이 사건 검사증명서의 경우 ①그 용지가 우선 레터헤드에 위해수출입공사의 것임이 표시되어 있고, ②작성자의 서명과 개인인장 바로 뒷부분에 회사를 대표하여 서명하고 날인한 것임을 확인할 수 있음에 비추어, 검사증명서에 작성회사의 스탬프가 없는 것은 하자가 아니라고 판단하였다.

해설

(1) 앞서 보았듯이 대법원에서는 신용장조건의 충족여부와 관련하여 ①신용장통일규칙인 UCC는 물론이거니와 ②그에 관한 ICC의 해석기준인 ICC Opinion (신용장통일규칙에 관한 해석)을 적극적으로 판단 근거로 삼았다.

(2) 현재 시중에서 거래되는 신용장은 UCC 조항을 따르도록 되어있다. UCC는 10년 주기로 개정이 되는데, 개정이 될수록 내용이 구체화, 세분화 되어 분쟁을 사전에 방지하는 역할을 하고 있다.그런데 본 사안과 같이 UCC 조항의 해석과 관련한 법적 분쟁이 발생하였을 경우에는, ICC 나 DOCDEX 의 의견을 구하는 절차를 거치게 된다. 대법원에서도 본 사안에서 결국에는 ICC의 견해와 동일한 결론을 내렸다는 점에서, ICC Opinion은 UCC 해석에 아주 중요한 기준이 된다는 것을 알 수 있다.

(3) 본 사안에서는 신용장 조건에서 요구하는 '원본 표시'와 엄격일치의 원칙과 그 예외에 관한 기준을 정립했다는 점에서 큰 의미가 있다. 원칙적으로 신용장 조건에서 '원본'표시를 요구할 경우, 검사증명서 등 각종 선적서류에는 'Original'이라는 스탬프가 찍혀 있어야 한다. 그러나 본 사안의 경우 '원본'스탬프가 찍혀있지 않았지만, 서류의 작성자가 자필로 서명하고 개인인장이 날인되어 있으므로, 서류에 '원본'이라는 추가적인 표시는 필요하지 않다고 판단한 것이다.

1심	2심	대법원
서울지방법원 2000. 6. 2. 선고 99가합93479 판결	서울고등법원 2001. 6. 22. 선고 2000나34961 판결	2003. 11. 28. 선고 2001다49302 판결

신용장 관련서류와 신용장 조건과의 일치 여부를 심사하는 기준시점

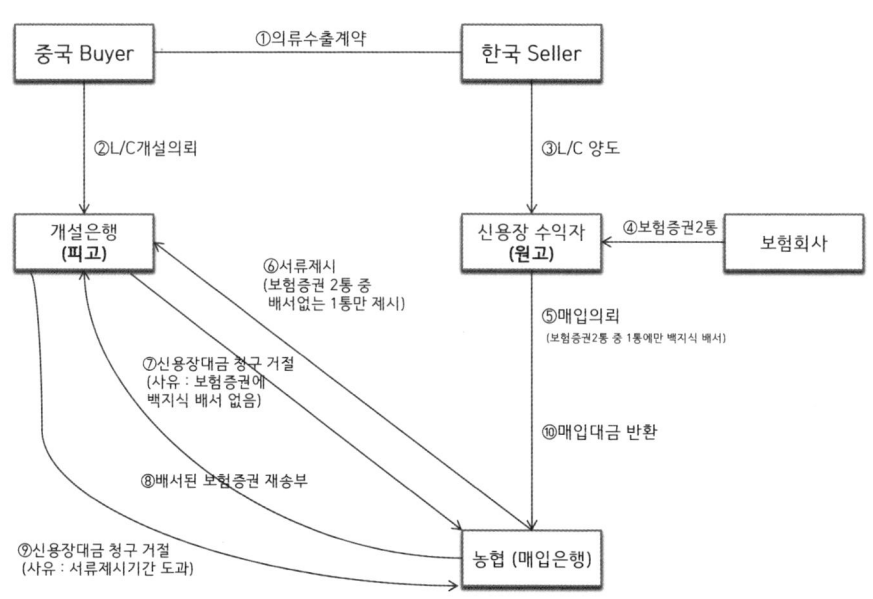

사실관계

① 원고는 양도받은 신용장 + 선적서류 + 신용장에서 요구한 보험증권2통을 매입은행에 서류제시기간 내에 제시함
② 매입은행은 신용장 + 선적서류 + 보험증권 2통 중 배서 없는 1통만 개설은행에 송부함
③ 개설은행은 보험증권에 백지식 배서가 없다는 이유로 신용장대금청구를 거절함
④ 매입은행은 백지식 배서된 보험증권을 보완하여 서류를 송부함
⑤ 개설은행은 서류제시기간도과를 이유로 대금지급을 거절함
⑥ 원고는 신용장매입대금을 매입은행에 반환함

관련 법령

UCP500
제42조 제a항

[Article 42] Expiry Date and Place for Presentation of Documents

a. All Credits must stipulate an expiry date and a place for presentation of documents for payment, acceptance, or with the exception of freely negotiable Credits, a place for presentation of documents for negotiation. An expiry date stipulated for payment, acceptance or negotiation will be construed to express an expiry date for presentation of documents.

a. 모든 신용장은 지급, 인수 또는 매입을 위한 서류제시의 유효기일 및 장소를 명시하여야 한다. 다만 자유매입신용장은 서류제시장소를 명시하지 않아도 된다. 지급, 인수 또는 매입을 위하여 제시되어야 하는 유효기일은 서류제시를 위한 유효기일을 표시하는 것으로 해석한다.

제43조 제a항
[Article 43] Limitation on the Expiry Date

a. In addition to stipulating an expiry date for presentation of documents, every Credit which calls for a transport document(s) should also stipulate a specified period of time after the date of shipment during which presentation must be made in compliance with the terms and conditions of the Credit. If no such period of time is stipulated, banks will not accept documents presented to them later than 21 days after the date of shipment. In any event, however, documents must be presented not later than the expiry date of the Credit.

a. 서류제시를 위한 유효기일의 명시에 추가하여 운송서류를 요구하는 모든 신용장에는 신용장 조건에 따라 서류가 제시되어야 할 선적일 이후의 일정기간을 명시하여야 한다. 이러한 일정기간이 명시되지 않은 경우 은행은 선적일 후 21일이 경과하여 제시되는 서류를 수리하지 않는다. 어떠한 경우에도 서류는 신용장 유효기일 이전에 제시되어야 한다.

원심의 판단

원심에서는 매입은행에 대한 지급제시와 적법 여부에 관하여, '원고가 농협중앙회 논현남지점에서 한 지급제시가 신용장에서 정한 기간 내의 적법한 지급제시로 볼 수 있는지가 문제되나, 갑 1호증의 기재에 의하면 신용장이 한국에서 1998. 9. 15.까지 유효한 사실을 인정할 수 있을 뿐이고, 수익자가 신용장개설은행을 상대로 신용장대금의 지급을 구하는 이 사건에서 앞서 본 바와 같이 신용장개설은행의 지급거절이 정당한 이

상 수익자가 매입은행에 적법한 지급제시를 하였다고 하더라도 이를 신용장개설은행에게 주장할 수 없다 할 것이다.'라고 하여 원고의 주장을 배척하였다.

대법원의 판단

1. 신용장에 보험서류 원본의 수나 배서여부에 관하여 명시하지 않았는데, 반드시 배서된 보험증권을 제시하여야 하는지 여부

신용장통일규칙 제13조 a항에 의하여, 신용장 및 그 관련 서류를 심사하는 은행으로서는 신용장에 약정된 모든 서류가 문면 상 신용장 조건과 엄격하게 합치 (in accordance with) 하는지를 상당한 주의를 기울여 (with reasonable care) 심사할 의무가 있고, 그 신용장 약정서류가 문면 상 신용장 조건과 일치하는가 여부는 신용장통일규칙에 반영된 국제적인 표준은행거래관습에 의하여 결정된다고 보아야 한다.

국제상업회의소 ('icc'라 한다) 가 그 산하 은행위원회 (icc banking commission) 의 승인 하에 결정한 '국제표준은행관행'은 신용장 서류 심사 시 보험서류의 피보험자와 배서의 필요여부에 대한 국제표준은행관행으로서, 보험서류는 신용장에서 요구하는 형태로 작성되어야 하고 '필요한 경우' 대금지급에 대한 권리를 소유하고 있는 사람에 의하여 배서되어야 하고, 만일 신용장에서 피보험자에 대한 명시가 없고, 보험서류가 송하인 또는 신용장상의 수익자 지시식에 의하여 청구에 대한 보험금 지급이 가능하다는 것을 표시하고 있으면 배서가 되어있지 않는 한 수리가 가능하지 않다고 하고 있고, 이 사건 기록상 이와 다른 국제적 표준은행관행이 존재한다는 자료는 없는바, 따라서 원심이 인정한 위 사실관계에 이와 같은 관행을 참작하면, 이 사건의 경우와 같이 신용장에서 특별히 필요한 원본의 숫자를 지정함이 없이 보험서류 원본을 필요서류로 요구하면서 비록 보험서류의 피보험자나 배서의 여부에 대하여 명시한 바 없다고 하더라도 수익자가 신용장의 첨부서류로 피보험자로 보험서류를 제시하는 경우에는 해당 서류의 소지인이 그 보험서류상의 권리를 행사할 수 있도록 백지식 배서를 하여 은행에 제시하여야 한다고 보는 것이 타당하다.

원심이 이와 같은 입장에서 이 사건 보험증권에 서류제시당시에 피보험자인 수익자, 즉 원고의 백지식 배서가 있어야 신용장의 조건에 부합하는 것이라고 판단한 것은 정당하고, 거기에 원고가 지적하는 바와 같은 신용장의 서류심사에 대한 법리오해의 위법이 있다고 할 수 없다.

이 부분 원고의 상고는 이유 없다.

2. 신용장 관련서류와 신용장 조건과의 일치 여부를 심사하는 기준시점
서류제시를 위한 신용장의 유효기간과 운송관련 서류의 제시기간에 관한 신용장통일규칙의 위 각 규정은 일반적인 매입신용장의 경우 그 유효기간과 제시기간의 기준이 되는 신용장에 규정된 서류제시장소 (일반적으로 매입은행 소재지가 될 것이다) 에서 수익자가 매입은행에게 신용장과 그 관련 서류를 제시하는 기간에 관한 것이고, 개설은행은 위와 같이 신용장에 규정된 서류제시장소에서 신용장이 정한 기간 내에 제시된 서류에 대하여 신용장의 조건과 엄격하게 일치하는지 여부를 심사하는 것으로서 그 서류의 신용장 조건과의 일치 여부에 대한 기준시점은 수익자가 신용장이 정한 정당한 서류제시은행 혹은 지정은행 (매입은행) 에 선적서류를 제시한 시점이 될 것이고, 수익자가 이와 같이 정당한 기간 내에 서류제시은행에 신용장의 조건에 부합하는 관련 모든 필요서류를 제시한 이상 개설은행으로서는 수익자의 신용장대금청구를 거절할 수 없다고 할 것이다

{신용장통일규칙 제16조는 선적서류의 우송과정에서 지연 또는 서류의 분실로 인하여 발생하는 결과에 대하여 서류를 우송한 은행 (일반적으로 서류를 매입한 지정은행 혹은 서류제시은행이 될 것이다) 은 책임이 없다고 규정하고 있다}.

기록에 의하면, 이 사건 신용장은 개설은행에 의한 환어음의 인수를 전제로 하는 인수신용장 (Acceptance LC) 으로서 신용장의 만기와 서류제시장소는 '1998. 9. 15. 대한민국'으로 되어 있고, 선적서류의 제시기간은 '신용장의 유효기간 내로서 운송서류의 발행일로부터 3일 이내'이며, 운송서류인 항공화물운송장 발행일은 1998. 9. 13., 수익자인 원고가 대한민국 내 서류제시은행인 농협에게 선적서류의 매입을 위하여 이 사

건 신용장 및 관련 선적서류, 특히 백지식 배서가 된 보험증권 원본 1부와 배서가 되지 않은 원본 1부를 제시한 시점은 1998. 9. 14.이며, 농협이 1998. 9. 30. 통지은행을 통하여 피고 은행의 선적서류 하자통지를 받고 피고 은행이 지시한 대로 농협이 보관 중이던 백지식 배서가 된 보험증권 1부를 다시 피고 은행에 송부하여 피고가 1998. 10. 7. 이를 수령한 사실이 인정된다.

이와 같이 신용장에서 필요서류로 보험증권을 요구하면서도 특별히 복수의 원본을 요구함이 없었는데, 실제로 발행된 서류의 원본이 2부인 경우에는 수익자는 신용장통일규칙 제34조 b항에 의하여 발행된 원본 모두를 제시하여야 하고, 위 보험증권의 피보험자가 수익자인 경우 앞서 본 국제표준은행관행에 따라 수익자는 신용장에서 요구한 보험증권 원본 1부에 대하여는 서류 소지인의 권리행사를 위하여 백지식 배서를 한 후 이를 제시하여야 할 것인 바, 이 사건에서 수익자인 원고는 위와 같은 요건에 부합하게 백지식 배서가 된 보험증권 원본 1부와 배서가 없는 나머지 보험증권 원본 1부를 서류의 제시은행인 농협에 제출하였고, 농협은 최초의 선적서류 송부 뒤에 피고 은행이 송부된 보험증권에 백지식 배서가 누락되었다는 통보를 하자 바로 개설은행인 피고에게 정당한 서류제시기간 내에 자신에게 접수되었던 백지식 배서가 된 나머지 보험증권 1부를 송부한 이상 개설은행인 피고는 이를 서류의 제시기간이 경과되었다는 점을 이유로 거절할 수 없고, 수익자에게 신용장대금을 지급할 의무를 부담한다고 할 것이다.

원심이 이와 다른 입장에서 개설은행의 지급거절이 정당한 이상 수익자가 적법한 지급제시를 하였다고 하더라도 이를 개설은행에게 주장할 수 없다는 이유로 원고의 주장을 배척한 것은 신용장 선적서류의 제시기간과 장소 및 엄격일치의 원칙의 적용에 대한 기준시점에 대한 법리오해의 위법이 있다고 아니할 수 없다.

해설

1. 사안의 쟁점

신용장 주요 내용	
신용장 종류	Acceptance L/C (인수신용장 : 환어음의 인수를 전제로 함)
신용장 만기일	1988. 9. 15
서류제시장소	대한민국
서류제시기간	신용장 유효기간 내 + 운송서류 발행일로부터 3일 이내
운송장 발행일	1988. 9. 8
특이사항	보험서류 원본의 수나 배서여부에 관하여 명시하지 않음.

본 사안에서의 쟁점은 2가지이다. 첫 번째 쟁점은 '신용장에 보험서류 원본의 수나 배서여부에 관하여 명시하지 않았는데, 반드시 배서된 보험증권을 제시하여야 하는지의 여부'이고, 두 번째 쟁점은 '신용장 관련 서류와 신용장 조건과의 일치 여부를 심사하는 기준시점'이다.

2. 개설은행이 배서가 없는 보험증권이 제시되었음을 이유로 대금지급을 거절한 것 자체는 정당하다

본 사안의 대상이 된 신용장에서는 보험서류 원본을 요구하면서, 필요한 원본의 수를 지정하거나, 보험서류에 배서여부에 관하여는 명시하지 않았다. 매입은행은 보험증권 2통 중 배서되지 않은 보험증권 1부만을 매입은행에 제시하였고, 이에 대해 개설은행은 신용장대금지급을 거절하였는데, 이것이 정당한 것인지의 여부가 문제되었다.

판례는 신용장에서 특별히 필요한 원본의 숫자를 지정함이 없이 보험서류 원본을 필요서류로 요구하면서, 배서여부에 대하여 명시한바가 없어도, 백지식 배서를 하여 제시하여야 한다고 판시하였다. 그 근거로서 ICC의 국제표준은행관행인 ISBP 645를 제시하였는데, ISBP 645에 의하면 신용장에서 피보험자에 대한 명시가 없고 보험서류가 송하인 또는 신용장상의 수익자 지시식에 의하여 청구에 대한 보험금 지급이 가능하다는 것을 표시하고 있으면 배서가 되어있지 않는 한 수리가 불가능하다.

본 판례에서도 ICC의 해석을 그대로 원용하여 판단하였고, 사안에서 피고 개설은행이 배서가 없는 보험증권이 제시되었음을 이유로 대금지급을 거절한 것 자체는 정당하다고 보았다.

3. 수익자가 서류제시기간 내에 선적서류를 제시하였으므로, 개설은행의 서류제시기간 도과라는 하자에 관한 주장은 이유 없다

원고는 신용장에서 정한 서류제시기간 내에 매입은행에 서류를 제시하였다. 그런데 매입은행이 배서된 보험증권을 개설은행에 송부하지 않아 신용장대금청구가 거절되었고, 이후 개설은행이 다시 배서된 보험증권을 송부하였으나 이번에는 서류제시기간도과를 이유로 다시 신용장대금지급청구를 거절하였다.

본 사안에서 대법원은 매입은행이 서류를 누락하여 개설은행에 송부하였다고 하더라도 수익자가 서류제시기간 내에 매입은행에 서류를 제출한 이상 피고가 서류제시기간 도과라는 하자를 주장하는 것은 부적법하다고 하였다. 즉, 신용장에서는 서류제시장소가 대한민국으로 명시되어있고, 수익자는 서류제시기간 내에 대한민국에 소재한 농협은행에 선적서류를 제시하였으므로, 개설은행의 서류제시기간 도과라는 하자에 관한 주장은 이유가 없다는 것이다.

1심	2심	대법원
부산지방법원 2002. 7. 12. 선고 2001가합9383 판결	부산고등법원 2003. 8. 1. 선고 2002나9509 판결	2006. 12. 21. 선고 2003다47362 판결

화물무단반출 시 선박대리점 및 창고업자의 책임

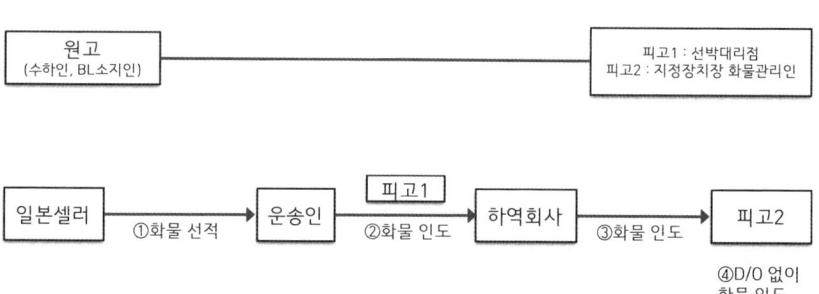

사실관계

① 원고는 선하증권 상의 수하인으로서 선하증권의 소지인임
② 운송인은 이 사건 화물을 하역회사에 인도하였고, 하역회사는 다시 피고2가 관리하는 지정장치장에 입고시킴
③ 피고2는 선하증권의 회수 등의 업무를 맡은 선박대리점임
④ 피고1은 운송인의 지시나 D/O와 상환 없이 이 사건 화물을 선하증권의 소지인이 아닌 자에게 인도함
⑤ 원고는 피고1과 피고2를 상대로 불법행위에 기한 손해배상청구 소송을 제기함

관련 법령

상법

제129조(화물상환증의 상환증권성)
화물상환증을 작성한 경우에는 이와 상환하지 아니하면 운송물의 인도를 청구할 수 없다.

제861조(준용규정)
제129조·제130조·제132조 및 제133조는 제852조 및 제855조의 선하증권에 준용한다.

제135조(손해배상책임)
운송인은 자기 또는 운송주선인이나 사용인, 그 밖에 운송을 위하여 사용한 자가 운송물의 수령, 인도, 보관 및 운송에 관하여 주의를 게을리하지 아니하였음을 증명하지 아니하면 운송물의 멸실, 훼손 또는 연착으로 인한 손해를 배상할 책임이 있다.

민법

제750조(불법행위의 내용)
고의 또는 과실로 인한 위법행위로 타인에게 손해를 가한 자는 그 손해를 배상할 책임이 있다.

제693조(임치의 의의)
임치는 당사자 일방이 상대방에 대하여 금전이나 유가증권 기타 물건의 보관을 위탁하고 상대방이 이를 승낙함으로써 효력이 생긴다.

원심의 판단

1. 피고1 (선박대리점) 에 대한 청구에 관하여

선하증권이 발행된 경우 운송인으로부터 선박운송물의 인도 및 선하증권 회수 등 업무를 맡은 운송대리인은 운송화물을 선하증권 소지인에게 선하증권과 상환으로 인도하여야 하고, 인도 시 까지는 화물을 선량한 관리자로서의 주의를 다하여 보존·관리할 의무를 부담하며, 이 경우 인도는 사법상의 개념으로서 운송인이 운송물에 대한 사실상의 지배를 이전하는 것을 의미하는데, 위 피고들은 … 이 사건 화물에 대한 관리를 소홀히 하여 이 사건 선하증권과 상환없이 수입자인 우●이 이 사건 화물을 운송선박으로부터 하역 운반하여 이를 위 지정장치장에 반입하는 것을 용인, 방치함으로써 그 무렵에 이 사건 화물에 대한 사실상의 지배를 가지게 된 우●이 이를 반출하여 처분하는 것을 막지 못하였으므로 이는 이 사건 선하증권 소지인인 원고의 이 사건 화물에 대한 소유권을 침해하는 것이 되어 불법행위가 된다 할 것이고, 따라서 위 피고들은 이로 인하여 원고가 입게 된 손해를 배상할 책임이 있다.

2. 피고2 (창고업자) 에 대한 청구에 관하여

위와 같은 지정장치장의 성격, 그 곳 화물관리인의 지위와 책임의 내용을 종합하여 보면, … 결국 화물관리인은 관세징수를 확보하기 위하여 세관장에 갈음하여 지정장치장에 화물이 반입되고 반출되는 것을 관리하는 자에 불과하고, 그 곳에 반입된 화물을 운송인이나 소유자를 위하여 보관하는 지위에 있지는 않다고 할 것이다.

그렇다면 이 사건 화물의 보관을 맡지 아니한 세관장이나 피고 하역협회는 통관에 필요한 세금을 납부한 후 이 사건 화물의 반출을 신고한 우●에 대하여 특별한 사정이 없는 한 그러한 반출을 저지할 권한이 없다 할 것이고, 오히려 이 사건 화물을 지정장치장에 반입하였던 화주인 우●의 반출신고에 따라야 한다고 할 것이므로, 피고 하역협회가 이 사건 화물에 대한 보관자의 지위에서 선하증권이나 화물인도지시서를 제시하지 아니하는 화주의 화물반출을 저지할 의무가 있음을 전제로 한 원고의 위 피고에 대한 청구는 더 나아가 살필 필요 없이 이유가 없다.

대법원의 판단

1. 지정장치장과 보세장치장의 법률적 성질은 다르지 않다

구 관세법 (2000. 12. 29. 법률 제6305호로 전문 개정되기 전의 것, 이하 '구 관세법'이라고 한다) 제65조, 제74조, 제77조의3, 제78조, 제91조의 규정 등에 의하면, 지정장치장은 세관장이 지정하는 지정보세구역에, 보세장치장 (구 관세법 개정으로 보세창고에 흡수되었다) 은 세관장의 특허를 받은 특허보세구역에 각 해당되고 그 설치 절차나 장치 기간 등도 상이하여 관세행정상으로는 서로 구별되는 장소이기는 하지만, 한편 구 관세법 제66조, 제73조, 제88조의 규정 등에 의하면, 지정장치장과 보세장치장은 모두 통관을 위해 물품을 장치하는 장소로서 구 관세법상으로도 화물의 반입·반출 절차가 다르지 않을 뿐만 아니라, 운송인 또는 선박대리점의 입항 및 하선신고에 의하여 화물이 장치될 보세구역이 특정되는 점 등 해상운송화물의 보세구역 반입에 관한 업무 관행과 항만 내 지정장치장과 보세장치장의 기능 및 운영 실태 등을 종합하여 보면, 선하증권 등을 둘러싼 해상화물운송에 관한 사법적 법률관계에 있어서는 지정장치장과 보세장치장의 지위나 법률적 성질을 달리 볼 이유가 없다고 할 것이다.

2. 운송인과 지정장치장 화물관리인 사이에는 묵시적인 임치계약 관계가 성립한다

그런데 선하증권이 발행된 화물의 해상운송에 있어서 운송인 또는 그 선박대리점은 선하증권과 상환하여 화물을 인도함으로써 그 의무의 이행을 다하는 것이므로, 선하증권상의 통지처에 불과한 화주의 의뢰를 받은 하역회사가 화물을 양하하여 통관을 위해 지정장치장에 입고시켰다면, 화물이 운송인 등의 지배를 떠나 화주에게 인도된 것으로 볼 수는 없고, 운송인 등은 지정장치장 화물관리인을 통하여 화물에 대한 지배를 계속하고 있고 지정장치장 화물관리인 입장에서도 운송인 등으로부터 점유를 이전받았다고 할 것이므로, 결국 운송인 등과 지정장치장 화물관리인 사이에는 화물에 관하여 묵시적인 임치계약관계가 성립하게 되며, 지정장치장 화물관리인은 운송인 등의 지시에 따라서 임치물을 인도할 의무가 있게 된다 (대법원 2004. 5. 14. 선고 2001다33918 판결 등 참조).

3. 지정장치장 화물관리인이 D/O나 운송인의 동의 없이 화물을 인도하였다면 손해배상책임을 진다

그리고 해상운송화물은 선하증권과 상환으로 그 소지인에게 인도되어야 하고 선하증권 없이 화물이 적법하게 반출될 수는 없으므로, 선하증권을 제출하지 못하여 운송인 등으로부터 화물인도지시서를 발급받지 못한 화주에게 화물을 인도하면 그 화물이 무단 반출되어 선하증권 소지인이 화물을 인도받지 못하게 될 수 있음을 예견할 수 있다고 할 것이고, 따라서 지정장치장 화물관리인이 화물인도지시서나 운송인의 동의를 받지 않고 화물을 인도하였다면 그로 말미암아 선하증권 소지인이 입은 손해에 대하여 불법행위에 기한 손해배상책임을 진다고 할 것이다 (대법원 2000. 11. 14. 선고 2000다30950 판결 등 참조).

4. 지정장치장 화물관리인의 과실로 화물이 멸실되었다고 하더라도, 선박대리점의 중대한 과실에 의하여 선하증권 소지인의 운송물에 대한 소유권이 침해된 것이라고 할 수는 없다

한편, 운송인으로부터 화물의 인도 업무를 위임받은 선박대리점이 선하증권 소지인이 아닌 자에게 화물을 인도함으로써 멸실케 한 경우에는 선하증권 소지인에 대하여 불법행위에 기한 손해배상책임을 지는 것이 당연하지만, 앞서와 같은 경위로 화물을 지정장치장에 입고시킨 경우에는 선박대리점은 지정장치장 화물관리인을 통하여 화물에 대한 지배를 계속하고 있다고 할 것이어서, 특별한 사정이 없는 한 선박대리점이 선하증권의 소지인이 아닌 자에게 화물을 인도한 것이라거나 선하증권의 소지인에게 인도되어야 할 화물을 무단반출의 위험이 현저한 장소에 보관시킨 것이라고 할 수는 없으므로, 그 후 지정장치장 화물관리인이 보관중이던 화물을 화주에게 무단 반출함으로써 화물이 멸실되었다고 하더라도, 선박대리점의 중대한 과실에 의하여 선하증권 소지인의 운송물에 대한 소유권이 침해된 것이라고 할 수는 없다 (대법원 2005. 1. 27. 선고 2004다12394 판결 등 참조).

5. 화물이 지정장치장으로 반입되는 것을 용인·방치하였다는 사정만으로는 선박대리점에게 주의의무 위반이 있다고 보기는 어렵다

원심이 적법하게 인정한 사실에 의하면, 이 사건 화물은 마산항에 도착한 후 선하증권과 상환됨이 없이 화주인 우림의 의뢰를 받은 하역회사에 의하여 하역되어 관세법상 지정장치장인 마산항 월영부두 야적장

(이하 '이 사건 지정장치장'이라 한다) 에 반입되었고, 이 사건 지정장치장의 화물관리인인 피고2 는 선하증권 소지인인 원고나 운송인의 마산항 선박대리점인 피고 1에게 알리지 않은 채 화물에 대한 통관절차만 마치고 선하증권은 아직 회수하지 못한 우림에게 위 화물을 전부 반출하여 주었음을 알 수 있는바, 앞서 본 법리에 따르면 선하증권의 상환 없이 이 사건 화물이 지정장치장에 반입된 이상 운송인 샤마르 쉬핑 등과 피고2와 사이에는 화물에 관한 묵시적인 임치계약관계가 성립되었고, 따라서 피고2는 운송인인 샤마르 쉬핑 등을 위하여 위 화물을 보관하는 지위에 있다고 할 것이므로, 이러한 지위에 있는 피고2가 선하증권이나 화물인도지시서와 상환함이 없이 선하증권상의 통지처에 불과한 우림에게 화물을 인도함으로써 선하증권 소지인인 원고에게 손해를 입혔다면 불법행위에 기한 손해배상책임을 져야 할 것이고, 그 반면에 피고1은 샤마르 쉬핑의 선박대리점으로서 이 사건 지정장치장에 화물이 반입된 후에도 피고2를 통하여 이 사건 화물을 계속 지배하고 있는 것이므로, 특별한 사정이 없는 한 화물이 이 사건 지정장치장으로 반입되는 것을 용인·방치하였다는 사정만으로는 피고 1에게 선박대리점으로서의 주의의무 위반이 있다고 보기는 어렵다고 할 것이다.

그럼에도 불구하고 원심은, 판시와 같은 구 관세법 및 그 시행령상의 제반 규정들만을 근거로 하여, 지정장치장 화물관리인은 운송인이나 소유자를 위하여 화물을 보관하는 자가 아니고 따라서 지정장치장은 화주가 통관절차만 마치면 언제든지 반출이 가능한 곳이라고 그 성격을 규정한 다음, 그렇다면 이 사건 지정장치장의 화물관리인인 피고2는 통관절차를 마친 우림의 화물 반출을 저지할 권한이나 의무가 없으므로 우림에게 화물을 반출하여 주었다고 하더라도 선하증권 소지인에 대하여 불법행위로 인한 손해배상책임을 부담한다고 할 수 없고, 오히려 선박대리점들인 피고 1은 선하증권을 교부받고 화물을 인도할 때까지 이를 선량한 관리자로서 보존·관리할 의무가 있음에도 이를 소홀히 하여, 선하증권도 소지하지 않은 우림이 화물을 하역하여 이 사건 지정장치장에 반입하는 것을 용인·방치함으로써 그 무렵 그 화물에 대한 사실상의 지배를 가지게 된 우림이 이를 반출하는 것을 막지 못하였으므로 이로 인해 선하증권 소지인인 원고가 입은 손해를 배상할 책임이 있다고 판단하고 말았으니, 원심판결에는 지정장치장 화물관리인의 법적 지위나 화물의 인도 시기 등에 관한 법리를 오해하여 판결에 영향을 미친 위법이 있다고 할 것이다.

해설

1. 사안의 쟁점

선하증권 주요 내용	
송하인	일본 A사
수하인	원고
통지처	한국 B사
운송인	샤마르 쉬핑
선박대리점	피고1

본 사안에서의 쟁점은 ①운송인과 지정장치장 화물관리인 사이에는 화물에 관하여 어떠한 법률적 관계가 성립하는지 ②지정장치장 화물관리인이 화물인도지시서 (D/O) 나 운송인의 동의 없이 화물을 인도하였다면 손해배상책임이 성립하는지 여부 ③이 경우 선박대리점에게도 손해배상책임이 성립하는지의 여부이다.

2. 운송인과 지정장치장 화물관리인 사이의 법률적 관계

지정장치장과 보세장치장은 모두 통관을 위해 물품을 보관하는 곳이다. 그런데 원심에서는 지정장치장의 경우 '관세수입의 확보를 기함'이 목적이고, '수입물품의 인도나 소유권자를 위한 보관'을 목적으로 하지 않는다고 판단하였다. 하지만 실제 항만 내 운영 실태를 보면 지정장치장과 보세장치장은 물품의 인도에 관하여는 같은 기능을 수행하므로,

선하증권에 기한 화물인도에 관한 본 소송에서는 지정장치장과 보세장치장의 법률적 성질이 다르다고 볼 수 없는 것이다. 따라서 대법원에서는 지정장치장과 보세장치장의 법률적 성질이 다르다는 원심의 판단에 법리오해가 있다고 판시한 것이다.

3. 지정장치장 화물관리인이 화물인도지시서 없이 화물을 인도한 경우의 책임

선하증권이 발행된 경우 통상적으로 화주는 운송인에게 선하증권을 제출하고 화물인도지시서(Delivery Order)를 받은 후 이를 보세창고업자에게 제출한다. 보세창고업자는 화물인도지시서와 상환으로 화주에게 화물을 인도한다. 화물인도지시서는 '운송인의 지시'가 있었다는 것을 의미하는 것이기 때문에, 화물인도지시서가 없더라도 운송인의 지시가 있다면 보세창고업자는 화물을 화주에게 인도하여도 된다.

지정장치장 화물관리인도 마찬가지로 화물인도지시서나 운송인의 지시가 있는 경우에만 화물을 인도하여야 하는데, 본 사안에서는 화물인도지시 없이 화물을 무단으로 반출하였으므로 지정장치장 관리인은 선하증권소지인에게 손해배상책임을 진다.

4. 선박대리점에게도 손해배상책임이 성립하는지의 여부

본 사안에서 주의할 것은 화물의 무단반출이 이루어진 것이 선박대리점의 지시에 의해서가 아니라, 지정장치장 화물관리인에 의한 것이라는 점이다. 선박대리점은 해상운송인을 대리하여 선하증권의 회수 등의 업무를 하는데, 만약 본 사안에서 선박대리점의 지시로 인해 지정장치장 화물관리인이 화물을 반출한 것이라면, 당연히 선박대리점에게 손해배상 책임이 발생할 것이다.

1심	2심	대법원
서울중앙지방법원 2004. 9. 9. 선고 2004고단4500 판결	서울중앙지방법원 2004. 11. 26. 선고 2004노3407 판결	2005. 3. 25 선고 2004도8786 판결

상용물품을 간이수입신고하여 면세통관을 완료한 경우 무신고수입죄에 해당하는지 여부

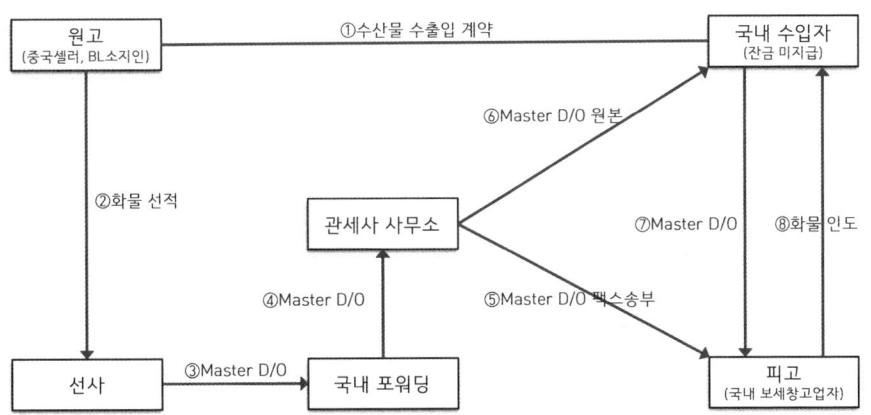

사실관계

① 원고는 중국에서 수산물 수출업 등을 영위하는 법인이고, 국내의 수입업자와 대금은 후불로 지불하기로 하고 수산물 수출입계약을 체결함
② 원고는 화물을 선적하였고, 화물은 한국의 보세창고(피고)에 보관되었으나 수입업자가 대금지급을 하지 않아 B/L을 수입업자에게 송부하지 않고 보관하고 있었음
③ 선사는 국내 포워딩업체에 마스터 D/O를 송부하였고, 포워딩업체는 관세사사무소에 마스터 D/O를 보관함
④ 관세사사무소는 창고업자인 피고에게 마스터 D/O를 팩스로 송부하였고, 수입업자에게는 마스터 D/O 원본을 송부함
⑤ 수입업자는 피고에게 마스터 D/O를 제시하여 화물을 인도받음
⑥ 원고는 피고에게 불법행위로 인한 손해배상책임을 물으면서 이 사건 소를 제기함

관련 법령

상법

제861조(준용규정)
제129조·제130조·제132조 및 제133조는 제852조 및 제855조의 선하증권에 준용한다.

제129조(화물상환증의 상환증권성)
화물상환증을 작성한 경우에는 이와 상환하지 아니하면 운송물의 인도를 청구할 수 없다.

원심의 판단

원심판결 이유에 의하면, … 이 사건에서 복합운송주선인인 소외 주식회사가 종전의 업무처리방식이나 업무처리 관행대로 master d/o를 운송선사로부터 발행·교부받아 이를 △△관세사사무소에 보관함으로써 수입업자에게 전달될 수 있도록 한 행위는 객관적으로 보아 이 사건 수산물에 관한 화물인도지시와 같은 것으로 평가될만한 행위라고 할 것이고, 설령 실제로 소외 주식회사가 △△관세사사무소에게 위 master d/o를 수입업자인 ○○물산에게 전달하도록 지시 또는 용인한 사실이 없다고 하더라도, 보세창고업자인 피고 회사로서는 수입업자인 ○○물산이 위 master d/o 원본을 모두 전달받거나 소지하고 있음을 확인한 이상 소외 주식회사의 화물인도지시가 있었던 것으로 믿음에 상당한 이유가 있다고 할 것이어서, 결국 피고 회사가 이 사건수산물의 보관, 인도에 관한 주의의무를 해태하였다고 보기는 어렵다고 판단하였다.

대법원의 판단

1. 운송인과 보세창고 사이에는 묵시적 임치계약이 성립한다

해상운송화물이 통관을 위하여 보세창고에 입고된 경우에는 운송인과 보세창고업자 사이에 해상운송화물에 관하여 묵시적 임치계약이 성립한다고 볼 것이고, 따라서 보세창고업자는 운송인과의 임치계약에 따

라 운송인 또는 그가 지정하는 자에게 화물을 인도할 의무가 있고, 한편 운송인은 선하증권상의 수하인이나 그가 지정하는 자에게 화물을 인도할 의무가 있으므로, 보세창고업자로서는 운송인의 이행보조자로서 해상운송의 정당한 수령인인 수하인 또는 수하인이 지정하는 자에게 화물을 인도할 의무를 부담하게 되는바, 보세창고업자가 화물을 인도함에 있어서 운송인의 지시 없이 수하인이 아닌 사람에게 인도함으로써 수하인의 화물인도청구권을 침해한 경우에는 그로 인한 손해를 배상할 책임이 있다.

2. 보세창고업자는 운송인 또는 국내 선박대리점의 이행보조자이다

또한, 보세창고업자가 해상운송화물의 실수입자와의 임치계약에 의하여 화물을 보관하게 되는 경우, 운송인 또는 그 국내 선박대리점의 입장에서는 해상운송화물이 자신들의 지배를 떠나 수하인에게 인도된 것은 아니고 보세창고업자를 통하여 화물에 대한 지배를 계속하고 있다고 볼 수 있으므로, 보세창고업자는 해상운송화물에 대한 통관절차가 끝날 때까지 화물을 보관하고 적법한 수령인에게 화물을 인도하여야 하는 운송인 또는 그 국내 선박대리점의 의무이행을 보조하는 지위에 있다고 할 수 있다

3. 마스터 D/O와 하우스 D/O의 법적성격

master d/o는 운임을 지급받은 실제 운송선사가 운송주선인에게 발행하는 화물인도지시서로서 운송주선인이 선박 내 창고에서 화물을 반

출할 수 있는 근거서류가 되고, 하우스화물인도지시서 (house delivery order, 약칭으로 house d/o라고 한다) 는 수입업자에 의한 대금결제까지 모두 이루어진 후 운송주선인이 수입업자에게 발행하는 화물인도지시서로서 수입업자가 보세창고업자로부터 화물을 인도받을 수 있는 근거서류가 된다.

이 사건 master d/o는 실제 운송선사가 선박 내 창고에서 화물을 반출할 수 있는 근거서류로 발행한 것이고, 따라서 이 사건 master d/o의 수하인 (consignee), 통지처 (notify party) 가 모두 운송주선 인인 소외 주식회사로 기재되어 있으므로, 이 사건 master d/o는 수입업자에 대한 화물인도지시서가 될 수 없다.

4. 이 사건에서 보세창고업자가 운송인의 인도지시에 의해 화물을 인도한 것인지 여부

한편, 운송주선인이 수입업자에게 화물인도를 지시하는 방법에 특별한 형식이 요구된다고 볼 수는 없으므로, house d/o를 발행하는 방법 외에 master d/o에 별도의 인도지시문구를 기재하거나 전화·팩스 등의 방법으로 인도지시하는 것도 가능하다고 할 것이나, 원심이 인용한 제1심이 인정한 사실에 의하면, 소외 주식회사가 위와 같은 방법으로 화물인도를 지시하였다고 인정할 수 없고, 피고 회사가 직접 소외 주식회사에 이 사건 수산물의 인도지시 여부를 확인하였다고 인정되지도 아니한다.

5. 보세창고업자가 선하증권과 상환하지 않고 마스터 D/O만을 확인한 채 화물을 인도한 경우 불법행위가 성립한다

또, 소외 주식회사와 피고 회사 사이에 master d/o만으로 화물을 인도하는 전례가 있었다고 하더라도 이는 전적으로 소외 주식회사와 피고 회사의 공동 위험부담 하에 행해지는 것으로서 master d/o만으로 화물을 인도함으로 인하여 선하증권의 정당한 소지인의 권리가 침해되는 경우 그로 인한 손해를 배상함을 당연히 전제로 하는 것이라고 할 것이므로, 하우스 선하증권 소지자로서 이 사건 수산물에 대하여 인도청구권을 가진 원고들에 대하여 면책 사유로 주장할 수는 없다고 할 것이다.

따라서 피고 회사가 운송선사 발행의 master d/o만을 확인한 채 이 사건 수산물을 ○○물산에 인도해 줌으로써 그 회수를 사실상 불가능하게 한 행위는 하우스 선하증권을 소지한 원고들의 이 사건 수산물에 대한 인도청구권을 위법하게 침해한 것이어서 불법행위를 구성한다고 할 것임에도, 원심이 판시와 같은 사정을 들어 원고들의 예비적 청구를 기각한데에는 master d/o의 성격과 보세창고업자의 주의의무에 관한 법리를 오해함으로써 판결결과에 영향을 미친 위법이 있다고 할 것이다. 그러므로 원심판결을 모두 파기하고, 사건을 다시 심리·판단하게 하기 위하여 원심법원에 환송하기로 하여 관여 대법관의 일치된 의견으로 주문과 같이 판결한다.

해설

(1) 본 판결은 두 개의 화물인도지시서 즉, 마스터 D/O 와 하우스 D/O 의 기능을 기준으로 하여 법적성격을 구별하였다. 마스터 D/O는 실제 운송인이 선장에게 화물을 계약운송인에게 인도할 것을 지시하는 기능을 하고, 하우스 D/O는 계약운송인이 창고업자에게 화물을 수하인에게 인도할 것을 지시하는 기능을 한다.

(2) 따라서 화물을 보관하고 있는 창고업자로서는 선하증권 원본이나 하우스 D/O와 상환으로 화물을 인도하여야 하는데, 본 사안에서는 마스터 D/O와 상환으로 화물을 인도하였기 때문에 불법행위가 성립하게 되는 것이다.

(3) 또한 화물인도지시는 꼭 D/O를 발급하는 방법으로 하여야 하는 것은 아니고, 구두나 팩스 등의 방법으로도 화물인도지시를 할 수도 있는데, 본 사안에서는 이러한 방법의 화물인도지시도 없었기 때문에 보세창고업자에게 불법행위가 성립한다고 판단하였다.

1심	2심	대법원
서울중앙지방법원 1995. 8. 17. 선고 93가합82583 판결	서울고등법원 1996. 4. 18. 선고 95나37447 판결	1997. 9. 9. 선고 96다20093 판결

선하증권 이면약관상 전속관할합의의 유효성 및 창고업자에 대한 운송인의 사용자책임

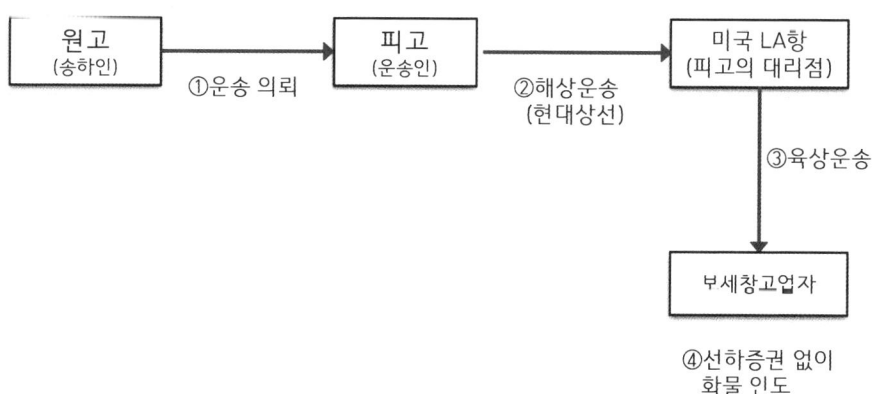

사실관계

① 원고는 송하인이고 피고는 원고로부터 복합운송을 의뢰받은 계약운송인임
② 피고는 원고에게 화물 인도지는 미국 텍사스, 수하인은 신용장 발행은행의 지시인으로 하는 복합운송증권 (Combined Transport B/L)을 발행함
③ 피고의 미국 대리점인 베니슨 사는 화물이 LA항에 도착하자, 화물을 텍사스까지 육상운송한 후, 이를 보세창고업자인 안젤로 사의 보세창고에 보관함
④ 위 보세창고업자 안젤로 사는 화물을 복합운송증권의 소지인이 아닌 제3자에게 인도함

선하증권 이면 약관	
송하인	원고
계약운송인	피고
수하인	신용장발행은행의 지시인
인도지	미국 텍사스
이면약관	·이 증권에 기한 소는 모두 미합중국 뉴욕시법원에 제기하여야 한다. ·다만 운송인은 위와 다른 법원에 소를 제기할 수 있다.

관련 법령

민사소송법

제29조(합의관할)
①당사자는 합의로 제1심 관할법원을 정할 수 있다.
②제1항의 합의는 일정한 법률관계로 말미암은 소에 관하여 서면으로 하여야 한다.

제103조(반사회질서의 법률행위)
선량한 풍속 기타 사회질서에 위반한 사항을 내용으로 하는 법률행위는 무효로 한다.

제391조(이행보조자의 고의, 과실)
채무자의 법정대리인이 채무자를 위하여 이행하거나 채무자가 타인을 사용하여 이행하는 경우에는 법정대리인 또는 피용자의 고의나 과실은 채무자의 고의나 과실로 본다.

제756조(사용자의 배상책임)
① 타인을 사용하여 어느 사무에 종사하게 한 자는 피용자가 그 사무집행에 관하여 제삼자에게 가한 손해를 배상할 책임이 있다. 그러나 사용자가 피용자의 선임 및 그 사무감독에 상당한 주의를 한 때 또는 상당한 주의를 하여도 손해가 있을 경우에는 그러하지 아니하다.
② 사용자에 갈음하여 그 사무를 감독하는 자도 전항의 책임이 있다.
③ 전2항의 경우에 사용자 또는 감독자는 피용자에 대하여 구상권을 행사할 수 있다.

민법

제750조(불법행위의 내용)
고의 또는 과실로 인한 위법행위로 타인에게 손해를 가한 자는 그 손해를 배상할 책임이 있다.

제693조(임치의 의의)
임치는 당사자 일방이 상대방에 대하여 금전이나 유가증권 기타 물건의 보관을 위탁하고 상대방이 이를 승낙함으로써 효력이 생긴다.

원심의 판단

1. 피고의 본안 전 항변에 관하여

제1점에 대하여 원심은, … 복합운송증권의 이면약관 제24조는, '이 증권에 기한 소는 모두 미합중국 뉴욕시법원에 제기하여야 한다. 다만 운송인은 위와 다른 법원에 소를 제기할 수 있다.'라고 규정하고 있는 사실 등을 인정한 후, 복합운송증권의 소지인으로서 운송인인 피고에게 불법행위로 인한 손해배상책임을 묻는 원고의 이 사건 소가 운송증권에 기재된 전속적 합의관할법원이 아닌 대한민국의 법원에 제기된 것이어서, 결국 이 사건 소는 재판관할권이 없는 법원에 제기되어 부적법하다는 피고의 주장에 대하여, 위 운송증권의 이면약관에 의한 관할 합의는 원심 판시와 같은 이유로 합리성을 결여하여 무효라고 판단함으로써 피고의 본안 전 항변을 배척하였다.

2. 피고의 불법행위책임 및 사용자책임에 관하여

제2점에 대하여 원심은, 피고의 미합중국 내의 대리점인 베니슨이 피고의 지시에 의하여 소외 현대상선 주식회사로부터 운송물을 인계받아 1992. 3. 31. 이를 목적지인 미합중국 텍사스주 브라운스빌까지 육상운송한 후 그 곳의 보세창고업자인 안젤로에게 지시하여 이를 그의 보세창고에 보관하게 하였으나, 안젤로가 이를 복합운송증권과 상환하지 않고 제3자에게 인도하여 멸실시킨 사실 등을 인정한 후, 피고는 이로써 복합운송증권의 소지인의 운송물에 대한 권리를 위법하게 침해하였다고 할 것이고, 운송물을 복합운송증권과 상환하지 아니하고 인도할 경우 달리 특별한 사정이 없는 한 그 인도시에 이러한 권리침해의 결과를 예상할 수 있었다고 할 것이므로, 결국 피고는 복합운송증권의 소지인인 원고에게 이 사건 운송물의 멸실에 대하여 고의 또는 중과실에 의한 불법행위책임을 진다고 판단하였다.

원심은 명시적이지는 않으나 피고가 미합중국 내의 대리점인 베니슨에 대하여 지시·감독권을 행사하여 왔고, 한편 베니슨은 보세창고업자 안젤로에 대하여 지시·감독권을 행사하여 왔으므로, 결국 안젤로는 피고의 지시·감독 아래에 있다고 할 것이어서, 안젤로의 고의·중과실에 의한 불법행위에 대하여 피고도 사용자책임을 진다고 판단한 것으로 보여진다.

대법원의 판단

1. 외국법원에 대한 전속적 관할합의가 유효하기 위한 요건

대한민국 법원의 관할을 배제하고 외국의 법원을 관할법원으로 하는 전속적인 국제관할의 합의가 유효하기 위하여는, 당해 사건이 대한민국 법원의 전속관할에 속하지 아니하고, 지정된 외국법원이 그 외국법상 당해 사건에 대하여 관할권을 가져야 하는 외에, 당해 사건이 그 외국법원에 대하여 합리적인 관련성을 가질 것이 요구된다고 할 것이고, 한편 전속적인 관할 합의가 현저하게 불합리하고 불공정한 경우에는 그 관할 합의는 공서양속에 반하는 법률행위에 해당하는 점에서도 무효라 할 것이다.

이 사건이 미합중국 뉴욕주법원과 관련성을 갖는다고 볼 만한 점은, 피고가 뉴욕주에도 영업소(지점)를 가지고 있다는 점과 피고를 위하여 운송물 인도업무를 담당하였다가 운송물을 멸실시킨 보세창고업자가 미국인이고 그 운송물이 멸실된 곳이 미합중국의 텍사스주라는 것 정도라 할 것인데, 한편 원고와 피고는 모두 대한민국에 주된 사무소를 두고 대표자 및 사원들이 한국인들로 구성된 대한민국의 법인인데다가, 운송물의 목적지는 텍사스주로서 뉴욕주와는 전혀 관련이 없고, 운송물이 멸실된 경위에 관하여 원·피고 사이에 전혀 다툼이 없어서 이 사건의 심리에 필요한 중요한 증거방법은 모두 대한민국 내에 있는 한국인 증인들이거나 문서들이며, 운송인의 책임 범위나 면책 요건에 관한 미합중국의 법이 대한민국의 법보다 운송인인 피고에게 더 유리하다고 볼 만한 자료도 없고, 그 밖에 이 사건 소송물의 가액이 극히 소액인 점 등에 비추어 보면, 뉴욕주법원에서 소송을 수행하는 것이 피고에게도 여러 가지로 불편할 뿐이므로, 이 사건 전속적 관할 합의는 사건이 그 지정된 외국법원에 대하여 합리적인 관련성을 결여함으로써 전속적 관할 합의가 유효요건을 구비하지 못하여 무효라고 할 것이다.

그러므로 같은 취지의 원심의 판단은 정당하고, 논지는 이유가 없다.

2. 보세창고업자의 불법행위에 대하여 피고가 사용자책임을 지지 않는다

그러나 기록에 의하면 베니슨은 미국 연방해사위원회에 무선박운송업자(nvoc)로 등록되어 있는 독립된 기업자로 보여지는데, 제1심 증인 김△승은 피고와 베니슨의 관계가 상호협조관계라고 증언하고 있고, 갑 제13호증의 기재에 의하더라도 피고와 베니슨의 관계가 지휘·감독관계라고는 보여지지 아니하며, 그 밖에 달리 피고가 베니슨에 대하여 지시·감독권을 가지고 있다거나, 또는 베니슨을 통하여 보세창고업자인 안젤로에 대하여 간접적으로나마 지휘·감독권을 행사하여 왔다고 볼 만한 증거가 전혀 없다.

그렇다면 운송물을 멸실시킨 보세창고업자 안젤로는 운송물의 인도업무에 관하여 피고의 이행보조자라고는 할 수 있으나 피고의 지시·감독을 받은 피용자적인 지위에 있다고는 볼 수 없을 것이므로, 직접 불법행위를 저지른 안젤로에 대하여 피고가 사용자로서의 지위를 갖는 것으로 인정하여 피고에게 사용자책임을 인정한 원심판결에는 사용자책임에 관한 법리를 오해하고 채증법칙을 위반한 위법이 있다고 할 것이고, 이러한 위법은 판결에 영향을 미쳤음이 명백하므로, 이 점을 지적하는 논지는 이유가 있다.

그러므로 피고의 나머지 상고이유에 대한 판단을 생략한 채, 원심판결을 파기하여 사건을 원심법원에 환송하기로 하여 관여 법관의 일치된 의견으로 주문과 같이 판결한다.

해설

1. 본 사안의 쟁점

본 사안의 첫 번째 쟁점은 선하증권 이면약관 상의 전속적 국제관할합의의 유효성이고, 두 번째 쟁점은 보세창고업자의 운송물 멸실행위에 대하여 운송인이 민법상 사용자책임을 지는지의 여부이다.

2. 선하증권 이면약관 상의 전속적 관할합의의 유효성

선하증권 이면약관에는 보통 국제재판관할 합의와 준거법이 규정되어 있다. 그런데 선하증권에 이러한 관할합의가 있다고 해서 항상 그러한 관할합의가 유효한 것은 아니다. 본 사안의 경우 합의관할이 미국 뉴욕주 법원으로 정해져 있었다.

하지만 원고와 피고가 모두 대한민국 법인이고, 증거방법이 모두 대한민국 내에 있었으며, 미합중국의 법이 대한민국의 법보다 피고에게 더 유리하다고 볼 만한 자료도 없기 때문에 해당 관할 합의는 뉴욕 주 법원과의 합리적 관련성을 결여한 것으로 판단된 것이다. 본 판례는 이러한 관할합의는 민법 제103조의 반사회적 법률행위에 해당하는 것으로 보아 무효라고 보았다.

3. 보세창고업자의 운송물 멸실행위에 대한 운송인의 사용자책임

민법상 사용자책임이 성립하기 위해서는 ①사용자와 피용자 사이에 사용관계가 존재할 것 ②피용자가 그 사무집행에 관하여 제3자에게 손해를 가하였을 것 ③피용자의 가해행위가 불법행위의 일반적 성립요건을 갖출 것 ④사용자가 제756조 제1항 단서의 면책사유 있음을 입증하지 못할 것 이라는 요건이 필요하다. 본 사안에서는 위 요건들 중에서 운송인과 보세창고업자 사이에 사용관계가 존재하는지의 여부가 문제되었다.

사용관계의 존재가 인정되기 위해서는 사용자가 불법행위자를 '실질적으로 지휘·감독하는 관계'에 있어야 한다는 것이 판례의 태도이다. 본 사안에서는 창고업자가 독립된 기업자로 보여지는 점, 증인의 증언에 의하면 피고와 창고업자의 관계가 상호협조관계라고 보여지는 점 등에 비추어 사용관계가 인정되지 않아, 피고의 사용자책임이 성립되지 않았다.

1심	2심	대법원
부산지방법원 2006. 6. 22. 선고 2004가합17095 판결	부산고등법원 2007. 1. 26. 선고 2006나11999 판결	2007. 6. 28. 선고 2007다16113 판결

선하증권 소지인이 입은 손해액의 기준시점 및 신용장 개설은행의 운송인에 대한 손해배상채권과 개설의뢰인에 대한 채권의 관계

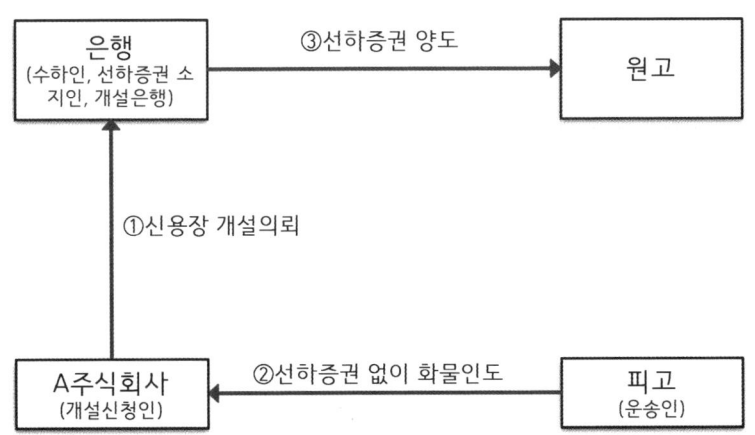

사실관계

① 부산은행은 A주식회사의 의뢰에 따라 신용장을 발행하였고, 신용장은 A주식회사가 수입하고 피고가 운송하는 화물에 관한 것임
② 이 사건 선하증권의 수하인은 부산은행으로 기재되어 있었고 부산은행이 선하증권 원본을 소지하고 있었는데, 운송인인 피고가 선하증권과 상환 없이 A주식회사에게 화물을 인도함
③ 부산은행은 신용장의 수익자에게 신용장대금을 지급하였고, A주식회사는 부산은행에게 신용장대금을 지급하지 않음
④ 부산은행은 이 사건 선하증권을 원고에게 양도하였고, 원고는 피고를 상대로 손해배상을 청구함
⑤ 원고의 청구에 대하여 피고는 부산은행의 A주식회사에 대한 구상채권액의 한도로 손해배상액의 범위가 제한되고, 위 구상채권이 일부 변제되었음을 이유로 동액 상당액이 공제되어야 한다고 주장함

선하증권 기재 내용	
송하인	T주식회사
운송인	피고
수하인	부산은행
인도지	부산항
통지처	A주식회사

관련 법령

민법

제393조(손해배상의 범위)
① 채무불이행으로 인한 손해배상은 통상의 손해를 그 한도로 한다.
② 특별한 사정으로 인한 손해는 채무자가 그 사정을 알았거나 알 수 있었을 때에 한하여 배상의 책임이 있다.

제763조(준용규정)
제393조, 제394조, 제396조, 제399조의 규정은 불법행위로 인한 손해배상에 준용한다.

상법

제129조(화물상환증의 상환증권성)
화물상환증을 작성한 경우에는 이와 상환하지 아니하면 운송물의 인도를 청구할 수 없다.

제132조(화물상환증의 처분증권성)
화물상환증을 작성한 경우에는 운송물에 관한 처분은 화물상환증으로써 하여야 한다.

제133조(화물상환증교부의 물권적 효력)
화물상환증에 의하여 운송물을 받을 수 있는 자에게 화물상환증을 교부한 때에는 운송물 위에 행사하는 권리의 취득에 관하여 운송물을 인도한 것과 동일한 효력이 있다.

제820조(수하물 무임운송의무)
여객이 계약에 의하여 선내에서 휴대할 수 있는 수하물에 대하여는 운송인은 다른 약정이 없으면 별도로 운임을 청구하지 못한다.

제811조(법정사유로 인한 해제 등)
①항해 또는 운송이 법령을 위반하게 되거나 그 밖에 불가항력으로 인하여 계약의 목적을 달할 수 없게 된 때에는 각 당사자는 계약을 해제할 수 있다.
②제1항의 사유가 항해 도중에 생긴 경우에 계약을 해지한 때에는 송하인은 운송의 비율에 따라 운임을 지급하여야 한다.

> 민사소송법
>
> **제292조(직권에 의한 증거조사)**
> 법원은 당사자가 신청한 증거에 의하여 심증을 얻을 수 없거나, 그 밖에 필요하다고 인정한 때에는 직권으로 증거조사를 할 수 있다.

원심의 판단

원심은, 그 채용 증거들을 종합하여 판시와 같은 사실을 인정한 다음, 주식회사 부산은행은 A주식회사의 의뢰에 따라 이 사건 신용장을 발행하였고, 이 사건 신용장은 A주식회사가 수입하고 피고가 운송하는 이 사건 화물에 관한 것으로서, 부산은행이 이 사건 화물에 관한 이 사건 선하증권의 수하인이 되었는바, 이러한 경우 부산은행이 이 사건 선하증권의 소지인으로서 가지는 권리는 부산은행이 이 사건 신용장의 개설은행으로서 그 신용장대금을 지급하여 A주식회사에 대하여 가지는 구상채권을 담보하기 위한 것이므로, 피고가 이 사건 선하증권과 상환하지 아니하고 A주식회사에게 이 사건 화물을 인도함으로써 부산은행의 이 사건 화물에 대한 권리를 침해하여 부산은행에 대하여 불법행위로 인한 손해배상채무를 부담하는 경우에 있어서 피고가 배상할 손해액은, 이 사건 화물이 A주식회사에게 인도된 당시의 시가 상당액으로 하되, 부산은행이 이 사건 신용장의 개설은행으로서 그 신용장대금을 지급하여 A주식회사에 대하여 가지는 구상채권액의 범위 내로 제한된다고 할 것이라고 판단한 다음, 이 사건 화물의 멸실 당시의 시가 상당액은 3억 89,099,238원이나 부산은행이 A주식회사에 대하여 가지는 신용장대금 구상채권액은 그보다 적은 3억 75,433,217원이므로, 피고는 원고에게 위 구상채권액 3억 75,433,217원 및 이에 대한 지연손해금을 지급하여야 할 것이라고 판단하였다.

또한 원심은 원고가 부산은행으로부터 위 구상채권을 양수한 후 부동산임의경매절차에서 위 구상채권에 대한 2005. 6. 9.까지의 지연손해금을 변제받은 바 있어 그 변제액 상당도 이 사건 손해배상채권의 지연손해금에서 공제되어야 할 것이므로, 결국 피고는 원고에게 위 인정의 3억 75,433,217원 및 이에 대한 2005. 6. 10.부터 완제일까지의 지연손해금만을 지급할 의무가 있다고 판단하였다.

대법원의 판단

1. 선하증권과 상환 없이 운송물을 인도하였을 경우 선하증권 소지인이 입은 손해의 범위

운송인이 운송물을 선하증권과 상환하지 아니하고 타인에게 인도함으로써 선하증권 소지인이 입은 손해는 그 인도 당시의 운송물의 가액 및 이에 대한 지연손해금 상당의 금액이라 할 것이고 (대법원 1993. 10. 8. 선고 92다12674 판결 등 참조), 신용장 개설은행이 선하증권의 소지인으로서 운송인에 대하여 갖게 된 선하증권에 관한 손해배상채권과 신용장 개설은행으로서 신용장 개설의뢰인에 대하여 갖는 신용장 거래상의 채권은 법률상 별개의 권리이므로, 신용장 개설의뢰인의 신용장 개설은행에 대한 신용장 거래상의 채무가 일부 변제 등으로 소멸된다고 하더라도 운송인을 상대로 한 선하증권에 기한 손해배상청구에서 이를 공제하여야 할 것은 아니며 (대법원 1991. 4. 26. 선고 90다카8098 판결, 2004. 3. 25. 선고 2001다53349 판결 등 참조), 선하증권의 소지인으로서 운송인에 대하여 가지는 권리가 신용장 개설은행으로서 개설의뢰인에 대하여 가지는 권리를 담보하기 위한 것이라 하여 운송인의 선하증권 소지인에 대한 손해배상채무가 신용장 개설의뢰인의 개설은행에 대한 신용장 거래상의 채무액 범위 내로 제한된다고 할 수도 없다.

2. 신용장 개설은행의 운송인에 대한 손해배상채권과 신용장 개설의뢰인에 대한 채권의 관계

위 법리와 기록에 비추어 살펴보면, 피고가 이 사건 선하증권과 상환하지 아니하고 A주식회사에게 이 사건 화물을 인도하는 불법행위를 저지름으로써 부산은행이 입은 손해는 이 사건 화물이 A주식회사에게 인도된 당시의 시가 상당액인 389,099,238원 및 이에 대한 지연손해금 상당액이라 할 것이므로, 피고는 부산은행으로부터 이 사건 선하증권을 양수함으로써 피고에 대한 부산은행의 손해배상청구권을 이전받은 원고에게, 위 389,099,238원 및 이에 대한 불법행위일로서 이 사건 화물 인도일인 2003. 12. 31.부터 완제일까지의 지연손해금 상당액을 지급할 의무가 있고, 이에 대하여 피고가 부산은행의 A주식회사에 대한 신용장 대금지급에 따른 구상채권액이 위 화물의 인도 당시의 가액에 미치지 못함을 내세워 위 구상채권액의 한도로 손해배상책임의 범위가 제한되어야 한다고 주장하거나, 위 구상채권에 대한 일부 지연손해금이 변제되었음을 내세워 동액 상당이 공제되어야 한다고 주장할 수는 없다고 할 것이다.

그럼에도 불구하고, 원심은 그 판시와 같은 이유로, 원고의 피고에 대한 이 사건 손해배상채권이 부산은행의 A주식회사에 대한 구상채권액으로 제한되어야 하고 또한 위 구상채권에 대한 일부의 이자가 변제되었으므로 그 변제된 이자 상당액이 이 사건 손해배상채권으로부터 공제되어야 한다고 판단하고 말았으니, 이러한 원심판결에는 선하증권 소지인에 대한 운송인의 손해배상책임의 범위에 관한 법리를 오해한 위법이 있고, 이러한 위법이 판결에 영향을 미쳤음은 분명하다.

3. 제소기간 준수 여부

운송인의 용선자, 송하인 또는 수하인에 대한 채권·채무는 그 청구원인의 여하에 불구하고 운송인이 수하인에게 운송물을 인도한 날 또는 인도할 날부터 1년 이내에 재판상 청구가 없으면 소멸하는 것이고 (상법 제811조), 위 기간은 제소기간으로서 법원은 그 기간의 준수 여부에 관하여 직권으로 조사하여야 하므로 그 기간 준수 여부에 대하여 의심이 있는 경우에는 필요한 정도에 따라 직권으로 증거조사를 할 수 있으나,

법원에 현출된 모든 소송자료를 통하여 살펴보았을 때 그 기간이 도과되었다고 의심할 만한 사정이 발견되지 않는 경우까지 법원이 직권으로 추가적인 증거조사를 하여 기간 준수의 여부를 확인하여야 할 의무는 없다 (대법원 2005. 4. 28. 선고 2004다71201 판결 등 참조).

기록에 의하여 살펴보면, 원고가 2004. 9. 23. 이 사건 소를 제기하면서 그 소장에서 이 사건 화물의 수하인인 부산은행이 운송인인 피고에 대하여 가지는 손해배상채권을 원고가 부산은행으로부터 2004. 6. 29. 양수하였음을 청구원인으로 하여 피고에 대하여 손해배상을 구한다고 주장하였고, 그 소장에 이 사건 선하증권의 사본을 증거서류로 첨부하여 제출한 점을 알 수 있는 반면, 피고가 내세우는 갑 제14호증(통지서)의 기재에 의하면 부산은행이 2004. 7. 5. 피고에게 보낸 통지서의 '원본 선하증권 전통이 당행에 보관되어 있는 상황에서 어떻게 당해 물품의 반출이 가능한지 납득되지 않는다.'라는 기재가 있음을 알 수 있으나 위 기재는 부산은행이 이 사건 선하증권 원본을 2004. 7. 5. 당시 소지하고 있었다는 취지가 아니라 이 사건 화물이 반출될 당시 소지하고 있었다는 취지에 불과하다고 보일 뿐이어서 위 기재만으로 원고가 부산은행으로부터 선하증권을 양수하지 않은 채 이 사건 소를 제기하였다고 단정할 수 없고, 달리 기록상 피고가 이 사건 화물을 A주식회사에 인도한 2003. 12. 31.로부터 1년이 경과되는 2004. 12. 31.까지 원고가 부산은행으로부터 이 사건 선하증권을 양수하지 못하였다고 의심할 만한 자료가 없다.

따라서 원심이 상법 제811조 소정의 제소기간이 도과되었는지 여부를 판단하기 위하여 직권으로 증거조사를 하지 아니하였다고 하더라도, 원심판결에 상고이유의 주장과 같은 채증법칙 위배나 직권조사사항에 관한 법리오해 등의 위법이 있다고 할 수 없다.

해설

1. 본 사안의 쟁점

본 사안에서의 쟁점은 ①운송인이 선하증권과 상환하지 않고 운송물을 인도한 경우, 선하증권 소지인이 입은 손해의 기준시점 및 범위와 ②신용장 개설은행의 운송인에 대한 손해배상채권과 신용장 개설의뢰인에 대한 채권의 관계이다.

2. 선하증권 소지인이 입은 손해의 기준시점 및 범위

운송인이 선하증권과 상환 없이 화물을 인도하였을 경우, 선하증권 소지인이 입은 손해액이 운송물의 인도당시를 기준으로 하는지 또는 손해배상을 청구할 당시를 기준으로 하는지가 문제된다. 판례는 선하증권 소지인이 입은 손해는 그 인도 당시의 운송물의 가액 및 이에 대한 지연손해금 상당의 금액이라고 판시하여, 인도 당시의 운송물의 가액을 기준으로 하여 손해배상액을 산정하였다.

3. 운송인에 대한 손해배상채권과 신용장 개설의뢰인에 대한 채권의 관계

신용장 거래 시 개설은행은 선하증권을 소지함으로서 신용장 개설의뢰인에 대한 신용장대금채권을 담보하게 된다. 운송인이 선하증권과 상환 없이 운송물을 인도하였을 경우, 은행은 신용장 개설의뢰인 뿐만 아니라 운송인에게도 채권을 갖게 된다. 즉 선하증권 소지인으로서 운송인에 대한 손해배상채권이 발생하고, 신용장 개설의뢰인에 대한 기존 신용장대금 채권도 갖게 되는 것이다.

위 두 채권의 관계에 관하여 판례는 두 채권은 법률상 별개의 권리이므로, 신용장 개설의뢰인의 신용장 개설은행에 대한 채무가 일부 변제 등으로 소멸된다고 하더라도 운송인을 상대로 한 선하증권에 기한 손해배상청구에서 이를 공제하여야 할 것은 아니라고 판시하였다.

1심	2심
서울남부지방법원 1997. 7. 4. 선고 96가합15870 판결	서울고등법원 1998. 7. 24. 선고 97나38338 판결

화물도착이 지연된 경우 운송주선인의 책임

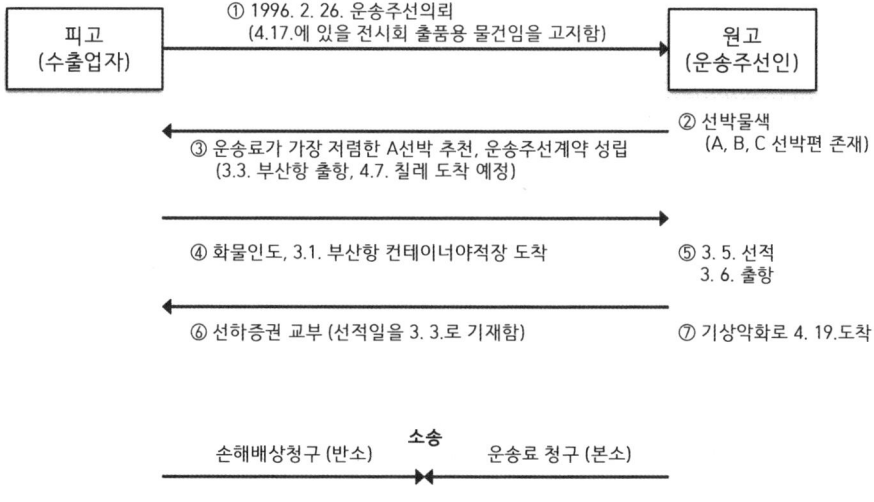

사실관계

① 피고는 봉제기계류를 제작하는 업체이고, 원고는 운송주선인임
② 피고는 1996. 4. 17.부터 칠레에서 개최되는 전시회에 자신이 생산하는 기계를 출품하기 위하여, 원고에게 위 기계의 운송주선을 의뢰함 (전시회에 출품되는 물건이라는 것을 고지함)
③ 원고는 각 해운대리점에 확인하여 A, B, C 선박이 칠레의 발파레이소항까지 운항한다는 것을 알게 됨
④ 원고는 A 선박이 3. 3. 부산항을 출발하여 4. 7. 경 발파레이소항에 입항 예정이고, 운송료가 저렴하다고 피고에게 알렸고, 피고가 이에 동의하여 원고와 피고는 운송주선계약을 체결함
⑤ 피고는 2. 29. 경 컨테이너를 부산항 컨테이너 야적장으로 인도하였는데, A선박은 예정보다 늦은 3. 4에 부산항에 입항하여, 3. 5. 컨테이너를 선적하였음 (선하증권에는 선적일이 3. 3.로 기재됨)
⑥ A선박은 기상악화로 예정보다 늦은 4. 19. 에 발파레이소항에 도착하였고, 피고는 위 기계를 전시회에 출품하지 못하였음
⑦ 피고가 운송료를 지급하지 않자 원고는 피고에게 운송료를 지급하라는 소를 제기하였고, 이에 피고는 원고를 상대로 손해배상을 청구하는 반소를 제기함

관련 법령

민법

제393조(손해배상의 범위)
① 채무불이행으로 인한 손해배상은 통상의 손해를 그 한도로 한다.
② 특별한 사정으로 인한 손해는 채무자가 그 사정을 알았거나 알 수 있었을 때에 한하여 배상의 책임이 있다.

제763조(준용규정)
제393조, 제394조, 제396조, 제399조의 규정은 불법행위로 인한 손해배상에 준용한다.

상법

제114조(의의)
자기의 명의로 물건운송의 주선을 영업으로 하는 자를 운송주선인이라 한다.

제115조(손해배상책임)
운송주선인은 자기나 그 사용인이 운송물의 수령, 인도, 보관, 운송인이나 다른 운송주선인의 선택 기타 운송에 관하여 주의를 해태하지 아니하였음을 증명하지 아니하면 운송물의 멸실, 훼손 또는 연착으로 인한 손해를 배상할 책임을 면하지 못한다.

제119조(보수청구권)
①운송주선인은 운송물을 운송인에게 인도한 때에는 즉시 보수를 청구할 수 있다.
②운송주선계약으로 운임의 액을 정한 경우에는 다른 약정이 없으면 따로 보수를 청구하지 못한다.

법원의 판단

1. 기초사실

가. 봉제기계류 제작업을 영위하는 피고는 1996. 4. 17. ‒ 4. 20. 4일간 칠레국 산티아고시에서 개최되는 제4회 국제섬유기계전시회 (feria internacional texvecal) 에 그가 생산하는 휴징프레스 등 봉제기계류 (이

하 이 사건 기계라 한다) 를 출품하기 위하여 1996. 2. 26. 경 운송주선업을 영위하는 원고에게 이 사건 기계가 위 전시회에 출품되는 물건이라는 점을 고지하고 이 사건 기계를 피고의 창고로부터 같은 달 29. 출하할 예정이라고 하면서 칠레국까지 운송하여 줄 선박운송인의 주선을 의뢰하였다.

나. 위 운송주선을 의뢰 받은 원고는 위 시기에 우리나라에서 칠레국까지 항해하는 선박을 물색하기 위하여 우리나라에서 발행되는 선박공보 (우리나라 항구에 입항하는 국제운송선박의 운항일정을 알리기 위하여 매주 1회씩 발행된다) 를 살펴보는 한편 각 해운대리점에 확인하여 본 바, 부산항에서부터 칠레국의 발파레이소항까지 운항하는 선박으로서 같은 해 3. 3. 출발하는 소외 A사의 A호 및 소외 B사의 B호와 같은 달 5. 출발하는 소외 C사의 C호 및 같은 달 7.에 출발하는 소외 D사의 D호가 있음을 알게 되었다.

다. 이에 원고는 피고에게 위와 같은 선박편이 있음을 알리면서, 위 A호는 같은 해 3. 3. 부산항을 출발하여 같은 해 4. 7.경 발파레이소항에 입항예정이어서 운항일정이 위 각 선편들 중 제일 빠르고 운송료도 할인혜택이 있어서 다른 회사보다 저렴하다고 고지하여 피고로부터 위 A호를 이용해도 좋다는 승낙을 받고, 위 A사의 국내대리점인 소외 오◇해운 주식회사와 위 A호로 이 사건 기계를 운송하기로 하는 계약을 체결하여 주었으며, 운송주선료를 포함한 운송료를 금 3,959,179원으로 정하여 이를 피고가 원고에게 지급하기로 하였다.

라. 위 운송계약에 따라 소외 회사는 같은 해 2. 29. 10:30경 컨테이너를 피고에게 보내어 이 사건 기계를 적재한 후 같은 날 22:00경 부산으로 출발하여 같은 해 3. 1. 17:00경 부산항 우암컨테이너야드에 도착하였고 선적될 준비를 모두 마쳤는데, 위 A호는 예정보다 늦은 같은 달 4. 부산항에 입항하여 같은 달 5. 16:10경 위 컨테이너를 선적한 후 다음 날인 같은 달 6. 부산항을 출발하였으나, 원고의 중개로 위 소외 회사에서 같은 해 3. 5.자로 발행하여 피고에게 교부한 이 사건 기계에 대한 선하증권에는 이 사건 기계의 선적일이 같은 해 3. 3.로 기재되어 있다.

마. 위 A호는 항로상의 기상악화로 운항에 차질을 빚게 되었고, 이에 원고는 운송인 측에 위 기계를 목적지에 빨리 도착되도록 하여 줄 것을 수차 요구하였으나 계속되는 기상악화로 인하여 당초 예정보다 늦은 같은 해 4. 19.에 이르러서야 위 발파레이소항에 도착함으로써 피고는 이 사건 기계를 위 전시회에 출품하지 못하였다.

2. 쌍방의 주장과 이에 대한 판단
가. 청구의 당부
원고가 피고에 대하여 위 약정 운송료의 지급을 구함에 대하여, 피고는 본소 항변 겸 반소청구원인으로 이 사건 기계를 1996. 4. 17. 4. 20. 사이에 개최되는 위 전시회에 전시품으로 출품하기 위하여 운송하는 것이라는 점을 원고에게 알리면서 위 전시회 개막일보다 10일 이전에 칠레국 발파레이소항에 도착하는 선편을 주선하여 줄 것을 의뢰하였고, 이에 원고가 위 A호가 1996. 3. 3. 부산을 출발하여 같은 해 4. 7. 발파레이소항에 도착한다는 운항계획을 알려 옴에 따라 원고는 이 사건 기계를 위 선편으로 운송하기로 하였던 것인데, 원고가 주선한 위 A호는 실제로는 같은 해 3. 6. 부산항을 출발하여 같은 해 4. 17.에 발파레이소항에 도착하는 선편임에도 원고는 위 선박이 같은 해 3. 3. 출항하는 것처럼 피고를 기망하였거나 적어도 이를 숨겼고, 결국 위 선박은 같은 해 4. 19.에야 발파레이소항에 도착함에 따라 피고로 하여금 이 사건 기계를 위 전시회에 출품할 수 없게 함으로써 운송의 목적을 달성할 수 없었으므로, 피고로서는 원고가 지급을 구하는 위 운송료를 지급할 수 없음은 물론이고, 오히려 위와 같은 원고의 채무불이행으로 인하여 손해를 입었으므로 원고는 피고의 모든 손해를 배상하여야 한다는 취지로 주장한다.

살피건대, 운송주선인은 운송물의 종류, 수량, 운송의 시기 등에 비추어 적절한 운송의 방법, 경로 등을 고려하여, 이에 적합한 신용 있는 운송인을 선택하여 운송계약을 체결할 의무가 있고, 자기나 그 사용인이 운송물의 수령, 인도, 보관, 운송인이나 다른 운송주선인의 선택 기타 운송에 관하여 주의를 해태하였음을 증명하지 아니하면 운송물의 멸실, 훼손 또는 연착으로 인한 손해를 배상할 책임을 면하지 못한다고 할 것인바 (상법 제115조), 이 사건 기계를 운송하던 위 A호가 원고가 당초에 피고에게 알려 주었던 도착 예정일인 같은 해 4. 7.보다 12일이 늦은 같은 달 19. 위 발파레이소항에 도착함으로써 피고가 이 사건 기계를 위 전시회에 출품하지 못하였음은 앞에서 인정한 바와 같으므로, 원고는 운송주선인으로서 그 주의의무를 해태하지 아니하였음을 주장 입증하지 못하는 이상 위 선박의 연착으로 인하여 피고가 입은 손해를 배상할 책임이 있고, 이와 같은 경우라면 원고로서는 운송주선인으로서의 의무를 제대로 이행하지 못하였다고 할 것이므로 피고에 대하여 위 약정 운송료를 청구하는 것 역시 허용되지 않는다고 하겠다.

나. 원고의 항변에 대한 판단

이에 대하여, 원고는 위 운송계약 체결 당시 운송인의 선택에 최선을 다하는 등 운송주선인으로서의 주의의무를 해태한 사실이 없고 단지 항로상의 기상악화로 인하여 위 A호가 연착하였을 뿐이므로 원고로서는 위와 같은 연착에 관하여 아무런 책임이 없다고 주장한다.

그러나 이에 들어맞는 취지의 갑제9호증의 3 (을제6호증과 같다) 의 기재나 원심증인 신◇인의 일부증언은 아래에서 인정하는 사실관계에 비추어 이를 각 믿지 아니하고, 달리 원고가 운송인으로서의 주의의무를 해태한 바가 없다고 인정할 증거는 전혀 없다.

오히려 앞에서 채택한 증거들에 을제14호증의 1, 2, 을제15호증의 각 기재를 보태 보면, 매주 월요일 발행되는 선박공보 중 같은 해 2. 26.자에는 위 A호의 부산항 입항 예정일이 같은 해 2. 26.이고 발파레이소항 도착

예정일이 같은 해 4. 5.이어서 이 예정대로라면 피고가 운송주선을 의뢰한 같은 해 2. 26.에 위 선박을 주선할 수는 없는 상황이었으나, 원고 측에서 위 오◇해운에 따로 전화로 확인한 결과 위 선박의 부산항 입항 예정일이 같은 해 3. 3.로, 발파레이소항 도착 예정일이 같은 해 4. 7.로 변경된 것을 확인하고 이 사건 기계를 위 선박으로 운송하기로 하고 이를 주선하였던 것인데, 같은 해 3. 4.자 선박공보에는 위 A호의 부산항 입항 및 출항 예정일이 같은 해 3. 3.   3. 4.이고 발파레이소항 도착 예정일이 위 전시회에 임박한 날짜인 같은 해 4. 14.로 다시 늦추어졌을 뿐만 아니라, 실제로는 위 입하예정일보다 하루 늦은 같은 해 3. 4. 부산항에 입항하여 같은 달 5. 부두에 접안하여 화물선적을 하였고 같은 달 6.에야 비로소 부산항을 출항 한 사실, 원고로서는 위 A호의 입항예정일이 위 3. 4.자 선박공보에는 위 2. 26.자 선박공보에 게재된 입항예정일보다 1주일 이상 늦어졌는데도 그 연유에 관하여는 확인하여 보지 않았고 실제 입항 및 출항일은 다시 그보다 1, 3일 늦어졌음에도 피고에게 아무런 통지를 하지 아니하였으며, 원고가 중개하여 위 소외 회사에서 발행한 선하증권에는 선적일이 같은 해 3. 3.로 그릇 기재되어 있었던 사실, 그런데 같은 해 2. 26. 및 3. 4.자 선박공보 상에 모두 부산항 입항 및 출항예정일이 같은 해 3. 3.로 되어 있고, 발파레이소 또는 그 인접항인 산안토니오항 입항예정일은 위 A호보다 빠른 같은 해 4. 3.로 되어 있는 B호 선편도 별도로 존재하였고, 위 B호는 예정대로 같은 해 3. 3. 부산항에 입항하여 당일 출항하였고 당초 예정보다 오히려 하루가 빠른 같은 해 4. 2.경 산안토니오항에 도착한 사실 (위 A호와는 정반대편의 항로를 이용하였던 때문인 것으로 보인다. 한편 위 A호와 유사한 선편 중 위 C호는 같은 해 3. 7. 부산항에 입항예정이었으나, 같은 달 8. 부산항에 입항하여 같은 해 4. 11. 도착예정이었음에도 같은 달 18. 지연도착하였고, 위 D호는 같은 해 3. 5. 출발하여 같은 해 4. 14. 도착예정이었으나, 같은 해 3. 6. 출발하여 같은 해 4. 23. 도착하였으나 이 선편들은 부산항 입항 및 출항예정일이 위 두 선편보다 며칠 늦은 것들이어서 운송주선의 대상이 되기는 어려웠다) 을 인정할 수 있다.

이와 같은 인정사실과 앞에서 인정한 사실관계를 종합하여 보면, 위 전시회에 출품할 이 사건 기계의 <u>운송주선을 의뢰 받은 원고로서는 무엇보다도 신속하고도 안전하며 신용 있는 선편을 피고에게 주선하여야 할 것이고, 앞서 본 바와 같이 위 B호라면 부산항 입항 예정이나 목적항인 발파레이소 또는 그 인접항인 산안토니오항 입항예정일이 모두 적절한 시기로서 운항일정의 변동이나 지연도착 등의 문제가 없어 가장 적절한 선편이었음에도, 위 B호를 피고에게 적극 추천하지 아니한 채 단지 운임이 저렴하다는 이유만으로 선박공보에 게재된 입항예정일이 불과 1주일 사이에 7일간이나 늦어졌고 도착 예정일은 원고측에서 전화로 확인한 것보다 7일간이 늦어져 운항일정에 대한 신뢰성이 상당히 떨어지는 위 A호를 피고에게 주선하였을 뿐만 아니라, 위 A호의 실제 입항 및 출항일은 위 늦어진 예정일보다도 다시 13일이나 늦어졌음에도 그러한 사정을 의뢰인인 피고에게 통지하지 아니함으로써 피고로 하여금 다른 조치를 취할 기회를 상실하게 하고야 말았다고 할 것이니,</u> 원고로서는 운송주선인으로서의 주의의무를 해태하지 아니하였다고 보기는 어렵고, 따라서 원고의 이 항변은 이유 없다.

다. 책임의 제한

그러나 한편으로 앞에서 채택한 증거들에 의하면, 피고로서도 위 전시회가 지구의 반대편에서 개최되어 선박에 의하여 이 사건 기계를 운송하는 경우 그 순 운송기간만도 35일 가량 걸린다는 점을 잘 알고 있었음에도 시간이 매우 촉박한 같은 해 2. 26.경에야 비로소 이 사건 기계의 운송주선을 의뢰함으로써 피고가 요구하는 위 전시회 개막일 10일 이전까지는 불과 40일 남짓한 시간밖에 없었는 바, 이는 선편의 물색에 필요한 기간과 국내와 현지에서의 통관, 육상운송 등의 기간을 참작하면 매우 빠듯한 기간이어서 운송주선인인 원고에게 충분한 시간적인 여유가 허여 되지 아니하였으며, 한편으로 이 사건 기계의 운송목적에 비추어 칠레국 도착일이 가장 중요한 사항이므로 피고 자신도 이 사건 기계의 운송선편인 위 A호의 부산항 입항 및 출항, 이 사건 기계의 선적시기에 관하여 수시로 확인하는 등 나름대로의 주의를 기울였어야 함에도 그러한 조치를 취하지 아니함으로써 위와 같은 출항지연 사태를 미리 알지 못함으로 인하여 적절한 대처를 하지 못하였던 사실을 인정할 수 있고, 이러한 사정 역시 이 사건 기계의 지연도착으로 인하여 손해가 발생하는데 한 요인이 되었다고 할 것인 바, 이와 같은 사정을 참작하면 위 손해의 발생에 관한 피고 자신의 책임은 20% 정도 된다고 봄이 상당하다.

라. 손해배상의 범위

  피고는 이 사건 기계가 앞서 본 바와 같이 지연도착 됨에 따라 위 전시회에 이 사건 기계를 출품할 수가 없었고 따라서 전시회 참가 자체가 결국 무의미한 것이 되는 결과를 가져왔으니, 피고가 이 사건 기계를 위 전시회에 출품하고 그 전시회에 피고의 직원이 참석하기 위하여 지출한 비용이 무익한 것이 되었다고 할 것이므로 피고의 손해는 그 비용 상당이라고 할 것인 바, 을제7 내지 12호증, 을제16호증의 1 내지 20호증의 각 기재 및 원심 및 당심증인 민○○의 각 일부증언에 변론의 전취지를 종합하면, 피고는 위 전시회의 준비기간인 1996. 1. 21. 1. 27. 전무이사 서○○의 출장비로 금 4,740,158원, 위 전시회 부스 임차비용으로 약 금 5,562,000원 (미화 7,112달러 상당), 전시회 개최기간을 전후한 같은 해 4. 15. 4. 30. 전무이사 서○○, 영업부 차장 임○○의 출장비로 금 8,364,800원을 각 지출하였음을 인정할 수 있고 반증은 없으므로, 피고의 손해액은 위 각 금원의 합산액인 금 18,666,958원이 된다.

  피고는 그 이외에 피고가 위 전시회에 정상적으로 이 사건 기계를 전시하였으면 적어도 미화 15만달러 정도의 판매가 예상되어 그 35% 가량인 40,950,000원 가량의 순 수입을 올릴 수 있었는데 이를 상실하는 손해도 입었다고 주장하나 이에 들어맞는 취지의 을제5호증(갑제9호증의 2와 같다.)의 기재나 원심 및 당심증인 민○○의 각 일부증언은 이를 각 믿지 아니하고, 을제13호증의 기재만으로는 이를 인정하기에 부족하며 달리 피고가 위 전시회 참가만으로 위와 같은 순 수입을 올릴 수 있었다고 인정할 아무런 증거가 없고, 또 이 사건 기계의 운임 3,416,400원도 지출하는 손해를 입었다고 주장하고 있으나, 이는 원고가 이 사건에서 본소로 청구하고 있는 운송료로서 피고가 이를 실제 지출하지 아니한 것임이 분명하므로 위 각 손해액 주장은 받아들이지 않는다.

따라서 위 피고의 손해액에 앞서 본 피고의 책임비율을 참작하면 원고가 피고에게 지급하여야 할 손해배상액은 금 14,933,566원이 된다.

3. 결론

그렇다면 원고의 본소청구는 이유 없으므로 이를 기각하고, 피고의 반소청구에 기하여 원고는 피고에게 위 금 14,933,566원 및 이에 대하여 피고가 구하는 이 사건 반소장 송달 익일임이 기록상 명백한 1996. 8. 20.부터 원고가 그 이행의무의 존부 및 범위에 관하여 항쟁함이 상당하다고 인정되는 이 판결 선고일인 까지는 민법 소정의 연 5푼의, 그 다음 날부터 완제일까지는 소송촉진등에관한특례법 소정의 연 2할 5푼의 각 비율에 의한 지연손해금을 지급할 의무가 있다 할 것이므로, 원고의 이 사건 반소청구는 위 인정범위 내에서 이유 있어 이를 인용하고, 나머지 반소청구는 이유 없어 이를 기각할 것인바, 원심판결은 이와 결론을 달리하여 부당하므로 원심판결의 본소에 관한 부분을 취소하고 원고의 본소청구를 기각하며, 반소에 관한 부분 중 위에서 인용하는 피고 패소부분을 취소하고 원고에게 위 금원의 지급을 명하되 피고의 나머지항소는 이유 없으므로 이를 기각하기로 하여 주문과 같이 판결한다.

해설

1. 본 사안의 쟁점

운송주선인인 원고는 피고에게 운송료를 지급할 것을 청구하는 소를 제기하였으나, 피고는 오히려 원고의 과실로 인해 화물이 늦게 도착하여 전시회에 참가하지 못하였으므로, 전시회에 참가하지 못하여 입은 손해를 배상하라는 내용의 반소를 제기한 사안이다. 이 경우 운송주선인의 운송주선의무의 내용은 무엇인지, 기상악화로 화물도착이 지연되었으므로 운송주선인은 책임을 지지 않는다는 원고의 주장은 합당한 것인지, 전시회에 참가하지 못하여 입은 손해를 배상하라는 피고의 반소 청구는 합당한 것이지 등이 쟁점이다.

2. 운송주선인의 운송주선의무

운송주선인이란 자기의 명의로 물건운송의 주선을 영업으로 하는 자이다. 상법 제115조에는 운송주선인의 의무로서 '운송물의 수령·인도·보관·운송인이나 다른 운송주선인의 선택·기타 운송에 관한 주의'를 규정하고 있다. 본 사안에서 문제된 것은 '운송인의 선택에 관한 주의의무'이다. 운송주선인은 송하인 등을 위하여 신속한 운송경로로 약속된 시기에 확실하게 화물을 도착시킬 수 있는 적절한 운송인을 선택하여야 할 의무가 있다. 사안에서 운송주선인인 원고는 운송비가 가장 저렴하다는 이유로 A사의 A선박편을 추천해주었는데, 결과적으로 기상악화로 인해 약속된 시간에 화물이 도착지 항구에 도착하지 못하였다. 이 경우 원고가 운송주선의무를 다 한 것인지가 문제된다.

3. 항로상의 기상악화로 화물도착이 지연되었을 경우 운송주선인의 책임

송하인인 피고의 손해배상청구에 대하여 원고는 이 사건 화물이 늦게 도착한 것은 항로상의 기상악화로 인한 것이므로, 운송에 관하여 주의를 해태한 것이 아니므로 피고의 손해배상청구는 기각되어야 한다고 주장하였다.

이러한 원고의 항변에 대하여 법원은 A사의 A선박의 도착 예정일이 2. 26. 자 선박공보에는 4. 5. 이었으나, 이후 3. 4. 자 선박공보에는 4. 14.로 늦추어졌을 뿐만 아니라, 실제로는 출항일도 3일이 늦어졌고 이에 대하여 피고에게 아무런 통지를 하지 아니하였던 점, 선하증권에 선적일도 3. 3.로 잘못 기재되었던 점, A선박보다 빠른 4. 3. 에 도착지 항구에 도착하는 B선편도 별도로 존재하였던 점에 비추어 원고가 운송주선인으로서의 주의의무를 해태하였다고 판단하였다. 따라서 운임이 가장 저렴하다는 이유로 A선박을 추천한 원고는 운송주선인으로서 적절한 운송인을 주선해야 할 의무를 이행하지 못한 과실이 있는 것이다.

4. 시간이 촉박한 상황에서 운송주선을 의뢰한 화주의 책임

한편 피고는 칠레까지 운송기간인 35일이나 걸린다는 점을 잘 알고있었음에도, 불과 40일 전에 운송주선을 의뢰하였다. 또한 선적시기에 관하여 수시로 확인하는 등 주의를 기울여야 하였음에도 불구하고 그러한 조치를 취하지 않은 과실이 인정되어, 본 사안에서는 피고가 손해 발생에 관하여 20%의 책임이 있다고 인정되었다.

5. 운송주선인의 손해배상의 범위

운송주선인인의 과실로 인하여 이 사건 화물이 지연도착되어 피고가 전시회에 참가하지 못하였는데, 피고가 입은 손해의 범위가 어디까지인지가 문제된다. 본 사안에서 법원은 피고가 전시회에 참가하기 위해 지출한 비용 (출장비, 부스 임차비 등) 은 손해로 인정하였으나, 전시회에서 얻었을 판매이익에 관하여는 증거가 없다는 이유로 손해를 인정하지 않았다.

	청구내용	인용여부
원고 (반소피고)	운송료 등	기각
피고 (반소원고)	전시회 참가에 지출한 비용	인용
	전시회에 참가하였다면 예상되는 판매이익	기각

1심	2심	대법원
서울중앙지방법원 2015. 6. 18. 선고 2014가합2360 판결	서울고등법원 2016. 2. 5. 선고 2015나2036769 판결	2016. 9. 28. 선고 2016다213237 판결

하역업자가 서렌더 선하증권 이면의 히말라야 약관을 원용할 수 있는지 여부

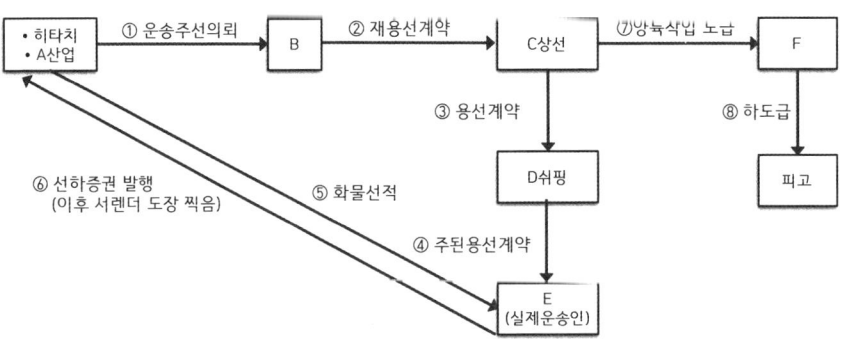

사실관계

① 히타치와 A산업은 보일러장치를 운송하기 위해 운송주선업자인 B에게 운송주선을 의뢰함
② B는 위 화물의 운송을 위해 C상선과 재용선계약을 체결함. (선적, 적부, 양하 시 모든 비용과 책임을 선박소유자가 부담하는 FBT -Full Berth Term- 조건 명시)
③ C상선은 D쉬핑과 용선계약을 체결하였고, D쉬핑은 E코퍼레이션과 주된용선계약을 체결함 (선적, 양륙, 적부, 정돈비용을 용선자가 부담하는 FIOST - Free In and Out, Stowed and Trimming - 조건 명시)
④ 히타치는 화물을 E코퍼레이션의 선편에 선적하고, E코퍼레이션은 선하증권을 발행함
⑤ 이후 히타치의 요청으로 선하증권에 Surrender 도장을 찍고, 선하증권을 E코퍼레이션이 회수함
⑥ C상선은 양륙항에서의 양륙작업을 F에게 도급을 주었고, 이를 피고가 다시 하도급 받음
⑦ 그런데 피고의 직원이 이 사건 화물을 양륙하면서 화물이 추락하여 파손되었고, 송하인 히타치가 수리비 등을 지출하는 손해를 입음

관련 법령

민법

제105조(임의규정)
법률행위의 당사자가 법령 중의 선량한 풍속 기타 사회질서에 관계없는 규정과 다른 의사를 표시한 때에는 그 의사에 의한다.

상법

제129조(화물상환증의 상환증권성)
화물상환증을 작성한 경우에는 이와 상환하지 아니하면 운송물의 인도를 청구할 수 없다.

제798조(비계약적 청구에 대한 적용)
② 운송물에 관한 손해배상청구가 운송인의 사용인 또는 대리인에 대하여 제기된 경우에 그 손해가 그 사용인 또는 대리인의 직무집행에 관하여 생긴 것인 때에는 그 사용인 또는 대리인은 운송인이 주장할 수 있는 항변과 책임제한을 원용할 수 있다. 다만, 그 손해가 그 사용인 또는 대리인의 고의 또는 운송물의 멸실·훼손 또는 연착이 생길 염려가 있음을 인식하면서 무모하게 한 작위 또는 부작위로 인하여 생긴 것인 때에는 그러하지 아니하다.

제841조(준용규정)
① 제134조, 제136조, 제137조, 제140조, 제793조부터 제797조까지, 제798조제1항부터 제3항까지, 제800조, 제801조, 제803조, 제804조제1항부터 제4항까지, 제805조부터 제808조까지와 제810조부터 제813조까지의 규정은 항해용선계약에 준용한다.

제854조(선하증권 기재의 효력)
① 제853조제1항에 따라 선하증권이 발행된 경우 운송인과 송하인 사이에 선하증권에 기재된 대로 개품운송계약이 체결되고 운송물을 수령 또는 선적한 것으로 추정한다.

② 제1항의 선하증권을 선의로 취득한 소지인에 대하여 운송인은 선하증권에 기재된 대로 운송물을 수령 혹은 선적한 것으로 보고 선하증권에 기재된 바에 따라 운송인으로서 책임을 진다.

제855조(용선계약과 선하증권)
② 제1항에 따라 선하증권이 발행된 경우 선박소유자는 선하증권에 기재된 대로 운송물을 수령 또는 선적한 것으로 추정한다.

③ 제3자가 선의로 제1항의 선하증권을 취득한 경우 선박소유자는 제854조제2항에 따라 운송인으로서 권리와 의무가 있다. 용선자의 청구에 따라 선박소유자가 제3자에게 선하증권을 발행한 경우에도 또한 같다.

제861조(준용규정)
제129조·제130조·제132조 및 제133조는 제852조 및 제855조의 선하증권에 준용한다.

법원의 판단

1. 하위계약자인 하역업자도 선하증권에 기재된 히말라야 약관상의 운송인이 주장할 수 있는 책임제한을 원용할 수 있다.

운송물에 대한 손해배상청구가 '운송인의 이행보조자, 대리인 또는 하위계약자(any servant, agent or Sub-Contractor of the Carrier)' (이하 '운송관련자'라 한다) 에 대하여 제기된 경우에 그들이 운송인이 주장할 수 있는 책임제한 등의 항변을 원용할 수 있고, 이와 같이 보호받는 하위계약자 (Sub-Contractor) 에 '선박소유자 및 용선자, 운송인 아닌 선복제공자, 하역업자, 터미널 운영업자 및 분류업자, 그들을 위한 이행보조자와 대리인 및 누구든지 운송의 이행을 보조하는 사람이 포함된다'는 취지의 이른바 '히말라야 약관 (Himalaya Clause)' 이 선하증권의 이면에 기재되어 있는 경우에, 그 손해가 고의 또는 운송물의 멸실, 훼손 또는 연착이 생길 염려가 있음을 인식하면서 무모하게 한 작위 또는 부작위로 인하여 생긴 것에 해당하지 않는다면, 하위계약자인 하역업자도 선하증권에 기재된 운송과 관련하여 운송인이 선하증권 약관조항에 따라 주장할 수 있는 책임제한을 원용할 수 있다 (대법원 1997.1.24.선고 95다25237판결, 대법원 2007.4.27.선고 2007다4943판결 등 참조). 그리고 여기에서 말하는 '누구든지 운송의 이행을 보조하는 사람'에는 위 약관에서 운송인과 직접적인 계약관계가 있을 것을 요구하는 등의 특별한 사정이 없는 한, 운송인과 직접적인 계약관계 없이 그 운송인의 선하증권에 따른 업무범위 및 책임영역에 해당하는 작업의 일부를 대행한 하역업자도 포함된다.

2. 서렌더 선하증권의 경우에도 선하증권에 기재된 내용에 따른 운송에 관한 책임은 여전히 유효하다.

한편 운송거리가 단거리인 경우에 운송품보다 선하증권 원본이 뒤늦게 도착하면 수하인이 신속하게 운송품을 인도받을 수 없다는 불편함을 해소하기 위한 무역실무상의 필요에 따라, 출발지에서 선하증권 원본을 이미 회수된 것으로 처리함으로써 선하증권의 상환증권성을 소멸시켜 수하인이 양륙항에서 선하증권 원본 없이 즉시 운송품을 인도받을 수 있도록 하는 경우가 있다. 이 경우에 송하인은 운송인으로부터 선하증권 원본을 발행받은 후 운송인에게 선하증권에 의한 상환청구 포기(영문으로 'surrender'이며, 이하 '서렌더'라 한다)를 요청하며, 운송인은 선하증권 원본을 회수하여 그 위에 '서렌더(SURRENDERED)' 스탬프를 찍고 선박대리점 등에 전신으로 선하증권 원본의 회수 없이 운송품을 수하인에게 인도하라는 서렌더 통지(surrender notice)를 보내게 된다.

이와 같은 이른바 '서렌더 선하증권(Surrender B/L)'은 유가증권으로서의 성질이 없고 단지 운송계약과 화물인수사실을 증명하는 일종의 증거증권으로 기능하는데, 이러한 효과는 송하인과 운송인 사이에 선하증권의 상환증권성을 소멸시키는 의사가 합치됨에 따른 것으로서, 당사자들 사이에 다른 의사표시가 없다면 상환증권성의 소멸 외에 선하증권에 기재된 내용에 따른 운송에 관한 책임은 여전히 유효하다.

3. 사실관계

가. H발전 주식회사(이하 'H발전'이라 한다)가 발주한 보일러 장치 공급 프로젝트에 관하여 히타치 리미티드(이하 '히타치'라 한다)와 컨소시엄을 구성한 A산업 주식회사(이하 ' A산업'이라 한다)는 보일러 장치(이하 '이 사건 화물'이라 한다)의 운송을 위하여 주식회사 B(이하 'B'이라 한다)에 해상운송주선을 위탁하였다.

나. B는 C상선 주식회사(이하 'C상선'이라 한다)와 이 사건 화물의 운송을 위하여 3차례에 걸친 화물운송을 위한 용선계약(이하 '이 사건 재용선계약'이라 한다)을 체결하였는데, 이 사건 재용선계약에서는 선적, 적부 및 양하 시 모든 비용과 책임을 선박소유자가 부담하는 조건(Full Berth Term, FBT)을 명시하고, 운임약정을 체결하였다.

다. C상선은 D쉬핑 컴퍼니 리미티드(이하 'D쉬핑'이라 한다)와 용선계약을 체결하였고, D쉬핑은 E코퍼레이션 (이하 'E코퍼레이션'이라 한다)과 이 사건 선박에 관하여 선적, 양륙, 적부 및 정돈비용을 용선자가 부담하는 조건(Free In and Out, Stowed and Trimming, FIOST)으로 용선계약(이하 '이 사건 주된 용선계약'이라 한다)을 체결하였다.

라. E코퍼레이션은 2013.1.11. 히타치로부터 이 사건 화물을 수령하고 송하인을 히타치로, 수하인을 H발전으로, 통지처를 A산업으로 하는 선하증권(이하 '이 사건 선하증권'이라 한다)을 발행하였다.

마. 이 사건 선하증권의 이면약관은 제6조(운송인의 책임기간)에서 '선적항에서 선적하기 전이나 양륙항에서 양륙한 이후에 발생한 손해에 관하여는 운송인에게 어떠한 책임도 없다.'라고 정하였고, 제5조(책임제한)에서 '소송이 운송인의 이행보조자, 대리인 또는 하위계약자에게 제기된 경우에, 이들은 운송인이 이 사건 선하증권에 의하여 주장할 수 있는 항변 및 책임제한을 원용할 수 있다.'라고 정하였으며, 제1조(정의규정)에서 '하위계약자는 선박소유자 및 용선자 그리고 운송인이 아닌 선복제공자, 하역업자, 터미널 및 분류업자, 그들을 위한 대리인 및 이행보조자, 그리고 누구든지 운송의 이행을 보조하는 모든 사람을 포함한다.'라고 규정하고 있다(이하 위 제5조와 제1조를 합하여 '이 사건 히말라야 약관'이라 한다).

바. 이 사건 선하증권은 히타치의 요청으로 E코퍼레이션이 다시 회수하여 그 표면에 서렌더 스탬프를 찍고, 선하증권 원본을 회수하지 않고 운송품을 수하인에게 인도하도록 함으로써, 이른바 서렌더 선하증권이 되었다.

사. 한편 C상선은 이 사건 주된 용선계약 조건에 따라 양륙항에서의 양륙작업을 F회사에 도급을 주었고, 이를 다시 피고가 하도급받았다. 그런데 피고의 직원이 이 사건 화물의 양륙작업을 수행하는 과정에서 이 사건 화물이 추락·파손되는 사고가 발생하였고, 송하인 히타치가 수리비 등을 지출하는 손해를 입게 되었다.

4. 이러한 사실관계를 앞에서 본 법리와 아울러 적법하게 채택된 증거들에 비추어 살펴보면, 아래와 같이 판단된다.

가. 선주와 용선자 사이의 주된 용선계약과 용선자와 재용선자 사이의 재용선계약은 각각 독립된 운송계약으로서 선주와 재용선계약의 재용선자와는 아무런 직접적인 관계가 없고, 선하증권의 발행사실만으로 당연히 운송인의 지위가 인정되는 것은 아니다 (대법원 2004.10.27.선고 2004다7040판결 등 참조). C상선은 B와 이 사건 재용선계약을 체결하였는데, 이 사건 주된 용선계약과 다른 비용부담조건 등의 운송조건을 명시하고 수수료가 아닌 운임약정을 하였다. 그리고 C상선이 순수한 의미의 운송주선인이라면 화주와의 관계에서 운송용역을 인수하지 아니하므로 운송과 관련된 이행보조자를 둘 필요가 없음에도, 직접 하역업체에 양륙작업의 도급을 주었다.

이러한 사정들에 비추어 보면, C상선이 체결한 이 사건 재용선계약은 이 사건 주된 용선계약과 별도로 이루어진 운송계약으로 볼 수 있으며, 이 사건 선하증권에 송하인이 히타치로 표시된 사정만을 가지고 히타치와 실제운송인인 E코퍼레이션 사이에 직접 운송계약이 체결되었다고 단정하기는 어렵다.

나. 그렇지만 운송계약을 체결한 계약운송인의 위임을 받아 운송의 전부 또는 일부를 수행한 실제운송인이 있을 경우에, 선하증권을 발행한 실제운송인과 선하증권 소지인 사이에는 선하증권 기재에 따라 운송

계약상의 채권관계가 성립하는데 (대법원 2003.1.10.선고 2000다70064 판결 등 참조), 이 사건 선하증권 이면약관의 해석상 E코퍼레이션이 실제운송인으로서 송하인 히타치에 대하여 이 사건 선하증권에 따라 운송에 관하여 책임을 지는 기간은 이 사건 화물의 선적 시점부터 양륙 시점까지이므로, 양륙 이전 단계인 양륙항에서의 양륙작업은 E코퍼레이션의 운송 책임 범위에 포함된다. 비록 C상선이 이 사건 주된 용선계약의 FIOST조건에 따라 직접 양륙작업을 인수하였고 피고가 그 양륙작업을 하수급함에 따라 피고와 E코퍼레이션 사이에 직접적인 계약관계가 존재하지 않더라도, E코퍼레이션은 이 사건 선하증권에 의하여 히타치에 대하여 양륙작업까지의 운송책임을 지며 피고는 이러한 E코퍼레이션의 양륙작업을 대행한 자로서 이 사건 히말라야 약관에서 규정하는 운송인의 하위계약자의 지위에 있다고 봄이 타당하다.

또한 이 사건 선하증권이 비록 발행 후 다시 운송인인 E코퍼레이션에 회수되어 서렌더 선하증권이 되었지만, 그 밖의 합의가 이루어졌다는 특별한 사정이 없는 한 이 사건 선하증권 발행 당시 유효하였던 운송 책임에 관한 이면약관의 내용은 여전히 효력이 있으므로, 피고는 송하인인 히타치를 상대로 이 사건 히말라야 약관에 따른 책임제한을 주장할 수 있다.

5. 결론
원심이 히타치와 E코퍼레이션 사이에 직접 운송계약이 체결되었다고 보고 그 전제에서 이 사건 선하증권의 이면약관이 그들 사이의 운송계약의 내용으로 편입되었다고 판단한 부분은 잘못이나, 피고가 선하증권에서 정한 E코퍼레이션의 양륙작업을 대행한 하위계약자로서 이 사건 선하증권의 히말라야 약관을 원용하여 책임제한의 항변을 할 수 있다고 판단한 결론은 수긍할 수 있다. 따라서 원심의 판단에 상고이유 주장과 같이 운송계약, 서렌더 선하증권 등에 관한 법리를 오해하고 사실을 오인하거나 이유를 밝히지 아니하는 등의 사유로 판결에 영향을 미친 위법이 있다고 할 수 없다.

해설

1. 사안의 쟁점

히말라야 약관은 운송인의 이행보조자, 대리인, 하위계약자의 면책을 규정한 약관이다. 사안에서는 선하증권의 이면에 히말라야 약관이 규정되어 있었는데, 하위계약자인 하역업자가 위 약관에 따라 운송인이 주장할 수 있는 책임제한을 원용할 수 있는지가 문제되었다. 그리고 원본 선하증권에 Surrender 도장을 찍어 운송인이 이를 회수한 경우에도, 선하증권상의 히말라야 약관이 여전히 유효한 것인지가 문제되었다.

2. 일반적인 히말라야 약관 조항의 내용

> "It is hereby expressly agreed that no servant or agent of the carrier (including every independent contractor from time to time employed by the carrier) shall in any circumstances whatsoever be under any liability whatsoever to the shipper, consignee or owner of the goods or to any holder of this Bill of Lading for any loss, damage or delay of whatsoever kind arising or resulting directly or indirectly from any act, neglect or default on his part while acting in the course of or in connection with his employment and, without prejudice to the generality of the foregoing provisions of this clause, every exemption, limitation, condition and liberty herein contained and every right, exemption from liability, defense and immunity of whatsoever nature applicable to the carrier or to which the carrier is entitled hereunder shall also be available and shall extend to protect every such servant or agent of the carrier acting as aforesaid and for the purpose of all the foregoing provisions of this clause the carrier is or shall be deemed to be acting as agent or trustee on behalf of and for the benefit of all persons who are or might be his servants or agents from time to time (including independent contractors as aforesaid) and all such persons shall to this extent be or be deemed to be parties to the contract in or evidenced by this Bill of Lading."

3. 하역업자도 선하증권 이면에 기재된 운송인의 책임조항을 주장할 수 있다.

히말라야 약관에는 운송물에 대한 손해배상청구가 '운송인의 이행보조자, 대리인 또는 하위계약자 (any servant, agent or Sub-Contractor of the Carrier)'에 대하여 제기된 경우, 운송인이 주장할 수 있는 책임제한 등의 항변을 원용할 수 있다고 규정하고 있다. 그리고 이와 같이 보호받는 하위계약자 (Sub-ContraCtor) 에 '선박소유자 및 용선자, 운송인 아닌 선복제공자, 하역업자, 터미널 운영업자 및 분류업자, 그들을 위한 이행보조자와 대리인 및 누구든지 운송의 이행을 보조하는 사람이 포함된다'고 규정되어 있다. 여기에서 말하는 '누구든지 운송의 이행을 보조하는 사람' 이란 약관에서 운송인과 직접적인 계약관계가 있을 것을 요구하는 등의 특별한 사정이 없는 한, 운송인과 직접적인 계약관계 없이 운송인의 선하증권에 따른 업무범위 및 책임영역에 해당하는 작업의 일부를 대행한 하역업자도 포함된다.

4. 선하증권이 서렌더 처리 된 경우에도, 히말라야 약관은 여전히 유효하다

운송거리가 짧은 경우에는 화물보다 선하증권 원본이 늦게 도착하는 경우가 발생하여, 선하증권의 발행이 신속한 화물 인도에 방해가 되는 경우가 있다. 이 경우 수하인이 신속하게 화물을 수령할 수 있도록, 선하증권의 상환증권성을 소멸시켜 수하인이 선하증권 원본 없이 즉시 화물을 인도받을 수 있도록 하기 위하여 선하증권에 서렌더 처리를 하기도 한다. 이 경우에 송하인은 운송인에게 선하증권에 의한 상환청구 포기 (서렌더) 를 요청하며, 운송인은 선하증권 원본을 회수하여 그 위에 '서렌더 (SURRENDERED)' 표시를 한다.

서렌더 선하증권은 상환증권성이 없지만, 판례에 따르면 운송계약을 증빙하는 기능과 화물인수를 증빙하는 기능은 여전히 갖는다. 따라서 본 대법원 판례에서는 당사자들 사이에 다른 의사표시가 없다면 상환증권성의 소멸 외에 선하증권에 기재된 내용에 따른 운송에 관한 책임은 여전히 유효하다고 하여, 선하증권 원본 이면에 규정된 약관도 유효하다고 판시한 것이다. 하지만 본 사안에서는 선하증권 원본이 발행된 다음에 다시 이를 회수하여 서렌더 처리를 한 사안이고, 본 사안과는 달리 선하증권 원본을 발행하지 않고 처음부터 서렌더 선하증권으로 진행한 사안에서는 이면약관은 계약이 내용에 포함되지 않는다고 판시한 사안이 있으므로 유의하여야 한다 (대법원 2006. 10. 26.선고 2004다27082 판결).

1심	2심	대법원
서울중앙지방법원 2002. 10. 4. 선고 2001가합77579 판결	서울고등법원 2003. 12. 2. 선고 2003나2323 판결	2004. 10. 15. 선고 2004다2137 판결

선상도 약정 시 운송인의 인도의무 이행 시점

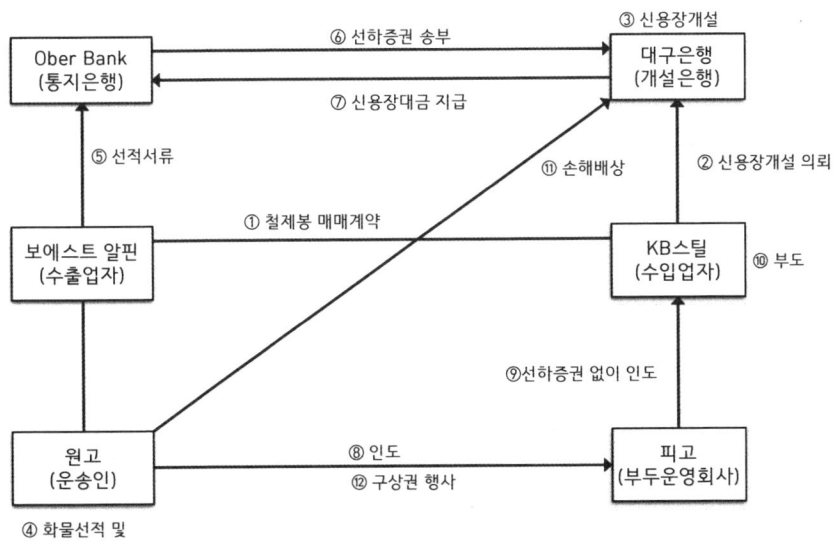

사실관계

① 소외 보에스트 알핀(수출업자)과 소외 KB스틸(수입업자)은 철제봉 약 2000톤에 관하여 매매계약을 체결함
② KB스틸은 대구은행에게 신용장 개설을 의뢰하였고, 대구은행은 통지은행 Ober Bank, 수익자 보에스트 알핀으로 하는 취소불능화환신용장을 개설함
③ 보에스트 알핀은 운송인인 원고에게 화물을 선적하였고 원고는 선하증권 3통을 발행함
④ 보에스트 알핀은 선하증권 등 선적서류를 Ober Bank으로 보냈고, 대구은행은 신용장대금을 지급하고 선하증권을 소지함
⑤ 위 화물은 포항항에 입항하여 피고가 운영하는 부두에 도착함
⑥ KB스틸은 피고에게 화물인도를 요청하였고, 피고는 선하증권이나 화물인도지시서 등을 받지 않고 대한통운으로 하여금 위 화물을 KB스틸의 자가보세장치장까지 보세운송 하도록 함
⑦ 대구은행은 원고에게 선하증권을 제시하고 화물인도를 청구하였으나, 위 화물은 이미 KB스틸이 소비하여 인도받지 못함
⑧ 원고는 대구은행에게 화물대금 상당액을 손해배상으로 지급하였고, 피고에게 구상금을 청구하는 이 사건 소송을 제기함

관련 법령

상법

제795조(운송물에 관한 주의의무)
①운송인은 자기 또는 선원이나 그 밖의 선박사용인이 운송물의 수령·선적·적부(積付)·운송·보관·양륙과 인도에 관하여 주의를 해태하지 아니하였음을 증명하지 아니하면 운송물의 멸실·훼손 또는 연착으로 인한 손해를 배상할 책임이 있다.

②운송인은 선장·해원·도선사, 그 밖의 선박사용인의 항해 또는 선박의 관리에 관한 행위 또는 화재로 인하여 생긴 운송물에 관한 손해를 배상할 책임을 면한다. 다만, 운송인의 고의 또는 과실로 인한 화재의 경우에는 그러하지 아니하다.

법원의 판단

1. 사실관계

(1) 케이비스틸 주식회사는 주식회사 보에스트·알핀 인터트레이딩 으로 부터 최상품 철제봉 (prime steel wire rod) 2,002.25t (하역된 실제량은 2,006.645t) 을 수입하기 위하여 2000. 6. 22. 주식회사 대구은행에 대하여 신용장 발행을 의뢰하여 대구은행이 그 중 1,250.25t (이하 '이 사건 화물'이라 한다) 의 수입대금 지급을 위하여 수익자 보에스트·알핀, 통지은행 오버방크(oberbank), 유효기간 2000. 8. 5.까지, 신용장대금 미화 26만 달러(+/- 10%), 품목 및 비용부담 prime steel wire rods 1250 m/t 및 c&f fo 등을 내용으로 하는 취소불능화환신용장 (번호 m3101006ns01547) 을 개설하고, 이와 별도로 철제봉 752t 의 수입대금 지급을 위하여 2000. 6. 30. 취소불능화환신용장 (번호 m3101006nu00609) 을 개설하였다.

(2) 원고 (1992. 10. 21. 서울민사지방법원으로부터 회사정리절차개시결정을 받고, 윤◇우가 2000. 11. 9. 관리인으로 선임되었다가 2002. 5. 20. 회사정리절차가 종결되었다.) 는 보에스트·알핀과 사이에 케이비스틸이 수입하는 철제봉 2,002.25t을 러시아의 바비노항에서 포항항까지 운송하기로 하는 해상운송계약을 체결하고, 철제봉을 애큐리트 (mv accurate) 호에 선적하여 2000. 7. 27. 이 사건 화물에 대하여 송하인은 보에스트·알핀, 수하인은 대구은행이 지시하는 자, 통지처는 케이비스

틸, 양륙항은 대한민국 포항으로 된 이 사건 선하증권 (번호 vp-4) 3통을 발행하였고, 이와 별도로 철제봉 752t에 대하여 선하증권(번호 vp-5)을 3통을 발행하였다.

(3) 애큐리트호는 2000. 7. 30. 포항항에 입항하여 2000. 7. 31. 부두운영회사인 피고가 운영하는 제8부두의 86번 선석에 접안하였고, 케이비스틸은 2000. 7. 29. 대구세관장으로부터 타소장치허가를 받아 철제봉 2,002.25t 전체에 대하여 케이비스틸의 자가보세장치장까지의 운송을 피고에게 의뢰하였고, 피고의 참여사인 대한통운 주식회사가 보세운송신고를 마치고, 피고가 주식회사 삼일로 하여금 2000. 7. 31.부터 2000. 8. 1.까지 운송물을 양륙하여 제8부두에 일시 야적하였다가 케이비스틸로부터 선하증권이나 화물인도지시서 등을 받지 아니하고 대한통운으로 하여금 운송물 전체를 경북 영천시에 있는 케이비스틸의 자가보세장치장까지 보세운송하게 하였다.

(4) 대구은행은 2000. 8. 24. 이 사건 화물의 수입대금 미화 260,052달러를 지급하고 이 사건 선하증권을 소지하게 되었는데, 케이비스틸은 대구은행에게 그 신용장대금을 결제하지 못하고 2000. 11. 2. 부도처리되었으며, 대구은행은 원고에게 이를 제시하고 화물의 인도를 청구하였으나, 이 사건 화물은 케이비스틸이 자가보세장치장에서 반출하여 소비함으로써 인도받지 못하였다.

2. 원심의 판단

원심은, 위와 같은 사실관계에 기초하여, 피고와 같은 부두운영회사는 독립된 계약자의 지위에 있다 하더라도 운송인의 지시를 받으면서 운송물의 하역·보관 등의 업무를 수행하는 것이므로 운송인과 부두운영회사는 사용자와 피용자의 관계에 있고, 따라서 피고가 선하증권이나 화물인도지시서와 상환하지 아니하고 화물을 수하인에게 인도한 경우에는 정당한 선하증권 소지인에 대하여 운송인인 원고는 운송계약에 따른 채무불이행책임과 운송물의 소유권 침해에 따른 불법행위책임을 동시에 부담하고, 피고는 불법행위책임을 부담하는데, 화물소유자에 대한 원고와 피고의 이와 같은 책임은 상호간에 부진정연대의 관계에 있으며, 원고가 정당한 선하증권 소지인에게 이 사건 화물의 무단인도에 따른 손해를 배상하여 공동면책에 이른 경우에는 원고는 피고에 대하여 구상권을 행사할 수 있다고 판단하였다.

3. 그러나 원심의 위와 같은 판단은 다음과 같은 이유로 수긍할 수 없다.

해상운송에 있어서 선하증권이 발행된 경우 운송인은 수하인, 즉 선하증권의 정당한 소지인에게 운송물을 인도함으로써 그 계약상의 의무이행을 다하는 것이 되고, 그와 같은 인도의무의 이행방법 및 시기에 대하여는 당사자 간의 약정으로 이를 정할 수 있음은 물론이며, 만약 수하인이 스스로의 비용으로 하역업자를 고용한 다음 운송물을 수령하여 양륙하는 방식 (이른바 '선상도') 에 따라 인도하기로 약정한 경우에는 수하인의 의뢰를 받은 하역업자가 운송물을 수령하는 때에 그 인도의무의 이행을 다하는 것이 되고, 이 때 운송인이 선하증권 또는 그에 갈음하는 수하인의 화물선취보증서 등 (이하 '선하증권 등'이라고 한다) 과 상환으로 인도하지 아니하고 임의로 선하증권상의 통지처에 불과한 실수입업자의 의뢰를 받은 하역업자로 하여금 양하작업을 하도록 하여 운송물을 인도하였다면 이로써 선하증권의 정당한 소지인에 대한 불법행위는 이미 성립하는 것이고, 달리 특별한 사정이 없는 한 위 하역업자가 운송인의 이행보조자 내지 피용자가 된다거나 그 이후 하역업자가 실수입업자에게 운송물을 전달함에 있어서 선하증권 등을 교부받지 아니하였다 할지라도 별도로 선하증권의 정당한 소지인에 대한 불법행위가 성립하는 것은 아니라고 할 것이다.

원심이 적법하게 확정한 바와 같이, 이 사건 해상운송계약이 운송물의 인도시기 및 방법과 관련하여 보에스트-알핀이 운임을 부담하되 운임 이외의 운송과 관련된 비용과 하역비용은 수하인이 부담하는 소위 'c&f, fo (cost and freight, free out) 조건'으로 체결된 것이라면 운송물을 하역하는 것은 운송인의 의무가 아니라 수하인의 의무라 할 터인데, 피고가 실수입업자인 케이비스틸과의 보세운송계약에 따라 피고의 출자회사 중 하나인 주식회사 삼일로 하여금 이 사건 운송물을 하역하게 하고 다른 출자회사인 대한통운 주식회사로 하여금 케이비스틸의 자가보세장치장까지 보세운송하게 한 것이라면, 피고는 케이비스틸의 이행보조자로서 양하시점에 원고로부터 이 사건 운송물을 수령한 것에 불과할지언정 원고의 이행보조자 내지 피용자에 해당한다고 볼 수는 없으며, 이처럼 원고가 선하증권 등을 상환받을 때까지 운송물의 양륙작업을 거절하지 아니하고 실수입업자인 케이비스틸의 편의를 위하여 이 사건 운송물을 케이비스틸의 이행보조자인 피고에게 인도한 때에 선하증권의 정당한 소지인의 권리를 침해하는 불법행위가 성립하는 것으로 보아야 하고, 달리 그 무렵 위 양륙항에서 선상도의 경우에도 피고가 보세운송을 함에 있어 실수입업자로부터 선하증권 등을 교부받는 관행이 있었다는 등의 특별한 사정이 인정되지 아니하는 이 사건에 있어서는, 피고가 선하증권 등과 상환하지 아니하고 이 사건 화물을 케이비스틸의 자가보세장치장까지 보세운송한 것이 선하증권의 정당한 소지인에 대한 관계에서 별도로 불법행위가 된다고 할 수도 없다.

그럼에도 불구하고, 이와 달리 그 판시와 같은 이유로 피고가 불법행위책임을 부담함을 전제로 원고에 대한 관계에서 구상책임을 인정한 원심의 판단에는 해상운송계약에 있어서 운송물의 인도시점에 관한 법리를 오해한 위법이 있고, 이는 판결 결과에 영향을 미쳤으므로, 이 점을 지적하는 상고이유의 주장은 이유 있다.

4. 그러므로 원심판결 중 피고 패소 부분을 파기하고, 이 부분 사건을 다시 심리·판단하게 하기 위하여 원심법원에 환송하기로 하여 관여 대법관 의 일치된 의견으로 주문과 같이 판결한다.

해설

1. FIO 특약의 의미

양륙항에서의 화물의 인도는 여러 가지 유형이 있는데, 운송인이 양륙작업을 하는 방법, 수하인이 양륙작업을 하는 방법 등이 있다. 본 사안에서는 수하인이 양륙하는 FIO 조건에 관하여 하역업자가 화물을 수령한 시점에 '선상도'가 이루어졌다고 판단하고 있다. 여기서 FIO 조건은 'Free In & Out'의 약자인데 이는 '선적(FI) 양륙(FO)용선자부담'으로서 항해용선계약에서 용선자가 직접 선적 및 양륙작업을 행하는 조건을 말한다. 대법원 판시에 따르면 FIO 조건이 있을 경우, 선적 및 양륙 비용뿐만이 아니라 위험 및 책임까지도 화주가 부담하기로 약정한 것으로 본다.*

2. FIO 특약과 운송인의 화물인도의무 이행시점

그런데 이러한 FIO 특약이 존재한다고 해서 항상 운송인의 화물인도의무의 이행시점이 '선상'이라고 판단할 수는 없다. 본 사안은 화물이 '자가용 보세장치장'에 입고된 경우인데, 만약 FIO 조건계약이 존재하는 경우라고 하더라도, '영업용보세창고'에 화물이 입고되는 경우에도 운송인의 화물인도시점이 선상이라고 보기는 힘들다. 왜냐하면 이중적 임치론을 따르는 대법원의 태도에 비추어 볼 때, 영업용 보세창고에 화물이 입고된 경우에는 운송인은 여전히 화물을 간접점유하고 있는 것이고, 운송

---

* 대법원 2010.4.15. 선고, 2007다50649, 판결

물을 인도할 의무는 보세창고에서 출고될 때 이행되는 것이기 때문이다.

또한 FIO 조건계약이 있었다고 하여 '선상도 약정'이 체결된 것이라고 보아서도 안 될 것이다. 대법원은 운송물의 인도시점에 관하여 화물에 대한 사실상의 지배의 이전을 기준으로 판단하여 왔는데, 이러한 기존의 대법원의 태도에 비추어 볼 때 '영업용 보세창고'에 화물이 입고된 경우는 화물에 대한 사실상의 지배가 수하인에게 이전되었다고 볼 수 없으므로, 이 경우에는 선상에서 화물이 인도된 것이라고 볼 수 없을 것이다.

따라서 본 판시는 '자가용 보세장치장'에 화물이 입고된 경우에 한정하여 적용되는 것이라고 보아야 하고, '영업용 보세창고'에 화물이 입고된 경우에는 비록 FIO조건계약이 존재한다고 하더라도 선상에서 운송물의 인도가 있었다고 볼 수 없을 것이다.

원심	대법원
부산지방법원 2009. 2. 19. 선고 2008라421 결정	2004. 10. 15. 선고 2004다2137 판결

선박대리점의 선박우선특권

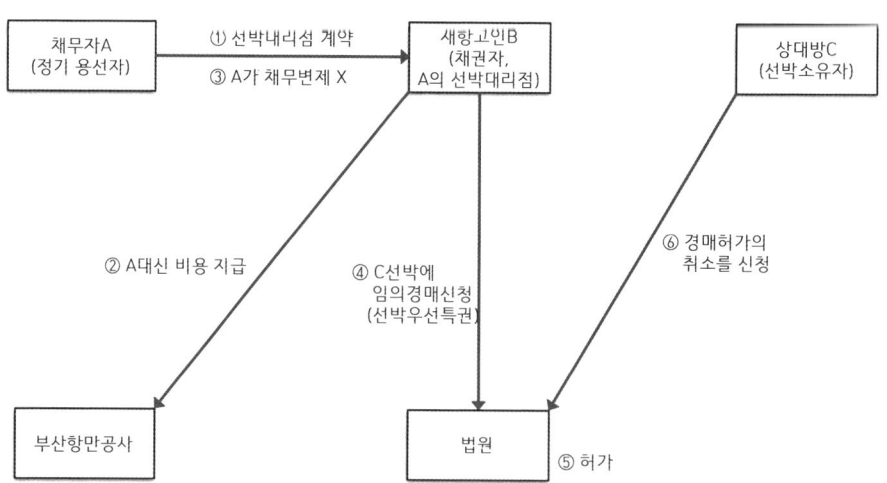

사실관계

① C가 소유한 선박의 정기용선자인 A는 국내선박대리점 B와 대리점계약을 체결하면서, 선박 입출항시 발생하는 비용은 A가 부담하기로 하되 B가 우선 지급하기로 약정함
② 선박대리점 B는 부산항만공사에 A를 대신하여 선박의 입출항료 등의 비용을 지급함
③ B는 A에게 위 비용의 변제를 요청하였으나 A는 지급할 능력이 없다는 이유로 이를 거절함
④ B는 A에 대한 채권을 선박우선특권의 피담보채권으로 하여 C소유의 이 사건 선박에 관하여 담보권실행을 위한 임의경매를 신청하였고, 법원은 이를 허가함
⑤ 선박소유자 C는 위 경매허가의 취소를 구하였고, 원심은 B가 A로부터 채무액을 상회하는 미화 수백만 달러를 송금받아 B는 A로부터 채무를 모두 변제받았다는 이유로 C의 신청을 인용하였으며 이에 대하여 B가 재항고함

관련 법령

상법

제87조(의의)
일정한 상인을 위하여 상업사용인이 아니면서 상시 그 영업부류에 속하는 거래의 대리 또는 중개를 영업으로 하는 자를 대리상이라 한다.

제777조(선박우선특권 있는 채권)
①다음의 채권을 가진 자는 선박·그 속구, 그 채권이 생긴 항해의 운임, 그 선박과 운임에 부수한 채권에 대하여 우선특권이 있다.

1. 채권자의 공동이익을 위한 소송비용, 항해에 관하여 선박에 과한 제세금, 도선료·예선료, 최후 입항 후의 선박과 그 속구의 보존비·검사비

> ②제1항의 우선특권을 가진 선박채권자는 이 법과 그 밖의 법률의 규정에 따라 제1항의 재산에 대하여 다른 채권자보다 자기채권의 우선변제를 받을 권리가 있다. 이 경우 그 성질에 반하지 아니하는 한 「민법」의 저당권에 관한 규정을 준용한다.
>
> 민법
>
> **제469조(제삼자의 변제)**
> ①채무의 변제는 제삼자도 할 수 있다. 그러나 채무의 성질 또는 당사자의 의사표시로 제삼자의 변제를 허용하지 아니하는 때에는 그러하지 아니하다.
> ②이해관계 없는 제삼자는 채무자의 의사에 반하여 변제하지 못한다.
>
> **제481조(변제자의 법정대위)**
> 변제할 정당한 이익이 있는 자는 변제로 당연히 채권자를 대위한다.

법원의 판단

1. 선박대리점의 법정대위에 관한 재항고이유에 대하여

국내에 영업소가 있는 선박대리점이 외국의 선박소유자 등과의 선박대리점계약에 기하여 외국 선적의 선박에 관하여 항해 등에 관한 사무의 처리를 위탁받아 그 사무를 처리하는 경우에, 그 선박대리점계약에 의하여 발생하는 채권 및 채무의 종류·내용과 효력, 그리고 변제 그 밖의 방법에 의한 소멸 등의 사항에 관하여 당사자가 준거법을 따로 선택하지 아니하였다면, 다른 특별한 사정이 없는 한 국제사법 제26조 제2항 단서에 의하여 계약과 가장 밀접한 관련이 있는 것으로 추정되는 선박대리점의 영업소가 있는 우리나라의 법이 준거법이 된다.

그리고 선박대리점이 선박소유자 등을 대리하여 선박의 항해에 필요한 계약을 체결하는 것은 통상 상법 제87조 소정의 대리상의 지위에서 하는 것이다. 그러나 선박대리점은 선박소유자 등의 상업사용인이 아니라 독자적으로 영리를 추구하는 독립한 상인으로서 자신의 명의로 영업을 영위하는 것으로서, 선박대리점이 선박소유자 등과 사이에 그러한 계약으로부터 발생한 채무를 선박소유자 등을 대신하여 자신의 재산을 출연하여 변제하기로 한 경우 그 법적 성질은 특별한 사정이 없는 한 이행인수약정으로 보아야 한다. 그리고 선박대리점이 이러한 이행인수약정에 따라 자신의 재산을 출연하여 한 변제는 선박소유자 등의 대리인으로서 한다는 점을 밝히는 등 본인의 변제라고 평가되어야 할 말한 사정이 없는 한 민법 제469조에서 정하는 '제3자의 변제'에 해당한다고 봄이 상당하다.

한편 민법 제481조에 의하여 법정대위를 할 수 있는 '변제할 정당한 이익이 있는 자'라고 함은 변제함으로써 당연히 대위의 보호를 받아야 할 법률상의 이익을 가지는 자를 의미한다(대법원 1963.7.11.선고 63다251 판결, 대법원 1990.4.10.선고 89다카24834 판결 등 참조). 그런데 이행인수인이 채무자와의 이행인수약정에 따라 채권자에게 채무를 이행하기로 약정하였음에도 불구하고 이를 이행하지 아니하는 경우에는 채무자에 대하여 채무불이행의 책임을 지게 되어 특별한 법적 불이익을 입게 될 지위에 있다고 할 것이므로, 이행인수인은 그 변제를 할 정당한 이익이 있다고 할 것이다.

따라서 선박대리점이 선박소유자 등을 대리하여 체결한 계약으로부터 발생한 채무를 선박소유자 등과의 이행인수약정에 따라 자신의 재산을 출연하여 채권자에게 변제한 경우에는 특별한 사정이 없는 한 선박대리점은 '변제할 정당한 이익이 있는 자'로서 채권자가 선박소유자 등에 대하여 가지는 채권을 당연히 대위한다.

원심이 인용하고 있는 대법원 1978.5.23.선고 77다1679 판결은 선박대리점이 입항료등을 선박소유자의 대리인으로 지급한 사안에 관한 것으로서 이 사건과 사안을 달리하여 여기에 원용하기에 적절하지 아니하다.

원심결정 이유와 기록에 비추어 살펴보면, 이 사건 선박에 대하여 선박우선특권의 실행을 위한 경매를 신청한 재항고인은 국내에서 선박대리점업을 영위하는 법인이고, 이 사건 경매개시결정에 대하여 이의신청을 한 상대방은 외국법인으로서 이 사건 선박의 소유자인 사실, 채무자는 미합중국 워싱턴주 씨애틀시에 주소를 두고 있는 외국법인으로서 이 사건 선박의 용선자이고, 이 사건 선박의 선적국은 러시아인 사실, 재항고인은 채무자와 선박대리점계약을 체결하였는데, 그 계약에서 이 사건 선박의 입·출항시 발생하는 항비 등 비용은 이 사건 선박의 용선자인 채무자가 부담하기로 하되 재항고인이 채무자를 대신하여 우선 지급하기로 약정한 사실, 이에 재항고인은 2006.2.28.경부터 2006.7.30.경까지 화물양·적하를 위하여 부산항에 입·출항한 이 사건 선박의 입·출항료, 정박료, 도선료, 도선선비, 예선료, 강취방료(綱取放料), 오염방제비 등 합계 21,352,272원(이하 '이 사건 항비 등'이라고 한다)을 채무자를 대신하여 부산항만공사 등 이 사건 항비 등의 채권자에게 지급한 사실 등을 알 수 있다.

이러한 사실관계를 앞에서 본 법리에 비추어 보면, 재항고인이 채무자와 체결한 선박대리점계약에 따라 채무자를 대리하여 이 사건 선박의 입·출항에 필요한 계약을 체결하고, 나아가 그로 인하여 발생한 이 사건 항비 등의 지급채무를 채무자 대신 자신이 출연하여 이행하기로 약정한 것은 이행인수약정이라고 봄이 상당하다. 나아가 재항고인이 이러한 이행인수약정에 따라 부산항만공사 등 이 사건 항비 등의 채권자에게 자신의 출연으로 그 채무를 변제한 것은 특별한 사정이 없는 한 민법 제481조에서 정한 '변제할 정당한 이익이 있는 자'의 변제에 해당한다고 할 것이므로, 결국 재항고인은 이 사건 항비 등의 채권을 당연히 대위한다고 할 것이다.

그럼에도 원심은 재항고인이 부산항만공사 등과의 관계에서 이 사건 항비 등을 부담할 법률상 의무가 있다고 볼 수 없고, 재항고인이 채무자를 대신하여 이 사건 항비 등을 지급하지 아니할 경우 법률상 손해를 입게 된다고 할 수 없으므로, 재항고인이 이 사건 항비 등의 채무를 변제할 정당한 이익이 있는 자에 해당하지 아니한다는 이유로 재항고인의 선박우선특권 대위에 관한 주장을 배척하였다. 이러한 원심의 판단에는 민법 제481조가 규정하는 법정대위 등에 관한 법리를 오해함으로써 판결에 영향을 미친 위법이 있다. 이를 지적하는 재항고이유의 주장은 이유 있다.

2. 법정변제충당에 관한 법리오해 등에 관한 재항고이유에 대하여

채무자가 동일한 채권자에 대하여 같은 종류를 목적으로 한 수개의 채무를 부담한 경우, 당사자가 변제에 있어서 변제에 충당할 채무를 지정하지 아니한 때에는 민법 제477조의 규정에 따라 법정변제충당이 행하여지는 것이다. 특히 민법 제477조 제4호에 의하면, 법정변제충당의 순위가 동일한 경우에는 각 채무액에 안분비례하여 각 채무의 변제에 충당 된다. 따라서 위 안분비례에 의한 법정변제충당으로 발생하는 법률효과 이상으로 자신에게 유리한 변제충당의 지정이나 당사자 사이의 변제충당의 합의가 있다거나 또는 당해 채무가 법정변제충당에 있어 우선순위에 있어서 당해 채무에 전액 변제충당되었다고 주장하는 이는 그 사실을 주장·입증할 책임을 부담한다고 할 것이다 (대법원 1984. 1. 31. 선고 83다카1560 판결, 대법원 1994.2.22. 선고 93다49338 판결 등 참조).

원심결정 이유와 기록에 의하면, 채무자는 이 사건 항비 등 채권이 발생한 기간 동안 재항고인에게 이 사건 항비 등 채권액을 상회하는 미화 수백만 달러를 송금한 사실, 재항고인은 2007. 2. 6. 채무자에 대한 이

사건 항비 등 채권을 선박우선특권의 피담보채권으로 기재하여 이 사건 선박에 관하여 담보권실행을 위한 경매를 신청한 사실, 채무자측은 2007. 3. 16.경 재항고인에게 '귀사의 미수금에 대하여도 지급할 능력이 없습니다. 귀사는 상기 두 회사로부터 귀사가 받아야 할 미수금을 회수할 수 없다는 증거로 이 서류를 사용하여도 무방합니다.'라는 내용의 공증인이 공증한 서신을 보내온 사실을 알 수 있다.

이러한 사실관계에 비추어 보면, 재항고인은 채무자에게 이 사건 항비 등 채권 이외에 다른 채권을 가지고 있었고, 재항고인의 이 사건 경매신청 후인 2007. 3. 16. 경에도 미수금이 남아 있었으므로, 채무자가 재항고인의 이 사건 경매신청 당시까지 재항고인에게 송금한 위 금전만으로는 이 사건 항비 등을 포함하여 재항고인에 대한 채무 전부를 완제하기에는 부족한 상태에 있었다고 봄이 상당하다.

사정이 이와 같다면, 원심으로서는 앞서 본 법리에 따라 먼저 채무자측이 이 사건 경매신청 후 재항고인에게 존재를 자인한 미수금채무가 이 사건 항비 등의 채무를 가리키는지 여부 및 채무자가 재항고인에게 송금하였다는 미화 수백만 달러의 구체적인 지급 명목 내지 내역을 밝혀서 어느 채권의 변제에 지정충당 내지 합의충당이 되었는지 등을 살펴보아야 하고, 만약 지정충당 내지 합의충당을 인정하기 어렵다면 이 사건 항비 등 채권과 다른 채권 사이의 우선순위를 가려 법정변제충당을 하고 상호간의 우선순위를 가릴 수도 없는 경우에는 각 채권액에 안분비례하여 법정변제충당을 하여야 한다.

그럼에도 원심은 위와 같은 사항들에 대하여 심리하지 아니한 채, 재항고인이 채무자로부터 송금받은 미화 수백만 달러가 이 사건 항비 등 채권이 아닌 다른 채권에 우선적으로 충당되었다는 점에 관하여 재항고인의 아무런 주장·증명이 없으므로 이 사건 항비 등 채권이 위 송금된 금전에 의하여 전부 변제된 것으로 보아야 한다는 취지로 판단하였다. 이러한 원심의 판단에는 법정변제충당에 관한 법리를 오해하고 필요한 심리를 다하지 아니하여 재판에 영향을 미친 위법이 있다. 이 점을 지적하는 재항고이유의 주장도 이유 있다.

3. 결론

그러므로 나머지 재항고이유에 대한 판단을 생략한 채 원심결정을 파기하고 사건을 다시 심리·판단하게 하기 위하여 원심법원에 환송하기로 하여 관여 법관의 일치된 의견으로 주문과 같이 결정한다.

해설

선박우선특권이란 선박에 관하여 발생한 채권에 대하여 채권자가 채권의 담보를 위해 다른 채권자보다 우선하여 변제를 받을 수 있는 권리를 말한다. 선박우선특권을 발생시키는 채권은 상법 제777조에 규정되어 있으며, 선박우선특권은 선박·속구, 그 채권이 생긴 항해의 운임, 그 선박과 운임에 부수한 채권에 대하여 행사할 수 있다.

본 사안에서는 선박대리점이 정기용선자를 대신하여 부산항만공사에 항비를 지급하였는데, 선박대리점이 변제할 정당한 이익이 있는 자에 해당하는지의 여부가 문제되었다. 선박대리점이 법정대위자로 인정된다면 민법 제481조에 따라 부산항만공사의 채권을 대위할 수 있고, 결과적으로 선박우선특권을 행사할 수 있게 된다.

원심에서는 선박대리점이 부산항만공사와의 관계에서 항비 등을 부담할 법률상 의무가 있다고 볼 수 없어 변제할 정당한 이익이 있는 자에 해당하지 아니한다는 이유로 선박우선특권 대위에 관한 주장을 배척하였다.

하지만 대법원에서는 선박대리점이 항비를 지급한 것은 이행인수약정에 의한 것이고, 이러한 이행인수약정에 따라 부산항만공사에게 자신의 출연으로 그 채무를 변제한 것은 민법 제481조에서 정한 '변제할 정당한 이익이 있는 자'의 변제에 해당한다는 이유로, 선박대리점은 이 사건 항비 등의 채권을 당연히 대위한다고 판시하였다.

1심	2심	대법원
서울중앙지방지법 2012. 6. 8. 선고 2011가단148992	서울중앙지방지법 2012. 11. 30. 선고 2012나32729	2015. 12. 10 선고 2013다3170 판결

수하인에게 화물이 인도된 후 발행한 선하증권의 효력

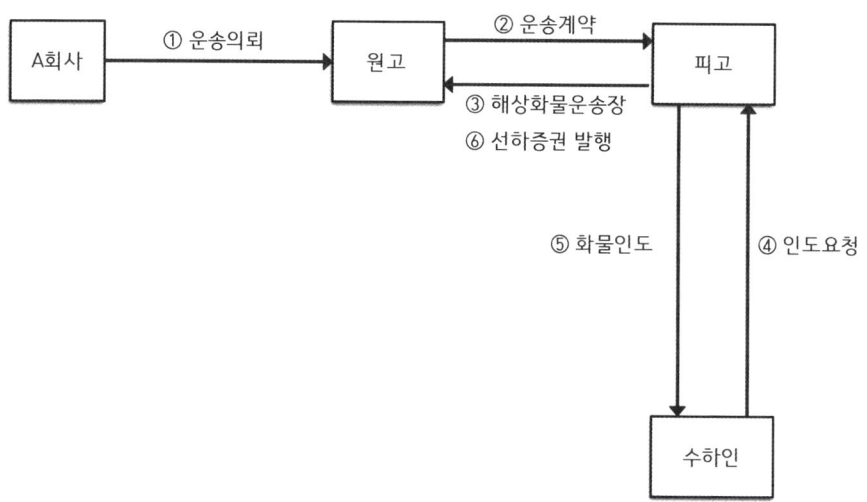

사실관계

① 대한민국에 소재한 A회사는 요르단에 소재한 소외 회사에게 차량 부품을 수출하기 위하여 원고에게 운송을 의뢰함
② 원고는 이 사건 화물의 운송을 피고에게 위탁하는 운송계약을 체결함
③ 피고는 원고의 요청에 따라 이 사건 화물에 관한 해상화물운송장을 발행하고, 화물을 아카바항 까지 운송함
④ 수하인은 운송인인 피고에게 이 사건 화물의 인도를 요청하였고, 피고는 수하인에게 화물인도지시서를 발행함
⑤ 수하인이 이 사건 화물을 인도받은 후 피고는 원고의 요청으로 원고에게 이 사건 화물에 관한 선하증권을 발행함
⑥ 원고는 피고에게 선하증권 없이 화물을 인도하였음을 이유로 손해배상을 구하는 이 사건 소를 제기함

관련 법령

상법

제139조 (운송물의 처분청구권)
①송하인 또는 화물상환증이 발행된 때에는 그 소지인이 운송인에 대하여 운송의 중지, 운송물의 반환 기타의 처분을 청구할 수 있다. 이 경우에 운송인은 이미 운송한 비율에 따른 운임, 체당금과 처분으로 인한 비용의 지급을 청구할 수 있다.

제140조 (수하인의 지위)
①운송물이 도착지에 도착한 때에는 수하인은 송하인과 동일한 권리를 취득한다.
②운송물이 도착지에 도착한 후 수하인이 그 인도를 청구한 때에는 수하인의 권리가 송하인의 권리에 우선한다.

> **제854조 (선하증권 기재의 효력)**
> ①제853조제1항에 따라 선하증권이 발행된 경우 운송인과 송하인 사이에 선하증권에 기재된 대로 개품운송계약이 체결되고 운송물을 수령 또는 선적한 것으로 추정한다.
>
> ②제1항의 선하증권을 선의로 취득한 소지인에 대하여 운송인은 선하증권에 기재된 대로 운송물을 수령 혹은 선적한 것으로 보고 선하증권에 기재된 바에 따라 운송인으로서 책임을 진다.

법원의 판단

1. 상고이유 제1점 및 제2점에 대하여

가. 기초 법리

선하증권은 운송물의 인도청구권을 표창하는 유가증권인데, 이는 운송계약에 기하여 작성되는 유인증권으로 상법은 운송인이 송하인으로부터 실제로 운송물을 수령 또는 선적하고 있는 것을 유효한 선하증권 성립의 전제조건으로 삼고 있으므로, 운송물을 수령 또는 선적하지 아니하였음에도 발행된 선하증권은 원인과 요건을 구비하지 못하여 목적물의 흠결이 있는 것으로서 무효이고 (대법원 2005. 3. 24. 선고 2003다5535 판결, 대법원 2008. 2. 14. 선고 2006다47585 판결 등 참조), 이러한 법리는 운송물이 이미 수하인에게 적법하게 인도된 후에 발행된 선하증권의 경우에도 마찬가지이다.

그리고 상법 제854조는 제1항에서 "선하증권이 발행된 경우 운송인과 송하인 사이에 선하증권에 기재된 대로 개품운송계약이 체결되고 운송물을 수령 또는 선적한 것으로 추정한다."라고 규정하는 한편, 제2항에서 "제1항의 선하증권을 선의로 취득한 소지인에 대하여 운송인은 선하증권에 기재된 대로 운송물을 수령 혹은 선적한 것으로 보고 선하증권에 기재된 바에 따라 운송인으로서 책임을 진다."라고 규정하고 있다. 상법 제854조 제2항은 제1항에서 정한 운송인과 송하인 사이의 법률관계와 달리 선하증권을 선의로 취득한 제3자를 보호함으로써 선하증권의 유통성 보호와 거래의 안전을 도모하기 위한 규정이므로, 여기서 말하는 '선하증권을 선의로 취득한 소지인'이란 운송계약의 당사자인 운송인과 송하인을 제외한, 유통된 선하증권을 선의로 취득한 제3자를 의미한다고 봄이 타당하다.

한편 선하증권이 발행되지 아니한 해상운송에서, 수하인은 운송물이 목적지에 도착하기 전에는 송하인의 권리가 우선되어 운송물에 대하여 아무런 권리가 없지만(상법 제815조, 제139조), 운송물이 목적지에 도착한 후 수하인이 그 인도를 청구한 때에는 수하인의 권리가 송하인에 우선한다 (상법 제815조, 제140조 제2항).

위와 같은 법리들을 종합하여 보면, 수하인이 목적지에 도착한 화물에 대하여 운송인에게 인도 청구를 한 다음에는, 비록 그 후 운송계약에 기하여 선하증권이 송하인에게 발행되었다고 하더라도 선하증권을 소지한 송하인이 운송인에 대하여 새로 운송물에 대한 인도청구권 등의 권리를 갖는다고 할 수 없다 (대법원 2003. 10. 24. 선고 2001다72296 판결 참조).

나. 원심은 판시와 같은 이유를 들어 아래와 같은 취지의 사실들을 인정하였다.

(1) 대한민국의 A회사는 요르단의 소외 회사에게 차량부품을 수출하기 위하여 원고에게 수출화물이 적입된 컨테이너 3개 (이하 '이 사건 화물'이라 한다) 의 운송을 의뢰하였다.

(2) 이에 원고는 2010. 2. 16.과 같은 해 3. 11. 및 6. 11.경 대한민국의 부산항에서 요르단의 아카바항까지 이 사건 화물의 운송을 피고에게 위탁하는 계약 (이하 '이 사건 운송계약'이라 한다) 을 체결하였다.

(3) 피고는 원고의 요청에 따라 2010. 2. 22., 같은 해 3. 12. 및 6. 12.경 이 사건 화물에 관한 해상화물운송장 (이하 '이 사건 해상화물운송장'이라 한다) 을 발행한 다음, 이 사건 운송계약에 따라 이 사건 화물을 아카바항까지 운송하였다.

(4) 이 사건 화물이 2010. 4. 5., 같은 해. 4. 19. 및 7. 20.경 목적지인 아카바항에 도착하자, 이 사건 해상화물운송장에 기재된 수하인으로서 원고의 요르단 현지 대리인인 '알-사라야 쉬핑 주식회사' 및 '블루 웨일

쉬핑 서비스 주식회사, 이하 위 둘을 합하여 '이 사건 수하인들'이라 한다)'는 운송인인 피고에게 이 사건 화물의 인도를 요청하였다.

(5) 이에 피고가 이 사건 수하인들에게 화물인도지시서(Delivery Order)를 발행하여 주었고, 이 사건 수하인들은 2010. 4. 7. 같은 해 4. 23. 및 7. 25.경 화물인도지시서에 의하여 이 사건 화물을 반출함으로써 인도받았다.

(6) 그 후 피고는 이 사건 화물이 위와 같이 이미 이 사건 수하인들에게 인도되었음에도 불구하고 착오로 2011. 4. 1.경 원고에게 이 사건 화물에 관한 선하증권(이하 '이 사건 선하증권'이라 한다)을 발행하여 주었다.

다. 먼저, 이 사건 선하증권의 발행 당시 이미 이 사건 화물이 이 사건 수하인들에게 인도되었다는 원심의 사실인정을 다투는 상고이유 주장은, 실질적으로 사실심법원의 자유심증에 속하는 증거의 취사선택과 증거가치의 판단을 탓하는 것에 불과하다. 그리고 원심판결 이유를 앞에서 본 법리와 적법하게 채택된 증거들에 비추어 살펴보아도, 원심의 판단에 상고이유 주장과 같이 논리와 경험의 법칙에 반하여 자유심증주의의 한계를 벗어나거나 필요한 심리를 다하지 아니하는 등의 위법이 없다.

라. 그리고 위와 같은 사실관계를 앞에서 본 법리에 비추어 살펴보면, 이 사건 선하증권은 이 사건 화물이 목적지에 도착하여 운송계약상의

정당한 수하인에게 인도된 후에 비로소 발행되었으므로 무효이고, 이 사건 운송계약의 당사자인 원고는 상법 제854조 제2항에서 정한 '선하증권을 선의로 취득한 소지인'에 해당하지 않으므로, 원고가 이 사건 선하증권을 소지하고 있다 하더라도 피고는 원고에게 무효인 이 사건 선하증권에 따라 이 사건 화물을 인도하여야 할 의무를 지지 아니한다.

원심이 이 사건 선하증권은 무효이므로 피고가 그에 응하여 화물을 인도하지 못한 행위가 위법하다고 할 수 없다거나 이 사건 선하증권을 발행하였다 하더라도 이 사건 선하증권과 상환으로 이 사건 화물을 인도하기로 하는 별도의 약정이 체결되었다고 보기 어렵다고 판단한 것은 이와 같은 취지로서 앞에서 본 법리에 기초한 것으로 보인다.

따라서 이러한 원심의 판단에 상고이유 주장과 같이 상법 제854조 제2항에서 정한 '선하증권을 선의로 취득한 소지인'에 관한 법리나 운송인으로서의 의무에 관한 법리 등을 오해하여 판결에 영향을 미친 위법이 없다.

2. 상고이유 제3점에 대하여

원심은 판시와 같은 이유로, 원고가 선적지 비용을 지급하기 전에는 피고가 수하인에게 화물을 인도하지 않기로 하는 관행 또는 묵시적 약정이 원고와 피고 사이에 존재한다고 볼 수 없다고 판단하여, 이러한 관행 또는 묵시적 약정이 존재함을 전제로 하여 피고가 이를 위반하였다는 원고의 주장을 배척하였다.

이러한 원심의 판단을 다투는 취지의 주장은 실질적으로 사실심법원의 자유심증에 속하는 증거의 취사선택과 증거가치의 판단 및 이에 기초한 사실인정을 탓하는 것에 불과하고, 원심판결 이유를 앞에서 본 법리와 적법하게 채택된 증거들에 비추어 살펴보아도 원심의 판단에 자유심증주의의 한계를 벗어난 위법이 없다.

그리고 원고와 피고 사이에 이러한 약정 내지 관행이 존재한다고 볼 수 없는 이상, 피고가 이 사건 선하증권을 발행하였다는 사정만으로 선적지 비용을 받기 전에는 수하인에게 화물을 인도하지 않겠다는 신뢰를 원고에게 부여하였다고 할 수 없고 또한 피고가 선적지 비용을 지급받지 않은 상태에서 이 사건 화물을 인도한 것이 금반언의 원칙에 반한다고 할 수 없으므로, 원심이 비록 이에 관한 원고의 주장에 대하여 직접 판단하지 아니하였더라도 판결에 영향을 미친 판단 누락의 위법이 있다고 할 수 없다.

3. 상고이유 제4점에 대하여

(1) 이 사건 화물에 관하여 원고의 요청에 의하여 이 사건 해상화물운송장이 발행되어 그에 따라 화물운송 및 인도 절차가 이루어졌고, 또한 선적지 비용을 지급받기 전에는 피고가 수하인에게 화물을 인도하지 않기로 하는 관행 또는 묵시적 약정이 원고와 피고 사이에 존재한다고 볼

수 없다는 원심의 판단에 잘못이 없음은 위에서 본 것과 같으므로, 이와 다른 취지에서 피고가 선적지 비용을 지급받기 전에는 수하인에게 화물을 인도하지 않는다고 기망하였음을 전제로 하는 상고이유 주장 부분은 받아들일 수 없다.

(2) 원심은 판시와 같은 이유로, 피고가 원고에게 이 사건 선하증권을 발행하여 주었다 하더라도 그로 말미암아 원고에게 상당인과관계가 있는 손해가 발생하였다고 보기 어렵고 또한 그 발행 당시 이 사건 화물이 모두 정당한 수하인들에게 인도된 상태였으므로 그 이후 원고의 재산상태에 변화가 있다고 볼 수 없다고 인정하여, 이 사건 선하증권 발행으로 인하여 원고가 이 사건 화물의 소유권을 상실하거나 화물 가액 상당의 손해를 입었다는 취지의 원고 주장을 받아들이지 아니하였다.

원심판결 이유를 앞에서 본 법리와 아울러 적법하게 채택된 증거들에 비추어 살펴보면, 위와 같은 원심의 판단에 상고이유 주장과 같이 무효인 선하증권의 발행 등으로 인한 손해와의 상당인과관계 등에 관한 법리를 오해하거나 자유심증주의의 한계를 벗어나 판단을 그르친 위법이 없다.

4. 결론
그러므로 상고를 기각하고 상고비용은 패소자가 부담하도록 하여, 관여 대법관 의 일치된 의견으로 주문과 같이 판결한다.

해설

1. 선하증권이 발행되지 않은 경우의 운송물 인도의무

선하증권이 발행된 경우에는 운송인은 선하증권과 상환으로 화물을 인도하면 되지만, 선하증권이 발행되지 않고 해상화물운송장만이 발행된 경우에는 운송인은 정당한 수하인에게 화물을 인도하여야 한다.

운송물이 목적지에 도착한 후 수하인이 그 인도를 청구한 때에는 상법 제815조, 제140조 제2항에 따라 수하인의 권리가 송하인보다 우선한다. 본 사안에서는 운송물이 목적지에 도착할 때 까지 선하증권이 발행되지 않았기 때문에, 운송물의 인도를 청구한 수하인에게 운송물을 인도한 피고에게는 선하증권과 상환으로 운송물을 인도할 의무가 없는 것이다.

2. 송하인인 원고가 피고에게 손해배상을 청구할 수 있는지 여부

송하인인 원고는 송하인으로부터 선적대금이 지급된 후에 수하인에게 운송물을 인도하기로 한 묵시적 약정 내지 관행이 있었다고 주장하였지만, 법원은 이를 인정하지 않았다. 본 사안에서 원고는 선하증권의 소지인이므로 선하증권과 상환 없이 운송물을 인도한 피고가 불법행위책임을 진다고 주장하였는데, 사안에서 선하증권은 운송물이 수하인에게 인도된 후에야 발행되었으므로 선하증권의 요인증권성에 비추어 무효이다.

또한 선하증권의 선의취득자를 보호하기 위한 상법 제854조 제2항은 선하증권의 유통성 보호와 거래의 안전을 도모하기 위한 규정이므로 '선하증권을 선의로 취득한 소지인'에는 운송계약의 당사자인 운송인과 송하인은 포함되지 않는다고 법원은 판시하였다.

1심	2심	대법원
서울중앙지방지법 1992. 9. 17. 선고 91가합90375 판결	서울고등법원 1994. 4. 19. 선고 92나60491 판결	1996. 2. 9 선고 94다27144 판결

FOB, C&F 조건과 운송계약의 당사자

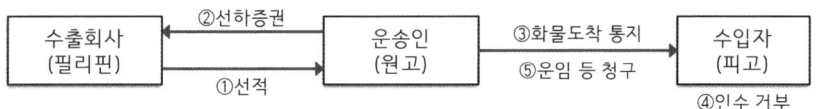

사실관계

① 피고는 소외 최OO와의 수입대행계약에 따라, 필리핀 소재의 K회사로부터 파인애플을 수입하는 계약을 체결함
② 필리핀 소재 K회사는 파인애플을 운송인인 원고 소유의 냉동컨테이너에 선적함
③ 원고는 위 K회사에게 선하증권 6장을 발행함
④ 원고는 이 사건 화물이 부산항에 도착하였음을 피고에게 통지하였으나, 피고는 화물 인수를 거절함
⑤ 원고는 피고가 이 사건 운송계약의 당사자라는 이유로 피고에게 운임 등을 청구하는 이 사건 소를 제기함

이 사건 선하증권의 무역거래조건	
선하증권 번호	조건
294, 314, 551	C&F
735, 1148, 1153	FOB

관련 법령

상법

제48조(대리의 방식)
상행위의 대리인이 본인을 위한 것임을 표시하지 아니하여도 그 행위는 본인에 대하여 효력이 있다. 그러나 상대방이 본인을 위한 것임을 알지 못한 때에는 대리인에 대하여도 이행의 청구를 할 수 있다.

제791조(개품운송계약의 의의)
개품운송계약은 운송인이 개개의 물건을 해상에서 선박으로 운송할 것을 인수하고, 송하인이 이에 대하여 운임을 지급하기로 약정함으로써 그 효력이 생긴다.

> **제802조(운송물의 수령)**
> 운송물의 도착통지를 받은 수하인은 당사자 사이의 합의 또는 양륙항의 관습에 의한 때와 곳에서 지체 없이 운송물을 수령하여야 한다.
>
> **제807조(수하인의 의무, 선장의 유치권)**
> ①수하인이 운송물을 수령하는 때에는 운송계약 또는 선하증권의 취지에 따라 운임·부수비용·체당금·체선료, 운송물의 가액에 따른 공동해손 또는 해난구조로 인한 부담액을 지급하여야 한다.
> ②선장은 제1항에 따른 금액의 지급과 상환하지 아니하면 운송물을 인도할 의무가 없다.

법원의 판단

주 문

원심판결 중 운임 부분과, 원심 판시 735호, 1148호, 1153호 각 선하증권에 기한 운송계약으로 발생한 입항료, 체화료 및 멸각비용 부분을 파기하고, 이 부분 사건을 서울고등법원에 환송한다. 나머지 상고를 기각한다.

이 유

1. 제1점에 대하여

가. 원심판결 이유에 의하면, 원심은 거시 증거에 의하여, 피고는 1991. 3.경 소외 최맹♡와 사이에 판시와 같은 수입대행계약을 체결하고, 이에 따라 소외 주식회사 서울신탁은행에 수익자를 필리핀국 소재 카나츄 퍼

스트 인터내셔널 코퍼레이션 (이하 '카나츄 회사'라고 함) 으로 하여 판시와 같은 내용의 취소불능 화환신용장 4장을 개설 의뢰한 사실, 해상 운송업자인 원고는 위 은행 발행의 신용장 조건에 따라 피고 앞으로 생 파인애플을 수출하는 카나츄 회사와 사이에 운송계약을 체결하고, 카나츄 회사의 의뢰에 따라 307,021kg의 생파인애플 (이하 '이 사건 화물' 이라고 함)을 원고 소유의 17개 냉동컨테이너에 적재하여 1991. 4. 27. 부터 같은 해 5. 18. 판시 선박에 선적한 후 송하인 및 수출자 (shipper / exporter) 는 카나츄 회사, 수하인 (consignee)은 서울신탁은행이 지시한 자 (to order of bank of seoul), 통지선 (notify party) 은 피고로 하여 판시와 같은 내용의 선하증권 6장을 카나츄 회사에 발행하여 준 사실 (위와 같은 경위로 체결된 운송계약을 이하 '이 사건 운송계약'이라고 함), 위 각 선하증권의 이면 약관 제13조에는 '송하인, 수하인, 선하증권 소지인 및 화물의 소유자는 모든 운임, 체선료, 공동해손 및 운송인에게 지급될 금액을 회수함에 있어 발생하는 비용의 지급에 있어 운송인에게 연대하여 책임을 진다.', '운송인에게 지급될 모든 금액은 손해를 입었을 때에 지급되며 미화로 전액 지급되거나 운송인의 선택에 따라, 이에 상응하는 선적항 또는 양하항의 통화 또는 요금표나 합의 양해서에 명시된 대로 전액 지급되어야 한다.'고 기재되어 있고, 같은 약관 제11조에는 '운송인이 화물을 수하인에게 인도하는 항구에서는, 화물이 인도 준비가 되었는데도 수하인이 화물을 즉시 인수하지 아니한 경우 그 이후의 화물은 수하인 자신의 위험과 비용으로 된다.'고 기재되어 있는 사실을 인정한 다음, 카나츄 회사가 이 사건 화물의 매수인인 피고를 명시적 혹은 묵시적으로 대리하여 원고와 사이에 이 사건 화물에 대한 운송계약을 체결하고 원고로부터 위 선하증권들을 교부받은 것이므로, 이 사건 운송계약의 당사자로서 위 선하증권들 상의 약관에 따라 판시 735호, 1148호, 1153호 각 선하증권 상의 화물에 대한 운임 합계 미화 30,420불을 1991. 5. 27. 현재 대고객 전신환매도율로 환산한 금 22,145,760원, 판시 735호, 551호, 1148호, 1153호 각 선하증권 상의 화물에 대한 입항료 합계 금 51,782원, 이 사건 화물이 부산항에 도착한 즉시 피고가 이를 인수하지 않음으로써 발생한 체화료 합계 미화 136,557.77불을 한화로 환산한 금 99,269,033원, 원고가 이 사건 화물이 부산항에 도착한 후 수차례에 걸쳐 피고에게 이를 인수하여 가도록 통고하였음에도 불구하고 피고가 이를 인수하지 아니하여 원고가 이를 멸각하는 데 소요된 비용 금 29,832,438원, 합계 금 151,299,013원의 지급을 구한다는 원고의 주장에 대하여, 카나츄 회사가 피고를 대리하여 이 사건 운송계약을 체결한 것이라는 점에 부합하는 제1심 증인 장연상, 원심 증인 이길수의 각 증언은 믿지 않고, 피고가 이 사건 4장의 신용장 중 판시 580호와 57호 신용장을 개설함에 있어 운송조건을 본선인도조건(f.o.b.)으로 하였고, 첨부서류로 운임후불 (freight collect) 이라고 표시된 선하증권을 요구하였으며, 이에 따라 원고가 이 사건 6장의 선하증권 중 판시 735호, 1148호, 1153호 각 선하증권을 발행함에 있어 운임지급 방법을 후불 (freight collect) 로 표시하게 되었으나, 본선인도조건(f.o.b.) 과 같은 신용장상의 운송조건은 기본적으로 수출입계약 당사자 사이의 비용 및 위험부담에 관한 약정에 지나지 않는 것이므로, 수입업자인 매수인과 수출업자인 매도인 사이에 운송조건을 본선인도조건 (f.o.b.) 으로 정한 약정이 있었다고 하여 매수인이 매도인으로 하여금 매수인을 대리하여 운송회사와 사이에 물품운송계약을 체결할 대리권을 명시적으로나 묵시적으로 수여하였다고 보기 어려우며, 달리 이를 인정할 증거가 없다면서 위 주장을 모두 배척하였다.

나. 먼저, 원심 판시 294호, 314호, 551호의 각 선하증권에 기한 운송계약에 관하여 본다.

운임포함조건 (c&f) 으로 체결된 수출입매매계약에 있어서는, 매도인이 선복을 확보하여 운송인과 운송계약을 체결하고 그 운임을 부담할 의무가 있는 것이고, 매수인에게는 선복을 확보할 의무가 없으므로, 피고와 카나츄 회사 사이의 이 사건 수출입매매계약 중 운임포함조건 (c&f) 으로 체결된 원심 판시 370호 및 705호 신용장에 의한 수출입매매계약의 화물 운송을 위하여 체결된 원심 판시 294호, 314호, 551호의 각 선하증권에 기한 운송계약의 당사자는 매도인인 카나츄 회사임이 분명하고, 따라서 원고 주장의 입항료, 체화료 및 멸각비용 중 위 294호, 314호, 551호의 각 선하증권에 기한 운송계약으로 인한 부분은 피고가 운송계약의 당사자로서 책임이 없다고 할 것이다.

또한 논지는, 원심 판시 705호와 57호의 신용장상의 특별조건인 '이글 익스프레스 하우스 비/엘(eagle express house b/l)에 의한 선적이 가능하다.'는 문구를 들어, 위 294호, 314호, 551호의 각 선하증권에 기한 운송계약도 위 카나츄 회사가 피고를 대리하여 체결한 것으로 주장하고 있으나, 위 특별조건은, 위 신용장에 기하여 수출할 화물은 해상운송인으로부터 발행받은 선하증권 (통상 master b/l이라고 함) 뿐만 아니라, 운송주선인인 소외 이글 익스프레스의 창고에 당해 화물을 입고하고 발행받은 하우스 비/엘(house b/l)로도 신용장 대금의 결제가 가능하다는 취지일 뿐이므로, 위 특별조건을 가지고 매수인이 매도인에게 매수인을 대리하여 운송계약을 체결할 권한을 부여하였다고 볼 수 없는 것이므로, 이 부분 논지는 이유 없다.그러므로, 피고가 위 294호, 314호, 551호의 각 선하증권에 기한 운송계약의 당사자가 아니라고 본 원심은 정당하고, 위 운송계약에 관한 논지는 이유 없다.

다. 다음으로 원심 판시 735호, 1148호, 1153호의 각 선하증권에 기한 운송계약에 관하여 본다.

본선인도조건 (f.o.b.) 과 같은 신용장상의 운송조건은 기본적으로는 수출입계약 당사자 사이의 비용 및 위험부담에 관한 약정이지만, 본선인도조건 (f.o.b.) 으로 체결된 수출입매매계약에 있어서는 당사자 사이에 특별한 약정이 없는 한, 매수인이 용선계약을 체결하거나 기타 선복을 확보하여 화물을 선적할 선박을 매도인에게 통지하여 줄 의무가 있는 것이고, 매도인에게는 스스로 선복을 확보하여 화물을 선적할 의무가 없는 것이므로, 매도인과 매수인이 본선인도조건 (f.o.b.) 으로 수출입매매계약을 체결하면서도 매수인이 선복을 확보하지 않고 매도인이 수출지에서 선복을 확보하여 운송계약을 체결하되, 운임은 후불로 하여 운임후불 (freight collect) 로 된 선하증권을 발행받아, 매수인이 수하인 또는 선하증권의 소지인으로서 화물을 수령할 때 운송인에게 그 운임을 지급하기로 약정하였다면, 이는 매수인이 매도인과의 내부관계에서는 운임을 부담하되, 운송인과의 관계에서는 매도인이 매수인의 대리인이 아닌 본인으로서 운송계약을 체결하는 것으로 볼 것이 아니라, 매수인이 매도인에게 자신을 대리하여 운송계약을 체결하는 권한까지 부여하였다고 봄이 상당하다고 할 것이다.

그러므로, 이 사건에 관하여 보건대, 피고와 카나츄 회사 사이에 체결된 이 사건 수출입매매계약 중 본선인도조건 (f.o.b.) 으로서 운임후불 (freight collect) 이라고 표시된 선하증권을 요구하고 있는 원심 판시 580호 및 57호 신용장에 의하여 체결된 수출입매매계약의 경우는, 위 매매계약이 본선인도조건 (f.o.b.) 임에도 그 목적물의 운송을 위한 선복을 매도인인 카나츄 회사가 확보하여 그 운송계약을 체결한 점에 비추어 보면, 피고와 카나츄 회사 사이에 위 매매계약 체결 당시 위 매매계약을 본선인도조건 (f.o.b.) 으로 체결하면서도 목적물의 운송을 위한 선복은 매도인인 카나츄 회사가 확보하기로 약정하였던 것으로 인정되고, 이에 위 신용장에서 운임후불의 선하증권을 요구하였고, 카나츄 회사가 원고와 운임후불의 운송계약을 체결하여 운임후불이라고 기재된 선하증권을 발행받은 사실을 함께 참작하면, 위 매매계약 체결 당시 매수인인 피고가 매도인인 카나츄 회사에게 자신을 대리하여 운송계약을 체결할 권한을 부여하였고, 이에 기하여 카나츄 회사가 피고를 대리하여 위 735호,

1148호, 1153호의 각 선하증권에 기한 운송계약을 체결하였다고 봄이 상당하다고 할 것이다.

따라서, 피고는 위 735호, 1148호, 1153호의 각 선하증권에 기한 운송계약의 당사자로서, 위 운송계약상의 운임과, 원고 주장의 입항료, 체화료 및 멸각비용 중 위 735호, 1148호, 1153호의 각 선하증권에 기한 운송계약으로 인하여 발생한 부분에 대하여 위 운송계약의 약정에 따라 책임을 부담한다고 할 것인데도, 원심은 판시와 같은 이유로 위 선하증권에 기한 운송계약의 경우에도 카나츄 회사가 운송계약의 당사자일 뿐이고 피고는 그 당사자가 아니라면서 원고의 청구를 배척하였으므로, 원심판결에는 본선인도조건 (f.o.b.) 및 운송계약의 당사자에 관한 법리를 오해한 위법이 있다고 할 것이고, 이를 지적하는 논지는 이유 있다.

2. 제2 내지 제5점에 대하여 (원심 판시 735호, 1148호, 1153호 선하증권에 기한 운송계약에 대하여는 피고가 운송계약의 당사자로서 책임을 부담하므로, 원심 판시 294호, 314호, 551호의 선하증권에 기한 운송계약에 대하여만 판단한다.)

원심 판시 294호, 314호, 551호의 선하증권에 기한 운송에 적용되는 개정 전 상법(1991. 12. 31. 법률 제4470호로 개정되기 전의 것) 제799조는 '개개의 물건의 운송을 계약의 목적으로 한 때에는 수하인은 선장의 지시에 따라 지체 없이 운송물을 양육하여야 한다.'고 규정하고 있으나, 한편 상법 제800조 제1항에는 '수하인은 운송물을 수령하는 때에는 운송계약 또는 선하증권의 취지에 따라 운임, 부수비용, 체당금, 정박료, 운송물의 가액에 따른 공동해손 또는 해난구조로 인한 부담액을 지급하여야 한다.'고 규정하고 있으므로, 수하인 또는 선하증권의 소지인은 운송물을 수령하지 않는 한 운임 등을 지급하여야 할 의무가 없다고 보아야 할 것이고, 따라서 수하인이 운송인으로부터 화물의 도착을 통지받고 이를 수령하지 아니한 것만으로 바로 상법 제800조 제1항 소정의 운송물을 수령한 수하인으로 취급할 수는 없으며, 또한 기록상 수하인에게 운송물을 수령할 의무가 있고, 이러한 의무에 위반한 수하인은 운송계약의 당사자와 동일한 의무를 부담한다는 국제 상관행이 존재한다고 볼 수도 없다.

같은 취지에서 위 294호, 314호, 551호 각 선하증권에 기한 운송계약의 화물을 수령하지 않은 피고에게 상법 제800조 제1항 소정의 비용 등을 지급할 의무가 없다고 본 원심의 조치는 정당하다. 또한 기록을 검토하여 보면, 위 운송계약에 있어서는 피고가 운송물을 수령 없이도 운송계약 또는 선하증권의 취지에 따른 책임을 부담하기로 특약을 하였다는 점을 인정할 증거가 없다고 본 원심의 조치 또한 정당하다. 따라서 원심판결에 소론과 같은 위법이 없고, 논지는 모두 이유 없다.

3. 제6점에 대하여 (이 상고이유도 위 294호, 314호, 551호의 선하증권에 기한 운송계약에 대하여만 판단한다.)

수하인이나 선하증권 소지인이라는 사유만으로 운송물을 수령할 의무를 부담하는 것이 아니고 다만 운송물을 수령하였을 때 비로소 운송계약이나 선하증권의 취지에 따라 운임 등을 지급할 의무를 부담하는 것일 뿐이므로, 수하인이나 선하증권의 소지인이 운송물을 수령하지 아니한 것을 가리켜 막바로 채권자 수령지체라고 할 수 없으므로, 원심에 논지와 같은 판단유탈이 있다고 하더라도, 이는 받아들일 수 없는 주장이므로, 판결 결과에 영향이 없다.논지도 이유 없다.

4. 결론

그러므로, 원심판결 중 운임 부분과 위 735호, 1148호, 1153호 각 선하증권에 기한 운송계약으로 발생한 입항료, 체화료 및 멸각비용 부분을 파기하고, 이 부분 사건을 원심법원에 환송하며, 나머지 상고를 기각하기로 하여 관여 법관의 일치된 의견으로 주문과 같이 판결한다.

해설

1. FOB 조건일 때 운송계약의 당사자

원심에서는 본선인도조건 (FOB) 은 수출입계약 당사자 간의 약정에 지나지 않는 것이므로, 매수인과 매도인 사이에 FOB 약정이 존재한다고 하여, 매수인이 매도인에게 물품운송계약을 체결할 대리권을 수여한 것으로 볼 수 없다고 판단하였다.

FOB 조건하에서는 원칙적으로 매수인이 선복을 확보하여 매도인에게 통지하여야 한다. 그런데 본 사안의 경우는 FOB 조건으로 계약을 체결하면서도, 매수인이 아닌 매도인이 선복을 확보하고 다만 운임은 후불 조건으로 하였는 바, 이에 관하여 운송계약의 당사자가 누구인지 문제되었다. 대법원은 이 경우에 매매계약 체결 시 매수인인 피고가 매도인에게 자신을 대리하여 운송계약을 체결할 권한을 부여하였다고 보아, 피고가 운송계약의 당사자라고 판단하였다.

2. C&F 조건일 때 운송계약의 당사자

운임포함조건(C&F)의 경우, 매도인이 선복을 확보하여 운송인과 운송계약을 체결하고 그 운임을 부담할 의무가 있는 것이고, 매수인에게는 선복을 확보할 의무가 없다. 따라서 본 사안에서는 매수인인 피고는 C&F 조건으로 계약된 부분에 대해서는 운송계약의 당사자로서 책임이 없는 것이다.

3. 화물을 수령하지 않은 수하인에게 운임 등을 청구할 수 있는지 여부 (C&F 조건)

현행 상법 제802조에서는 '운송물의 도착통지를 받은 수하인은 당사자 사이의 합의 또는 양륙항의 관습에 의한 때와 곳에서 지체 없이 운송물을 수령하여야 한다' 고 규정하고 있고, 제807조 제1항에서는 '수하인이 운송물을 수령하는 때에는 운송계약 또는 선하증권의 취지에 따라 운임·부수비용·체당금·체선료, 운송물의 가액에 따른 공동해손 또는 해난구조로 인한 부담액을 지급하여야 한다.'고 규정하고 있다.

대법원은 본 사안에서 피고가 화물을 수령하지 않았으므로 상법상 운송물을 수령한 수하인으로 볼 수 없고, 화물 수령 전에 운송계약 또는 선하증권에 따른 책임을 부담하기로 한 특약도 없었으므로, 운임을 부담하여야 할 의무가 없다고 판시하였다.

1심	2심	대법원
서울중앙지방법원 2003. 6. 13 선고 2002가합11293 판결	서울고등법원 2004. 5. 4 선고 2003나48176 판결	2006. 10. 26 선고 2004다27082 판결

해상운송인이 법인인 경우 책임제한에서 운송인 자신의 범위

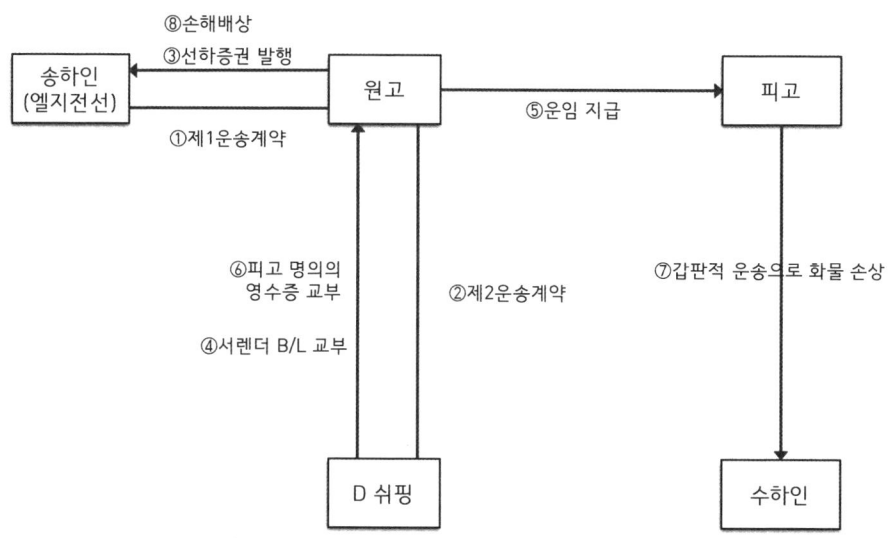

사실관계

① 운송주선업을 영위하는 원고는 송하인으로부터 화물을 부산항에서 타이완의 킬룽항 까지 운송하기로 하는 제1운송계약을 체결함
② 원고는 위 화물에 관하여 D쉬핑과 제2운송계약을 체결함
③ 원고는 송하인에게 선하증권을 발행하였고, D쉬핑은 원고의 요청으로 원고에게 선하증권을 발행하지 않고 Surrender 선하증권만을 교부함
④ 원고는 제2운송계약에 따른 해상운임을 D쉬핑의 요청에 따라 피고에게 지급하였고, 원고는 D쉬핑으로부터 피고 명의로 된 영수증을 교부받음
⑤ 이 사건 화물은 피고 소유 선박에 선적되어 양륙항에 도착하였는데, 수출화물 중 1상자가 갑판적으로 운송되어 해수에 의해 손상됨
⑥ 수하인은 송하인에게 화물 손상에 따른 손해배상채권을 양도하였고, 원고는 송하인에게 손해배상을 함

관련 법령

상법

제797조(책임의 한도)
① 제794조부터 제796조까지의 규정에 따른 운송인의 손해배상의 책임은 당해 운송물의 매 포장당 또는 선적단위당 666과 100분의 67 계산단위의 금액과 중량 1킬로그램당 2 계산단위의 금액 중 큰 금액을 한도로 제한할 수 있다. 다만, 운송물에 관한 손해가 운송인 자신의 고의 또는 손해발생의 염려가 있음을 인식하면서 무모하게 한 작위 또는 부작위로 인하여 생긴 것인 때에는 그러하지 아니하다.

원심의 판단

1. 기초사실

가. 복합운송주선업을 운영하는 회사인 원고는 2001. 2. 22. 엘지전선 주식회사 (이하 '엘지전선'이라 한다) 와 사이에 별지 목록 기재 흡수식 냉각기 수출화물 (이하 '이 사건 수출화물'이라 한다) 을 부산항에서 타이완의 킬릉 (keeling) 항 까지 운송하기로 하는 해상운송계약 (이하 '이 사건 제1운송계약'이라 한다) 을 체결한 후 이를 직접 운송하지 않고, 그 무렵 다시 원수운송인으로서 하수운송인인 데인트 쉽핑 엔터프라이즈 리미티드 (dainty shipping ent. ltd, 이하 '데인트 쉽핑'이라 한다) 와 사이에 이 사건 수출화물을 부산항에서 위 킬릉항까지 운송하기로 하는 해상운송계약 (이하 '이 사건 제2운송계약'이라 한다) 을 체결하였는데, 이 사건 제2운송계약은 당시 원고의 직원으로서 운송영업을 담당했던 차장 소외 2와 데인트 쉽핑의 직원으로서 운송영업을 담당하였던 대리 소외 3, 차장 소외 1 사이에 직접적인 협상을 통하여 운임, 운송조건 등에 관한 결정이 이루어졌다.

나. 원고는 2001. 3. 5. 엘지전선에게 송하인을 엘지전선, 수하인을 이 사건 수출화물의 타이완 수입사인 소외 에너텍 엔지니어링 컴퍼니 리미티드 (enertech engineering co., ltd, 이하 '에너텍'이라 한다) 로 하는 선하증권을 발행하였고, 데인트 쉽핑은 원고의 요청으로 원고와 이 사건 수출화물에 대하여 선하증권을 발행하지 않는 이른바 surrender 화물

로 처리하기로 합의한 후 이에 따라 송하인이 원고, 원고의 타이완 대리점으로서 타이완 현지에서 원고의 지시에 따라 이 사건 수출화물을 수령하여 이를 에너텍에게 인도하는 업무를 담당하기로 된 씨웰쓰 인터내셔널 컴퍼니 리미티드 (seawealth international co., ltd, 이하 '씨웰쓰'라 한다) 가 수하인으로 되어 있고 surrender 화물임을 나타내는 "surrender" 문언이 표시된 선하증권 앞면만을 복사한 후 이를 원고에게 교부하였다.

원고는 이 사건 제2운송계약에 따라 2001. 3. 5. 데인트 쉽핑의 요청으로 운임 미화 3,162.15달러를 피고에게 지급하였고, 이에 대하여 데인트 쉽핑으로부터 피고 명의로 작성된 영수증을 교부받았다.

다. 이 사건 수출화물은 2001. 3. 5. 부산항에서 피고 소유의 선박인 엠브이 엠프레스 (mv empress) 호에 선적되었다. 위 선박은 2001. 3. 11. 타이완 킬룽항에 도착하였는데 2001. 3. 14. 통관절차를 거치면서 이 사건 수출화물 중 로우어 쉘 (lower shell) 1상자에서 침수로 인한 손상이 발견되었다. 이에 대하여 위 에너텍이 인터텍 테스팅 서비스 타이완 리미티드 (intertek testing service taiwan ltd) 를 통하여 그 내역 및 원인을 조사한 결과, 이 사건 수출화물 중 로우어 쉘 1상자에 들어있던 증기제어판, 제어박스 예비부품, 증기제어벨브, 모터, 유회전펌프, 진공계, 모터펌프 등이 손상되었고, 이는 로우어 쉘 1상자가 나머지 이 사건 수출화물이 선창 내에 선적된 것과는 달리 갑판적으로 운송되었고, 이 때문에 나무상자로 포장된 로우어 쉘에 해수가 침투된 결과 발생한 것으로 밝혀졌다.

라. 이 사건 수출화물의 화주인 엘지전선은 보험회사에 보험사고의 발생을 통지하고 수출화물의 손상으로 인한 보험금을 청구하였으나 화물이 갑판적으로 운송되었다는 이유로 보험금지급을 거절당하였다. 그 후 원고는 이 사건 제1운송계약의 수하인인 에너텍이 운송인인 원고에게 손해배상을 청구하고 이를 가지고 다시 수출사인 엘지전선에게 손상부품의 교체, 수리비를 지급하게 되는 절차를 간소하게 하기 위하여 원고, 에너텍, 엘지전선 사이의 합의 아래 2001. 8. 20. 직접 이 사건 수출화물의 화주이자 에너텍으로부터 위 손상화물에 관한 권리를 양수한 엘지전선에게 위 로우어 쉘 1상자의 손상에 대한 손해배상으로 미화 27,697.37달러 (= 부품비용 미화 18,979.93달러+부품운송비 미화 2,521.16달러+수리작업비 미화 2,948.91달러+출장감독비 미화 3,247.37달러) 를 지급하였다.

마. 한편, 데인트 쉽핑은 브리티쉬 버진 아일랜드 (british virgin islands) 에 설립된 상사법인인데, 국내에서 주식회사 진수해운이라는 명칭을 사용하면서 사무실은 피고의 주소와 동일한 서울 ○○구 ○○동1번지 (○○빌딩 16층) 에 있고, 직원들의 이메일 주소에서도 피고를 의미하는 'sevenmt.co.kr'라는 도메인이름을 사용하고 있으며, 또한 직원들의 월급급여명세서 및 근로소득원천징수증명서의 사업자 명의도 피고

이고, 피고의 명칭 내지 데인트 쉬핑의 명칭을 기재한 용지에 지급계좌는 피고 명의로, 서명 란에는 데인트 쉬핑 명의로 된 운임청구서를 사용하고 있을 뿐 아니라 대표자 역시 피고의 대표이사인 소외 임병석이 맡고 있는 등 실질적으로 피고와 같이 운영되었다.

2. 당사자의 주장에 대한 판단

가. 청구원인에 대한 판단

(1) 앞서 인정한 사실 및 피고가 이 사건 소송에서 데인트 쉬핑은 피고 소유의 위 엠브이 엠프레스호를 정기 용선하였고 피고는 데인트 쉬핑의 국내 대리점일 뿐이라고 주장하고 있는 점 등에 비추어 보면, 데인트 쉬핑은 해상운송에서 운송인의 책임을 부당하게 회피할 목적으로 피고와 영업상 실질이 동일함에도 불구하고 피고가 형식상으로만 브리티쉬 버진 아일랜드에 설립한 소위 지면회사(paper company)로 피고와 동일한 법인격처럼 운영되어 왔다고 판단된다.

그런데 회사가 외형상으로는 법인의 형식을 갖추고 있으나 이는 법인의 형태를 빌리고 있는 것에 지나지 아니하고 그 실질에 있어서는 완전히 그 법인격의 배후에 있는 타인의 개인기업에 불과하거나 그것이 배후자에 대한 법률적용을 회피하기 위한 수단으로 함부로 쓰이는 경우에는, 비록 외견상으로는 회사의 행위라 할지라도 회사와 그 배후자가 별개의 인격체임을 내세워 회사에만 그로 인한 법적 효과가 귀속됨을 주장하면서 배후자의 책임을 부정하는 것은 신의성실의 원칙에 위반되는 법인격의 남용으로서 심히 정의와 형평에 반하여 허용될 수 없고, 따라서 회사는 물론 그 배후자인 타인에 대하여도 회사의 행위에 관한 책임을 물을 수 있다고 보아야 할 것이다 (대법원 2001. 1. 19. 선고 97다21604 판결 참조).

사정이 이러하다면, 이 사건 제2운송계약이 외견상 원고와 데인트 쉬핑 사이에 체결되었다고 하더라도 데인트 쉬핑의 배후자인 피고는 데인트 쉬핑과 별개의 법인격임을 주장하며 이 사건 제2운송계약에 따른 채무가 데인트 쉬핑에만 귀속된다고 주장할 수는 없고, 피고 역시 이 사건 제2운송계약에 따른 채무를 부담한다고 할 것이다.

가사, 피고가 데인트 쉬핑과 별개의 법인격을 주장할 수 있다고 하더라도, 위에서 본 제반 사정에 비추어 피고는 데인트 쉬핑과 공동으로 운송업을 영위하고 있다고 할 것이므로, 피고는 데인트 쉬핑과 연대하여 이 사건 제2운송계약에 따른 채무를 이행할 의무가 있다고 할 것이다

(2) 그리고 앞서 인정한 사실에 의하면, 피고는 이 사건 제2운송계약에 따라 이 사건 수출화물을 안전하게 선적하여 보존·관리할 의무가 있음에도 불구하고 이를 위반하여 이 사건 수출화물 중 로우어 쉘 1상자를 갑판적으로 운송함으로써 화물의 손상을 야기하여 원고로 하여금 이 사건 수출화물의 화주에게 손해배상을 하는 손해를 입게 하였다고 할 것이고, 원고가 엘지전선에 지급한 부품비용 및 수리비 등은 운송인

이 운송물의 손상으로 하여야 할 손해배상의 기준인 인도한 날의 도착지 가격의 범위 내에 속한 것으로 보이므로, 피고는 운송계약의 당사자인 원고가 입은 이러한 손해를 배상할 의무가 있다.

나. 갑판적 합의 또는 포장불충분 여부

이에 대하여 피고는 이 사건 제2운송계약 당시 이 사건 수출화물을 갑판적으로 운송하기로 하는 합의가 있었으므로 피고는 위 운송계약에 따른 운송인의 주의의무를 해태하지 않았고, 또한 이 사건 수출화물의 손상은 갑판적 합의를 하였음에도 불구하고 원고가 이에 대비하여 수밀성 포장재를 사용하는 등 적절한 포장을 하지 않은 과실에 기인한 것이며, 그리고 갑판적 합의를 한 이상 이는 운송 도중 발생할 위험에 대하여 원고가 모든 책임을 부담하고 피고에게 손해배상청구를 하지 않기로 약정한 것이라는 취지로 주장한다.

우선, 갑판적 합의가 있었는지 여부에 관하여 살피건대, 이에 부합하는 듯한 을 제4호증, 을 제11호증의 각 기재와 제1심 증인 소외 3의 일부 증언은 믿기 어렵고, 을 제5, 6호증의 각 1, 2, 을 제7호증, 을 제8, 9호증의 각 1, 2, 을 제10호증, 을 제12호증의 각 기재만으로는 이를 인정하기에 부족하고 달리 이를 인정할 증거가 없으며, 오히려 이 사건 수출화물 중 오로지 로우어 쉘 1상자만이 갑판적으로 운송되었고 나머지는 선창 내 선적으로 운송된 사실, 화주인 엘지전선은 이 사건 수출화물 전체가 선창 내에 선적되어 운송되는 것으로 생각하고 보험에 가입하였다가 갑판적 운송이 이루어졌음을 이유로 보험금을 지급받을 수 없었던 사실은 앞서 인정한 바와 같고, 갑 제7호증의 1, 갑 제18 내지 20호증의 각 기재 및 제1심 증인 소외 2의 증언에 의하면, 이 사건 수출화물과 같이 컨테이너에 적입할 수 없거나 적입하지 않은 살화물 (break bulk cargo) 의 경우 해당 화주의 동의가 없는 한 선창 내에 선적하는 것이 해상운송업계의 통상적인 관행이고, 갑판적 합의가 있는 경우 이는 운송인의 책임이나 해상적하보험부보와 관련된 중요한 사항이므로 선하증권 상에 갑판적임을 표시하여야 하는데 이 사건에 있어서 원고가 교부받은 선하증권 앞면 사본에는 이러한 내용이 기재되지 않은 사실을 인정할 수 있을 뿐이다.

다음으로, 이 사건 수출화물 중 로우어 쉘 1상자의 포장이 갑판적이 아니라 선창내 선적으로 운송되기에도 적합하지 않은 상태에 있었다는 사실을 인정할 증거가 없으므로 (선창에 선적한 화물에는 손상이 없었다), 피고의 위와 같은 주장은 모두 이유 없다.

다. 선하증권 이면약관의 적용 여부

피고는 이 사건 제2운송계약 당시 발행된 선하증권의 이면약관 제24조에 따라 피고의 손해배상책임은 미화 500달러로 제한된다고 주장한다. 살피건대, 이 사건 제2운송계약 당시 이 사건 수출화물에 대하여 선하증권을 발행하지 않는 이른바 surrender 화물로 처리하기로 합의가 이루어져 선하증권이 발행되지 않았고, 단지, 이러한 취지를 나타내는 "surrender" 문언이 표시된 선하증권 앞면 사본만이 원고에게 교부된 사실은 앞서 인정한 바와 같으므로, 선하증권의 발행을 전제로 한 피고의 위 주장은 더 나아가 살필 필요 없이 이유 없다. 또한, 피고는 원고와 사이에 이 사건 제2운송계약 이전에도 여러 차례 선하증권 이면약관에 따라 운송계약이 이루어진 바 있으므로 이 사건의 경우 surrender 화물로 처리하기로 합의되어 선하증권이 발행되지 않았어도 묵시적으로는 위 약관내용에 따르기로 약정하였다는 취지로 주장하나, 피고 주장과 같은 묵시적 약정이 있었음을 인정할 아무런 자료가 없으므로 위 주장도 이유 없다.

라. 상법 제789조의2 책임제한 적용 여부

피고는 상법 제789조의2 제1항 본문에 따라 손해배상책임은 포장당 500 sdr (국제통화기금 특별인출권) 로 제한되어야 한다고 주장하고, 이에 대하여 원고는, 상법상 포장당 책임제한은 운송인 자신에게 고의 또는 무모한 행위가 없음을 전제로 인정되는 것인데, 피고는 갑판적에 적합하지 않은 이 사건 수출화물에 대하여 갑판적 합의도 없이 처음부터 갑판적의 의사를 갖고 이 사건 제2운송계약을 체결한 후 갑판적으로 운송하였으므로, 이러한 피고의 행위는 운송인 자신의 고의 내지 무모한 행위에 해당하여 상법 제789조의2 제1항 단서 규정에 의하여 위 책임제한 규정의 적용이 배제되어야 한다고 주장한다. 살피건대, 상법 제789조의2의 제1항 본문에 의하면 해상운송인이 운송물의 수령, 선적, 적부, 운송 등과 관련하여 부담하는 손해배상책임은 당해 운송물의 매 포장당 500 sdr을 한도로 제한할 수 있는 것으로 하고 있으나, 한편, 같은 항 단서에 의하면 운송물에 관한 손해가 운송인 자신의 고의 또는 그 손해가 생길 염려가 있음을 인식하면서 무모하게 한 작위 또는 부작위로 인하여 생긴 것인 때에는 이러한 책임의 제한을 허용하지 않는 것으로 하고 있다.

물론, 위 단서에서 말하는 '운송인 자신'은 운송인 본인만을 의미하고, 운송인의 피용자나 대리인 등의 이행보조자에게 귀책사유가 있는 경우는 위 단서가 적용되지 않는다고 하는 것이 그 문언적인 해석으로 타당할 것이나, 회사가 운송인인 경우에는 대표기관인 대표이사나 이사의 고의, 무모한 행위만이 회사의 고의, 무모한 행위로 될 수 있다고 한정하면 상법상의 위 책임제한배제에 관한 법규정이 적용될 영역이 지나치게 좁게 될 것이므로, 회사의 대표이사나 이사뿐만 아니라 고급사용인의 고의·중과실까지 회사의 귀책사유로 포함시켜서 대표기관 내지 이에 준하는 권한을 가진 자의 행위를 운송인인 회사 자신의 행위로 보아야 할 것이다.

이 사건으로 돌아와 보건대, 우선, 갑 제18호증, 을 제11호증의 각 기재와 제1심 증인 소외 2, 3의 각 증언에 변론 전체의 취지를 모아 보면, 피고의 직원인 소외 1, 3의 판단 및 지시에 따라 이 사건 수출화물 중 로우어쉘 1상자의 갑판적이 이루어진 사실을 인정할 수 있고, 소외 1, 3은 이 사건 제2운송계약에 관한 의사결정을 한 데인트 쉬핑의 담당직원인 사실은 앞서 본 바와 같은바, 이에 이 사건 제2운송계약에 관한 데인트 쉽핑의 의사결정에 관여한 자로서 소외 1보다 상급직위에 있는 인물을 찾아볼 수 없는 점, 회사가 체결한 운송계약에 관하여 대표기관이 아니라도 최종적인 의사결정을 한 인물을 운송인 자신과 동일하게 다루지 아니하면 결국 당해 운송계약에 관하여는 의사결정을 한 바 없어서 구체적인 관련성이 결여된 대표기관 외에는 운송인 자신과 동일하게 볼 인물이 사실상 없게 되어서 이는 개인이 운송인이 되어 운송계약에 관한 구체적인 의사결정을 한 경우와 법의 적용에 있어서 균형이 맞지 않는 점, 회사의 운송계약에 구체적으로 관여하지 않은 대표기관을 그 지위라는 우연한 사정만으로 다른 인물들과 취급을 달리하여 운송인의 책임제한에 대한 예외로 하는 것이 운송계약의 특성에 비추어 적절한 것인지에 관하여 의문이 있는 점을 더하여 보면, 소외 1과 소외 3은 대외적인 대표권을 갖는 데인트 쉽핑의 대표기관은 아니더라도 이 사건 제2운송계약과 같은 운송계약과 그 이행과정에 있어서 데인트 쉽핑의 직무분장에 의하여 회사의 의사결정 등 모든 권한을 행사하는 대표기관에 준하는 지위에 있었던 것으로 보아야 하고, 더구나 이 사건에서 문제로 된 운송물의 선적에 관한 의무는 운송인의 기본적인 의무로서 그 이행에 해상운송 고유의 위험이 수반되는 것은 아니어서 선박사용인의 전문적인 판단에 대한 의존도가 비교적 낮고 운송인이 직접 관여할 수 있는 여지가 크다는 점을 고려한다면, 이 사건 수출화물 중 로우어 쉘 1상자의 갑판적은 위에서 본 법리에 비추어 위 단서에서 말하는 운송인 자신으로 평가되는 자에 의하여 직접 이루어진 것이라고 할 것이다.

다음으로, 갑 제20호증의 기재에 변론 전체의 취지를 모아보면, 갑판적 운송은 선창 내 선적에 비하여 강한 파도에 의하여 용기나 화물이 파괴되거나 해수, 우수에 의하여 젖거나 태양열에 의하여 부패되는 등의 위험이 크고, 이러한 위험성으로 인하여 종래 관습 또는 특약이 있는 경우를 제외하고는 금지되어 오기까지 한 사실을 인정할 수 있고, 이 사건 수출화물은 부산항에서부터 타이완의 킬룽항까지 6일 동안 해상으로 운반된 사실, 화주인 엘지전선이 갑판적과 선창 내 선적에 따른 위험의 차이로 인하여 보험금을 지급받지 못한 사실은 앞서 본 바와 같은바, 이러한 사실에 의하면 위와 같이 나무상자로 포장된 로우어 쉘을 6일 동안 갑판적으로 해상을 통하여 운송하는 것은 해상운송에 흔히 수반되고 선창 내 선적으로 피할 수 있는 정도의 해수로 인한 파괴, 침수 등으로 인한 손해발생의 위험조차 감수하여야 하는 행위로서 특별한 사정이 없는 한 위 단서에서 말하는 무모한 행위로 평가받아야 할 것이다.

따라서, 이 사건 수출화물 중 로우어 쉘의 갑판적 운송은 운송인 자신의 무모한 행위로 인한 것이므로, 피고는 상법 제789조의2 제1항 본문에 의한 손해배상의 제한을 받을 수 없다고 할 것이다.

3. 결 론

그렇다면, 피고는 원고에게 미화 27,697.37달러 및 이에 대하여 원고가 엘지전선에게 손해배상금을 지급한 2001. 8. 20.부터 다 갚는 날까지 상법에 정한 연 6%의 비율에 의한 이자 또는 지연손해금을 지급할 의무가 있으므로, 그 이행을 구하는 원고의 이 사건 청구는 이유 있어 이를 인용할 것인바, 제1심 판결은 이와 일부 결론을 달리 하여 부당하므로 원고의 항소를 받아들여 제1심 판결을 변경하기로 하여 주문과 같이 판결한다.

대법원의 판단

1. 청구인 적격에 대한 판단누락 여부에 대하여

원심은 그 채용증거들에 의하여 판시와 같은 사실을 인정한 다음, 피고는 이 사건 제2운송계약에 따라 이 사건 화물을 안전하게 선적하여 보존·관리할 의무가 있음에도 이를 위반하여 이 사건 수출화물 중 로우어 쉘 1상자를 갑판적으로 운송함으로써 화물의 손상을 야기하여 원고로 하여금 이 사건 수출화물의 화주에게 손해배상을 하는 손해를 입게 하였으므로 피고는 운송계약의 당사자인 원고가 입은 이러한 손해를 배상할 책임이 있다고 판단하였는바, 이와 같은 원심의 판단 속에는 제2운송계약상의 수하인이 아닌 제1운송계약상의 송하인 내지 수하인으로부터 권리를 양수받았다고 주장하는 원고에게는 손해배상청구권이 없다는 피고의 주장을 배척하는 판단이 포함되어 있다고 볼 것이다. 따라서 원심판결에 상고이유의 주장과 같은 판단누락의 위법이 없다.

2. 법인격부인 여부에 대하여

원심이, 소외 1 회사는 해상운송에서 운송인의 책임을 부당하게 회피할 목적으로 피고와 영업상 실질이 동일함에도 불구하고 형식상으로만 브리티쉬 버진 아일랜드에 설립된 회사(소위 paper company)로서 피고와 동일한 법인격처럼 운영되어 왔다고 인정한 다음, 이 사건 제2운송계약이 외견상 원고와 소외 1 회사 사이에 체결되었다고 하더라도 소외 1 회사의 배후자인 피고는 소외 1 회사와 별개의 법인격임을 주장하며 이 사건 제2운송계약에 따른 채무가 소외 1 회사에만 귀속된다고 주장할 수는 없고, 피고 역시 이 사건 제2운송계약에 따른 채무를 부담한다고 판단한 조치는 기록에 비추어 정당하다. 원심판결에 상고이유의 주장과 같은 채증법칙 위반으로 인한 사실오인 내지는 심리미진 등의 위법이 없다.

3. 갑판적 합의의 존재 여부에 대하여

원심이 이 사건 수출화물을 갑판에 선적하여 운송하기로 합의하였다는 점을 인정한 만한 증거가 없다는 이유로 갑판적 합의가 존재하였다는 피고의 항변을 배척한 조치도 기록에 비추어 정당하다. 원심판결에 상고이유의 주장과 같은 채증법칙 위반으로 인한 사실오인 내지는 심리미진 등의 위법이 없다.

4. 선하증권 이면약관의 적용 여부에 대하여

기록에 비추어 살펴보면 원심이 이 사건 제2운송계약 당시 이 사건 수출화물에 대하여 선하증권을 발행하지 않는 이른바 서렌더(surrender)

화물로 처리하기로 합의가 이루어져 선하증권이 발행되지 않았다고 보아, 선하증원의 발행을 전제로 그 주장의 선하증권 이면약관 제24조에 따라 피고의 손해배상책임이 미화 500sdr로 제한된다는 주장을 배척한 조치는 정당하다. 원심판결에 상고이유의 주장과 같은 채증법칙 위반으로 인한 사실오인 내지는 심리미진 등의 위법이 없다.

5. 상법 제789조의2가 정하는 포장당 책임제한의 적용이 배제되는지 여부에 대하여

상법 제789조의2의 제1항 본문에 의하면 해상운송인이 운송물의 수령, 선적, 적부, 운송 등에 관하여 부담하는 손해배상책임은 당해 운송물의 매 포장당 500sdr을 한도로 제한할 수 있으나, 한편 같은 항 단서에 의하면 운송물에 관한 손해가 운송인 자신의 고의 또는 그 손해가 생길 염려가 있음을 인식하면서 무모하게 한 작위 또는 부작위로 인하여 생긴 것인 때에는 이러한 책임의 제한을 허용하지 않는다. 위 조항의 문언 및 입법연혁에 비추어, 단서에서 말하는 '운송인 자신'은 운송인 본인을 말하고 운송인의 피용자나 대리인 등의 이행보조자에게 귀책사유가 있는 경우에는 위 단서가 적용되지 않는다고 하겠으나, 법인 운송인의 경우에 있어, 그 대표기관의 고의 또는 무모한 행위만을 법인의 고의 또는 무모한 행위로 한정하게 된다면, 법인의 규모가 클수록 운송에 관한 실질적 권한이 하부의 기관으로 이양된다는 점을 감안할 때 위 단서조항의 배제사유는 사실상 사문화되고 당해 법인이 책임제한의 이익을 부당하게 향유할 염려가 있다. 따라서 법인의 대표기관뿐 아니라 적어도 법인의 내부적 업무분장에 따라 당해 법인의 관리 업무의 전부 또는 특정 부분에 관하여 대표기관에 갈음하여 사실상 회사의 의사결정 등 모든 권한을 행사하는 자가 있다면, 비록 그가 이사회의 구성원 또는 임원이 아니더라도 그의 행위를 운송인인 회사 자신의 행위로 봄이 상당하다. 같은 취지에서 원심이, 그 채용증거들에 의하여 판시와 같은 사실을 인정한 다음, 이 사건 수출화물을 원고와의 합의 없이 임의로 갑판에 선적하도록 지시한 피고의 관리직 담당직원인 소외 2와 소외 3이 대외적으로 대표권을 갖는 소외 1회사의 대표기관은 아니더라도 이 사건 제2운송계약의 체결과 그 이행과정에 있어서 소외 1 회사의 직무분장에 따라 회사의 의사결정 등 모든 권한을 행사하는 대표기관에 준하는 지위에 있었던 것으로 보아 이 사건 화물을 갑판에 선적한 행위는 운송인 자신의 행위에 해당한다고 판단한 조치는 기록에 비추어 정당한 것으로 수긍되므로, 원심판결에 상고이유의 주장과 같은 채증법칙 위반 내지는 심리미진으로 인한 사실오인 또는 책임제한 배제사유의 해석에 관한 법리오해 등의 위법이 없다.

6. 결론

그러므로 상고를 기각하고, 상고비용은 패소자가 부담하도록 하여 관여 대법관의 일치된 의견으로 주문과 같이 판결한다.

해설

1. 법인격 부인

이 사건에서 제2운송계약은 원고와 피고 간에 체결된 것이 아니라, 원고와 소외 D쉬핑 사이에 체결되었다. 따라서 원고가 계약당사자가 아닌 피고에게 책임을 물을 수 있는 것인지에 관하여 원고가 주장한 법인격부인론이 타당한 것인지 문제되었다.

D쉬핑은 브리티쉬 버진 아일랜드(british virgin islands)에 설립된 사실상 페이퍼 컴퍼니이고, 국내 사무실은 피고의 주소와 동일하고, 직원들의 이메일주소도 피고와 동일하였다. 또한 직원들의 급여명세서 및 근로소득원천징수증명서의 사업자 명의도 피고이고, 서명란에는 데인트쉬핑 명의로 된 운임청구서를 사용하고 있을 뿐 아니라 대표자 역시 피고의 대표이사인 소외 임병석이 맡고 있었다. 법원은 이러한 사정에 비추어 D쉬핑은 실질적으로 피고와 동일한 법인격처럼 운영되었다고 판단하여, 원고의 법인격 부인 주장을 인정하였다.

2. 대리 및 차장의 갑판적 결정을 법인 자신의 고의 또는 무모한 행위로 볼 수 있는지

이 사건 갑판적의 결정은 피고의 직원인 소외 1, 3으로서 각각 피고의 대리 및 차장이며, 이 사건 제2운송계약에 관여한 직원이다. 피고는 대표이사가 갑판적을 결정한 것이 아니므로, 운송인 자신의 고의 또는 무모

한 행위로 볼 수 없으므로, 책임제한을 배제할 수 없다고 주장하였다.

그러나 법원은 대표이사나 이사의 고의, 무모한 행위만이 회사의 고의, 무모한 행위로 될 수 있다고 한정하면 상법상의 위 책임제한배제에 관한 법규정이 적용될 영역이 지나치게 좁게 된다는 이유로 피고의 주장을 배척하였다.

**허찬녕 변호사의
관세무역 판례 해설**

초판발행 2020년 01월 31일

지은이 l 허찬녕
디자인 l 이나영
발행처 l 도서기획 필통북스
출판등록 l 제406-251002014000068호
주소 l 경기도 파주시 돌단풍길 35
전화 l 1544-1967
팩스 l 02-6499-0839
homepage l http://www.feeltongbooks.com/
ISBN 979-11-6180-150-6 [13360]

ⓒ 허찬녕, 2020

정가 20,000원

지혜와지식은 교육미디어그룹
도서기획 필통북스의 인문서적 임프린트입니다.

▪ 이 책은 저자와의 협의 하에 인지를 생략합니다.
▪ 이 책은 저작권법에 의해 보호를 받는 저작물이므로 도서기획 필통북스의 허락 없는 무단전제 및 복제를 금합니다.
▪ 잘못된 책은 바꾸어 드립니다.